向周恩来学习

曹应旺◎著

人民出版社

目　录

前言　学习习近平总书记关于"我们要向周恩来同志学习"重要讲话的感言

2018 年 3 月 1 日上午,我有幸出席中共中央在人民大会堂举行的纪念周恩来同志诞辰 120 周年座谈会,并现场聆听习近平总书记《在纪念周恩来同志诞辰 120 周年座谈会上的讲话》(以下简称《讲话》)。《讲话》阐述周恩来一生不平凡的经历和伟大贡献,提出一个重要要求:"我们要向周恩来同志学习"。

一、为什么要和怎么样向周恩来学习

我们为什么要向周恩来学习?《讲话》开宗明义地指出:周恩来是"中国共产党人杰出楷模",并从六个方面论述了"杰出楷模"的具体内容:(一)"周恩来同志是不忘初心、坚守信仰的杰出楷模。""周恩来同志对党和人民事业发展、对社会主义中国的光明前途、对复兴中华民族的伟业始终充满必胜信心。"(二)"周恩来同志是对党忠诚、维护大局的杰出楷模。""周恩来同志总是自觉维护党中央权威和集中统一领导,自觉维护毛泽东同志的领袖地位,坚决反对和抵制不利于党的团结和损害党中央权威的言论和行动。"(三)"周恩来同志是热爱人民、勤政为民的杰出楷模。""周恩来同志把自己看成是人民的'总服务员',

坚持人民利益高于一切,心系人民,对人民群众保持高度热爱,急群众之所急,忧群众之所忧。"(四)"周恩来同志是自我革命、永远奋斗的杰出楷模。""周恩来同志长期担任党和国家的重要领导职务,但始终虚怀若谷、谦虚谨慎、不骄不躁,他为自己立下的座右铭是'活到老,学到老,改造到老'。"(五)"周恩来同志是勇于担当、鞠躬尽瘁的杰出楷模。""周恩来同志一生勇肩重任,勇挑重担,呕心沥血,任劳任怨。"(六)"周恩来同志是严于律己、清正廉洁的杰出楷模。""周恩来同志毕生严于律己、艰苦朴素,只求奉献、不思回报。"

我们怎么样向周恩来学习?《讲话》结合周恩来的六个方面的"杰出楷模",向全党提出了六个方面的要求:(一)"我们要向周恩来同志学习,不要忘记我们是共产党人,不要忘记我们是革命者,任何时候都不要丧失理想信念。理想信念决定着我们的方向和立场,也决定着我们的言论和行动。我们要用马克思列宁主义、毛泽东思想、邓小平理论、'三个代表'重要思想、科学发展观、习近平新时代中国特色社会主义思想武装头脑,牢固树立道路自信、理论自信、制度自信、文化自信,做到知行合一、言行一致,用自己的实际行动坚持和发展中国特色社会主义,为实现共产主义远大理想而努力奋斗。"(二)"我们要向周恩来同志学习,始终严守党的政治纪律和政治规矩,自觉维护党的团结统一,自觉在思想上政治上行动上同党中央保持高度一致,坚定执行党的政治路线,把对党忠诚、为党分忧、为党尽职、为民造福作为根本政治担当,永葆共产党人政治本色。"(三)"我们要向周恩来同志学习,坚持立党为公、执政为民,自觉践行全心全意为人民服务的根本宗旨,把党的群众路线贯彻到治国理政全部活动之中,把人民对美好生活的向往作为奋斗目标,依靠人民创造历史伟业。"(四)"我们要向周恩来同志学习,更加自觉地坚定党性原则,发扬彻底的自我革命精神,不断增强党自我净化、自我完善、自我革新、自我提高的能力,不断增强学习本领、政治领导本领、改革创新本领、科学发展本领、依法执政本领、群众工作本领、狠抓落实本领、驾驭风险本领,不断增强党的政治领导力、思想引领力、群众组织力、社会号召力,确保我们党永葆旺盛生命力和强大战斗力。"(五)"我们要向周恩来同志学习,敢于担当责任,勇于直面矛盾,善于解决问题,以时不我待、只争朝夕的精神,以钉钉子精神落实好党的十九大作出的各项部署,努力创造经得起实践、人民、历史检验的实绩,无愧于时代,无愧于人民,无愧于历史。"(六)"我们要向周恩来同志学习,牢记手中的权力是党和人民赋予的,是用来为人民服务的,一身正气,两袖清风,自觉接受监督,敬畏人民、敬畏组织、敬畏法纪,拒腐蚀、永不沾,决不搞特权,决不以权谋私,做一个堂堂正正的共产党人。"

二、六个方面的要求与"五条标准"、 "五个坚持"、"心中四有"

"我们要向周恩来同志学习"的六个方面的要求,是习近平总书记对党员干部特别是对党员领导干部的一贯要求,突出地体现在坚持全面从严治党、深入推进党的建设新的伟大工程的系列论述中,是习近平新时代中国特色社会主义思想的重要内容之一。

2013年6月28日,习近平在全国组织工作会议上讲话,谈到好干部标准时指出:"好干部要做到信念坚定、为民服务、勤政务实、敢于担当、清正廉洁。"他特别强调:"理想信念坚定,是好干部第一位的标准,是不是好干部首先看这一条。如果理想信念不坚定,不相信马克思主义,不相信中国特色社会主义,政治上不合格,经不起风浪,这样的干部能耐再大也不是我们党需要的好干部。只有理想信念坚定,用坚定理想信念炼就了'金刚不坏之身',干部才能在大是大非面前旗帜鲜明,在风浪考验面前无所畏惧,在各种诱惑面前立场坚定,在关键时刻靠得住、信得过、能放心。"①习近平讲周恩来是中国共产党人的杰出楷模,第一条就是"不忘初心、坚守信仰";向周恩来学习,首先是"任何时候都不要丧失理想信念"。

2014年5月8日,习近平视察中办并同中办各单位班子成员和干部职工代表座谈,座谈会上,习近平对中办工作提出了"五个坚持"的要求,即:坚持绝对忠诚的政治品格;坚持高度自觉的大局意识;坚持极端负责的工作作风;坚持无怨无悔的奉献精神;坚持廉洁自律的道德操守。在谈到坚持绝对忠诚的政治品格时,习近平指出:"'人之忠也,犹鱼之有渊。'对党绝对忠诚是中办的生命线,是做好中办工作的根本点。"他还说:"只有对马克思主义信仰坚定了,对中国特色社会主义信念坚定了,对党忠诚才能有牢靠的基础,才能做到'千磨万击还坚劲,任尔东西南北风'。"在谈到坚持高度自觉的大局意识时,习近平指出:"中办工作必须紧紧围绕大局、时时聚焦大局、处处服务大局,找准位置,发挥作用,使各项工作和服务紧贴党中央需要、适应党中央要求。"在谈到坚持极端负责的工作作风时,习近平指出:"中办工作无小事,常常是大事要事交织、急事难事叠加,任何思想上的麻痹松懈、行为上的偏差纰漏都可能影响工作运转,甚至影响大局。因此,恪尽职守、认真负责既是做好中办工作的必然要求,也是中办同志必须具备的基本素质。"在谈到坚持无怨无悔的奉献精神时,习近平指出:"我们共产党人讲奉献,就要有一颗为党为人民矢志奋斗的心,有了这颗心,就会'痛并快乐着',再怎么艰苦也是美的、再怎么付出也是甜的,就不会患得患失。这才是符合党和人民要求的大奉献。"在谈到坚持廉洁自律的道德操守时,习近平指出:"贪如火,不遏则燎原;欲如水,不遏则滔

---

① 《习近平谈治国理政》,外文出版社2014年版,第412、413页。

天。一个人能否廉洁自律,最大的诱惑是自己,最难战胜的敌人也是自己。一个人战胜不了自己,制度设计得再缜密,也会'法令滋彰,盗贼多有'。"①

2015 年 1 月 12 日,习近平在中央党校县委书记研修班学员座谈会上讲话,号召"做县委书记,就要做焦裕禄式的县委书记"。他要求当好县委书记必须始终做到"心中有党、心中有民、心中有责、心中有戒"。他指出:"只有理想信念坚定,心中有党、对党忠诚才能有牢固思想基础。""县委书记是直接面对基层群众的领导干部,必须心系群众、为民造福。""干部就要有担当,有多大担当才能干多大事业,尽多大责任才会有多大成就。""要正确行使权力,依法用权、秉公用权、廉洁用权,做到法定职权必须为,法无授权不可为,保持如临深渊、如履薄冰的谨慎,做到心有所畏、言有所戒、行有所止,处理好公和私、情和法、利和法的关系。"②

习近平在不同场合下讲的好干部的"五条标准"、中办人的"五个坚持"、当好县委书记的"心中四有",与这次"我们要向周恩来同志学习"讲的周恩来六个方面的"杰出楷模",虽然针对性不一样,具体内容也不尽相同,但根本精神和根本要求是完全一致的。

习近平论述的周恩来六个方面的"杰出楷模"的第一条:"不忘初心、坚守信仰",第二条:"对党忠诚、维护大局"中有"忠"、"信"、"大"三个字。这与他在"五条标准"中讲的第一条"信念坚定",在"五个坚持"中讲的第一条"坚持绝对忠诚的政治品格"和第二条"坚持高度自觉的大局意识",是完全一致的。当好县委书记的"心中四有",从标题上看不出"忠"、"信"、"大"的字样,但第一条"心中有党"的内容包含

---

① 习近平:《办公厅工作要做到"五个坚持"》,《秘书工作》2014 年第 6 期。
② 《习近平谈治国理政》第二卷,外文出版社 2017 年版,第 141、142、143、145、147 页。

着"忠"、"信"、"大"三方面的内容。"忠",就是"心中有党"中谈到的"对党忠诚,是县委书记的重要标准","善莫大于作忠";"信",就是"心中有党"中谈到的"只有理想信念坚定,心中有党、对党忠诚才能有牢固思想基础";"大",就是"心中有党"中谈到的"重大原则"和"大目标"。①

习近平论述的周恩来六个方面的"杰出楷模"的第三条:"热爱人民、勤政为民"中有"为民"、"勤政"四个字。这与他在"五条标准"中讲的第二条"为民服务"和第三条"勤政务实",在"心中四有"中讲的"心中有民"及要求做到"勤政、务实、为民",是完全一致的。他在"五个坚持"中讲的第四条"坚持无怨无悔的奉献精神",也包含着"为民"、"勤政"的内容。

习近平论述的周恩来六个方面的"杰出楷模"的第四条:"自我革命、永远奋斗",第五条:"勇于担当、鞠躬尽瘁"中有"奋斗"、"担当"四个字。这与他在"五条标准"中讲的第四条"敢于担当",在"五个坚持"中讲的第三条"坚持极端负责的工作作风",在"心中四有"中讲的"心中有责",是完全一致的。

习近平论述的周恩来六个方面的"杰出楷模"的第六条:"严于律己、清正廉洁",有一个"廉"字。这与他在"五条标准"中讲的第五条"清正廉洁",在"五个坚持"中讲的第五条"坚持廉洁自律的道德操守",在"心中四有"中讲的"心中有戒",是完全一致的。

2014年初夏,我曾应邀到中办特会室学习会上讲课。讲的内容是结合习近平总书记的"五个坚持"谈周总理的胸怀。2017年在党的生日那天,应中办北戴河管理局的邀请,我到北戴河管理局大礼堂讲课,经管理局领导确定讲的题目是"学习习近平总书记的'五个坚持'与周

---

① 《习近平谈治国理政》第二卷,外文出版社2017年版,第141、142、143页。

总理的胸怀"。这两次活动,通过学习习近平的"五个坚持",加深了我对周总理胸怀的认识。

以上认识的积累,使我领会到习近平"我们要向周恩来同志学习"的六个方面的要求,对加强党的建设具有重要指导意义。

三、对中华优秀传统文化的创造性 转化和创新性发展

习近平高度重视对中华优秀传统文化的创造性转化和创新性发展。他论述的周恩来六个方面的"杰出楷模",与此前论述的好干部的"五条标准"、中办人的"五个坚持"、当好县委书记的"心中四有",无不充分体现了社会主义核心价值观的要求,体现了对中华优秀传统文化的创造性转化和创新性发展。

《论语》是中华传统文化排在第一位的代表性著作。《习近平谈治国理政》第一卷引用《论语》达 18 次之多。《习近平谈治国理政》第二卷引用《论语》达 11 次之多。这还不包括化用的内容。"忠信"是《论语》中记载的孔子的重要观念之一。《论语·学而》、《论语·子罕》两次写有孔子讲:"主忠信"。孔子主张以"忠"和"信"两种道德为主。习近平论述的"五条标准"、"五个坚持"、"心中四有"、周恩来六个方面的"杰出楷模",第一条和第二条都是讲"忠"和"信"的。

习近平论述的"维护大局"、"坚持高度自觉的大局意识",不禁使我们想到孟子说的"从其大体";"先立乎其大者,则其小者不能夺也。"①

习近平论述的"为民服务、勤政务实";"心中有民";"坚持无怨无悔的奉献精神";"热爱人民、勤政为民",不禁使我们想起孔子说的"因

---

① 见《孟子·告子章句上》。

民之所利而利之","所重:民、食、丧、祭";①孟子说的"乐民之乐者,民亦乐其乐;忧民之忧者,民亦忧其忧"。②

习近平论述的"敢于担当";"心中有责";"坚持极端负责的工作作风";"自我革命、永远奋斗";"勇于担当、鞠躬尽瘁",不禁使我们想起中国历代传说的女娲补天、精卫填海、羿射九日、夸父追日、大禹治水、愚公移山的故事,也不禁使我们想起孔子说的"岁寒,然后知松柏之后凋也";③孟子说的"天将降大任于是人也,必先苦其心志,劳其筋骨,饿其体肤,空乏其身,行拂乱其所为,所以动心忍性,增益其所不能"。④还不禁使我们想起诸葛亮的"鞠躬尽瘁,死而后已";林则徐的"苟利国家生死以,岂因祸福避趋之"。

习近平论述的"清正廉洁";"心中有戒";"坚持廉洁自律的道德操守";"严于律己、清正廉洁",不禁使我们想起中国古代多位"名世者"的告诫。孔子告诫:"戒之在得";⑤"临事而惧,好谋而成";"不义而富且贵,于我如浮云";⑥"政者,正也。子帅以正,孰敢不正";⑦"其身正,不令而行;其身不正,虽令不从"。⑧ 老子告诫:"宝贵而骄,自遗其咎";"治大国若烹小鲜"。⑨ 孟子告诫:"生于忧患,而死于安乐";⑩"诸侯之宝三:土地、人民、政事。宝珠玉者,殃必及身。"⑪《中庸》作者

---

① 见《论语·尧曰》。
② 见《孟子·梁惠王章句下》。
③ 见《论语·子罕》。
④ 见《孟子·告子章句下》。
⑤ 见《论语·季氏》。
⑥ 见《论语·述而》。
⑦ 见《论语·颜渊》。
⑧ 见《论语·子路》。
⑨ 见《道德经》第九章、第六十章。
⑩ 见《孟子·告子章句下》。
⑪ 见《孟子·尽心章句下》。

告诫:"君子戒慎乎其所不睹,恐惧乎其所不闻。"

会场上,当听到习近平深情地说:"周恩来,这是一个光荣的名字、不朽的名字。每当我们提起这个名字就感到很温暖、很自豪。"我感到有一股暖流流遍了全身。我曾在周恩来研究的岗位上工作了15年,研究周恩来的文稿和生平事迹,深为中华民族有周恩来这样的伟人而感到骄傲,也深为自己曾经所从事的工作而感到光荣。按照习近平论述的"我们要向周恩来同志学习"的六个方面的要求和此前论述的好干部的"五条标准"、中办人的"五个坚持"、当好县委书记的"心中四有"去做,党员干部特别是领导干部的境界将得以极大的提高,真正做到"人民对美好生活的向往,就是我们的奋斗目标。"

让我们努力学习周恩来同志,成为党和国家需要的人吧!

第一篇　学习周恩来的胸怀

最近,大家都在学习习近平总书记提出的"五个坚持",即坚持绝对忠诚的政治品格;坚持高度自觉的大局意识;坚持极端负责的工作作风;坚持无怨无悔的奉献精神;坚持廉洁自律的道德操守。学习这"五个坚持",不禁使我想起周恩来总理的胸怀。因为这"五个坚持"同周总理的胸怀是完全一致的。周总理就是这"五个坚持"的光辉典范。

周总理诞辰 90 周年时,李先念同志写过一篇怀念周总理的文章。文中引用林则徐的诗联,"海纳百川,有容乃大;壁立千仞,无欲则刚",然后指出,"恩来同志确实胸如海洋,容量极大。"①这代表了我们党和国家的高层领导人对周总理博大胸怀的评价。从"文化大革命"中过来的中国老百姓都知道周总理总是相忍为党,有着"我不入地狱谁入地狱,我不入虎穴谁入虎穴?"的奉献精神。大家都是敬佩周总理的胸怀的。

学习周总理的胸怀,对理解习近平总书记提出的"五个坚持",做好这"五个坚持"是有重要启迪意义的。笔者认为周总理的胸怀,有一个"大"字,有一个"忠"字,有一个"慎"字,有一个"献"字,有一个"廉"字。

---

① 《不尽的思念》,中央文献出版社 1987 年版,第 6 页。

一、周恩来的胸怀始终有一个"大"字

习近平总书记提出的"五个坚持"之一,是"坚持高度自觉的大局意识"。他要求中办的工作要"照应各方关切,配置各方资源,调动各方力量","围绕大局,聚焦大局,服务大局"。这里有一个至关重要的"大"字。这个"大"字,首先是指大目标,即实现中华民族伟大复兴的中国梦,实现民族的复兴、国家的富强、人民的幸福。也就是到新中国成立一百年时基本实现现代化,达到中等发达国家的水平。

这个大目标是近代以来所有志士仁人梦寐以求的大目标。

周恩来的胸怀一直有这个"大"字。他在小学读书时就讲过读书"为了中华之崛起"。到天津南开学校读书,他在《尚志论》作文中写道:"立志者,当计其大舍其细"。"计其大"即救国家、尽力社会。他对当时国家遭受强邻的虎视强夺忧心如焚。他对同学们说:"危险之期,困难之境,孰有过于今日之中国也耶!""愿吾最可敬可爱之同学,闻而兴鸡鸣起舞之感,天下兴亡匹夫有责之念。"

革命胜利后,周恩来担任新中国总理27年,他胸中的"大"字就是为实现国家工业化,实现农业、工业、国防、科学技术现代化而奋斗,变贫弱的中国为富强的中国。

1972年11月,他曾说:"二十年我关心两件事,一个上天,一个水利。这是关系人民生命的大事,我虽是外行也要抓。"

"上天"即以"两弹一星"为代表的尖端科技,是国家整个科学技术、工业、国防现代化水平高低的主要标志。周恩来为"两弹一星"研制成功,在运筹、组织、管理中作出了卓越贡献。这个东西是GDP所不能代替的。邓小平说:"如果六十年代以来中国没有原子弹、氢弹,没有发射卫星,中国就不能叫有重大影响的大国,就没有现在这样的

国际地位。"①

水利是农业的命脉,也是整个国民经济的命脉。周恩来在为农业现代化奋斗时,特别重视水利化、机械化、良种化。水利方面,许多大江大河的治理和许多重大水利工程都留下了他的文献、声音、足迹和身影。他在这方面的努力极大地提高了发展农业的物质基础。

"上天"和水利这两件事,都是毛主席让周恩来挂帅去抓落实的。

周恩来抓这两件大事,始终贯彻着一个当前服从长远、小局服从大局的大局观。他抓"两弹一星",高度重视协同作战、集智攻关。他抓水利强调"有福同享,有难同当",强调统筹兼顾,很好地协调了不同地区、不同部门的利益。

二、周恩来的胸怀始终有一个"忠"字

习近平总书记提出的"五个坚持"的第一条,是"坚持绝对忠诚的政治品格"。这一条是最根本的一条,胸怀能不能博大,关键看有没有绝对忠诚的政治品格。周恩来胸怀宽广、容量极大,起关键作用的是他的绝对忠诚的政治品格。

郭沫若在悼念周恩来的一首诗中有这样两句:"忠诚与日同辉耀,天不能死地难埋"。周恩来是一位忠诚的总理,是一位对人民忠诚、对国家忠诚、对党忠诚、对毛主席忠诚的好总理。

周恩来不是一个普通的人,而是处在党和国家关键位置上的领导人,尤其是担任了27年总理的领导人。处在总理这个位置上,如何处理好与主席的关系?这是体现周恩来胸怀的一个突出的方面。讲周恩来的胸怀,不可能绕过毛、周关系。

---

① 《邓小平文选》第三卷,人民出版社1993年版,第279页。

　　毛泽东成为主席，成为党和人民的领袖，是党选择的结果，是人民选择的结果，是历史选择的结果。周恩来也参与了这个选择。在历史转折点的遵义会议前后，周恩来推举毛泽东领导红军发挥了关键作用。这个选择也体现了周恩来的胸怀，选贤与能的胸怀，对党和人民负责的胸怀。自那以后的40多年中，周恩来是忠心辅助毛主席的。这同他忠于党、祖国和人民是完全一致的。

　　体现周总理胸怀的毛、周关系是怎样的关系呢？

　　第一，毛、周关系是和而不同、差异互补、相辅相成的协力关系。

　　在群星灿烂的中国历史大舞台上，毛泽东扮演的是总战略家、理论家、总决策者的角色；周恩来扮演的是总管家、实干家、总执行者的角色。就像郭沫若在一首诗里所说，毛、周两人是"同心、协力、共命"的关系。

　　儒学大师马一浮曾在中南海怀仁堂挥笔写下两副诗联，分别赠给毛泽东和周恩来。赠毛泽东的诗联是："使有菽粟如水火，能以天下为一家。"透过这副诗联，我们看到的毛泽东是提出理论、原则，绘制新中国发展蓝图的人。赠周恩来的诗联是："选贤与能讲信修睦，体国经野辅世长民。"透过这副诗联，我们看到的周恩来是将原则具体化、目标步骤化，使设计蓝图进入可行性操作之中的人。马一浮先生以其深厚的中国传统文化的功底，用两副诗联表达了对毛、周之间协力合作关系的深刻认识。

　　毛泽东在许多事情上都是管方针、路线，管决策，至于怎样去具体落实，全交给周恩来。

　　例如，在转战陕北及在西柏坡的日子里，毛泽东与周恩来在世界上最小最简陋的指挥所里运筹决策，指挥着全国解放战争。毛泽东主战略思考，周恩来主组织实施，二人配合得天衣无缝。凡是毛泽东下定决心作出战略决策之后，如何组织部署、如何贯彻执行都由周恩来具体来抓；无论是前方还是后方，无论是后勤供应还是部队调动，都离不开周恩来具体的组织指挥。

新中国成立后,这样的例子就更多。例如,在1972年中美握手的重大外交事件中,总决策者是毛泽东,具体做好这件事的是周恩来。尼克松回忆说:"谈到具体的国际问题,毛在我们1972年会晤时一开头就说,'那些不是应该在我这里讨论的问题。这些问题应该同周总理讨论。我讨论哲学问题。'我们会谈中触及了最高领导议程上的一系列问题,但是都是从哲学角度谈的。最有趣的是,在我此后同周的所有会晤中,他常常提到毛所谈的话就是他在谈判中所持立场的指南。"

又例如,在治水方面,毛泽东以雄伟的气魄提出了一个又一个治理、开发、保护江河的战略目标:"一定要把淮河修好"、"要把黄河的事情办好"、"高峡出平湖"、"一定要根治海河"、"南水北调"、"保证遇旱有水,遇涝排水"、"兴修水利、保持水土"等。如何将这些战略目标步骤化、具体化,毛泽东得益于周恩来。周恩来总是积极稳妥、周到细致地组织实施这些战略目标,善于将务虚与务实、理想与现实、目标与步骤、远景与近期、战略与战术结合起来,并鞠躬尽瘁地进入实际操作之中。仅仅从治水这一点,我们可以领悟到,为什么人们"寻找毛泽东"总是伴随着"怀念周恩来"。

尼克松在北京的访问,以其政治家的敏锐眼光,看出了毛泽东和周恩来之间战略家、决策者和总管家、执行者的关系。尼克松说:"毛是政治局的主席,即使在风烛残年也仍然是公认的领袖。而周是总执行官。"尼克松认为,周恩来以其"卓越的行政才能和似乎不知疲倦的个人精力"进行具体而务实的管理,"好让毛全神贯注于做国家超然的精神领袖。"尼克松说:"中国革命没有毛,就决不会燃起火来。而没有周,它就会烧光。"①这虽是极而言之的话,但却道出了毛、周之间差异

---

① 理查德·尼克松:《领导者》,世界知识出版社1983年版,第271、279、278、285页。

互补、相辅相成的关系。

第二,毛、周关系是忠诚与信任的关系。

习近平总书记在十八届二中全会上提出领导干部不能错位、越位、缺位。周恩来在总理这个位置上从未错位、越位、缺位。

周恩来处处维护毛泽东的领袖地位。

在周恩来面前,任何损害毛泽东领袖地位的图谋都是绝对不能容忍的。1964年赫鲁晓夫下台,周恩来率团出访莫斯科时,苏联元帅马利诺夫斯基粗野地说:"我们可把赫鲁晓夫搞掉了,你们的毛泽东呢?苏中关系不好就是他们两个人搞的!"周恩来就此事向苏方提出抗议,指出这是苏方在挑衅,同时马上报告了毛泽东。

在党和国家的重大决策中,在周恩来和毛泽东数不清的单独会面中,凡是周恩来提出、被毛泽东采纳的正确意见,周恩来公开传达时总说是毛泽东的决定。周恩来到灾区视察、慰问,总要讲"毛主席让我来看望大家,慰问大家。"1962年6月,周恩来视察延边,群众欢呼起来,身边的一位工作人员脱口说:"各族人民群众是多么热爱总理啊!"周恩来立即纠正道:"这是毛主席的威望,党的威望。"

在历次公开的重大活动中,周恩来总是突出毛泽东的形象,把聚光灯的焦点对准毛泽东。有一次,一位记者为了抢拍毛主席的照片,不顾一切地把长镜头往前伸,竟从周恩来的肩上伸了出去。拍完照片,周恩来回过头来,记者才大吃一惊:"啊!总理!"

毛泽东信任周恩来,把周恩来那里看成办事的中心,许多大事都交给周恩来去办。

毛泽东在党的七届二中全会总结中说:新中国中央人民政府的主要人员配备,现在尚不能确定,还要同民主人士商量;但"恩来是一定要参加的,其性质是内阁总理。"

第三,毛、周关系是善于迂回、等待与高度尊重的关系。

周恩来在《学习毛泽东》一文中曾指出:"正确的意见常常是要经过许多等待、迂回才能取得胜利,为大家所接受。当然这个等待过程是痛苦的。"①

毛泽东是人不是神,毛泽东也会犯错误。如何对待毛泽东的错误、同毛泽东的分歧?周恩来从不采取直接批评、直接对抗的态度,而是采取迂回、等待的态度。在反冒进与反反冒进的意见分歧中,周恩来采取了迂回、等待的态度。在"文化大革命"中,周恩来也是采取了迂回、等待的态度。周恩来的这种迂回、等待维护了党的统一和团结,避免了分裂。

毛泽东对周恩来在分歧面前的迂回、等待是尊重的。如对他的反反冒进,在1960年的十年总结中,实际上承认周总理是对的。毛泽东写道:"一九五六年周恩来同志主持制定的第二个五年计划,大部分指标,如钢等,替我们留了三年余地,多么好啊!"②

今天重温毛、周关系,笔者有如下感悟:

其一,毛、周关系是我们党的历史上的一块基石、一个象征、一笔财富。

一块基石:我们历史上的胜利,从一定的意义上说是毛、周合作的胜利。一个象征:就像人民英雄纪念碑碑名和碑文由他们两人合作书写而成的一样。一笔财富:能不能把中国的事情办好,关键在党内,党内首要的首要是主席和总理的合作,毛、周给后人作出了榜样。

其二,不能歪曲毛、周关系。

否定毛,也就会否定周。用种种阴谋论揣测毛、周关系,完全是别有用心。说周总理对毛主席是愚忠,这完全是用封建社会的君臣关系

---

① 《周恩来选集》上卷,人民出版社1980年版,第337页。
② 《建国以来毛泽东文稿》第9册,中央文献出版社1996年版,第214—215页。

看待毛、周关系。

其三,在高层领导关系中应向毛、周学习,不能错位、越位、缺位。

其四,普通干部在毛、周关系方面也有可学习的地方,也有一个不能错位、越位、缺位的问题。

三、周恩来的胸怀始终有一个"慎"字

习总书记提出的"五个坚持"的第三条,是"坚持极端负责的工作作风"。他指出:"慎易以避难,敬细以远大"。"于细微之处见精神,在细节之间显水平。"笔者感到这第三条中有一个"慎"字。这个"慎"字既体现了工作作风,也体现了工作方法。这个工作作风、工作方法是与胸怀、世界观联系着的。

周恩来所以能取得那么大的成就,所以能成为世界上最具影响力的大国总理,这与他的绝对忠诚和大局意识分不开,与他思考事物的周密如水银泻地,处理问题的敏捷如电火行空的才能分不开,也与他胸中始终有一个"慎"字分不开。他是谦虚谨慎的典范,也是"案无积卷,事不过夜"的典范。

周总理谨慎的工作方法最重要的有四条:

第一,戒慎恐惧。随意性和急躁冒进,是政府管理的大敌。周恩来认为政府管理千头万绪,"稍一不慎就会出乱子","不能急躁,不能草率,必须谨慎从事",需要"戒慎恐惧"。他指出:"我们这样一个人口多、经济落后的国家要在经济上翻身,这是一个艰巨的任务。我们应该有临事而惧的精神。这不是后退,不是泄气,而是戒慎恐惧。建设时期丝毫骄傲自满不得,丝毫大意不得。"①周恩来抓水利、"上天"两件大

---

① 《周恩来选集》下卷,人民出版社1984年版,第408、409—410页。

事时,尤其重视戒慎恐惧的方法。他针对高坝大库的建设说:"我对这个问题是战战兢兢,如临深渊,如履薄冰。可不要太自信。"

周恩来抓"上天"即"两弹一星"的尖端科技,戒慎恐惧的方法具体化为"严肃认真,周到细致,稳妥可靠,万无一失"的十六字工作方针。在外交工作中,周恩来同样重视戒慎恐惧。外交无小事。他指出:"外交不能乱搞,不能冲动。""应该加倍谨慎。"周恩来以戒慎恐惧的思想方法抓水利、"上天",抓外交和国家建设,避免了重大决策的失误,避免了可能出现的奇灾大祸和巨大浪费,也是这些方面取得一系列重大成就的重要原因之一。

第二,求同存异。新中国成立前,周恩来做统一战线工作时就重视求同存异。夏衍回忆:抗战时期在重庆与有些党外人士看法不一致,他去向周恩来请教。周恩来对他说:"干革命,人越多越好,为了团结更多的人,思想上可以'求同存异'。"新中国成立后,他在外交工作上的一个重要方法就是求同存异。如:他在万隆会议上提出"我们的会议应该求同而存异",①为会议的成功奠定了基础。他在处理中美、中日关系时也是重视求同存异。在内政上,他指出:"人心不同,各如其面。人们的智慧、才能、性格各有不同,相互之间有时是有矛盾的。团结就是在共同点上把矛盾的各方统一起来。善于团结的人,就是善于在共同点上统一矛盾的人。"②正是由于周恩来在内政上善于求同存异,所以具有能把各种不同思路的人凝聚到一起的人格魅力。正是由于周恩来在国际交往中善于求同存异,才既能保持独立自主,走好自己的路;又能融入世界,实现和平共处。

第三,中和守衡。一位外国朋友曾说:在周恩来身上,从来没有那

---

① 《周恩来外交文选》,中央文献出版社1990年版,第122页。
② 《周恩来选集》下卷,人民出版社1984年版,第29—30页。

种狂想主义和极端主义的色彩。这句朴实而平凡的话,比较准确地概括出了周恩来中和守衡的思想方法特点。例如,在处理中央和地方的关系时,他反对走向任何一个极端,指出:"在中央的统一领导下发挥地方的积极性,才能使各方面的工作生气勃勃,否则就死气沉沉。"①几个月后,他又指出:"处理好上下关系,既要做到集中统一,又要因地制宜,二者必须都照顾到。"②例如,他强调经济建设必须注意平衡问题,指出:"一定要为平衡而奋斗。数量上平衡以后,还有品种和时间上的平衡问题。"他借鉴苏联片面发展重工业,轻视农业、轻工业,影响民生的教训,指出:"轻视这两者就会带来不好的后果,就会发生经济发展上的严重不平衡。"③

第四,谋定而后动。在外交工作和国家建设中,如何处理目标与步骤、谋划与行动的关系?周恩来的方法是谋定而后动。他重视事前的计谋、运筹,强调预备好了才行动,不打无把握之战,不打无准备之战,强调有目标地稳步前进。

四、周恩来的胸怀始终有一个"献"字

习总书记提出的"五个坚持"的第四条,是"坚持无怨无悔的奉献精神"。他称赞"捧着一颗心来,不带半根草去"的高尚品行,称赞泰戈尔诗中所写的甘当花朵和果实陪衬的绿叶精神。

周总理的胸中始终有一个"献"字。他是只讲奉献、不图索取的典范。

周总理无怨无悔的奉献精神,首先表现在勤劳工作上。

---

① 《周恩来选集》下卷,人民出版社1984年版,第13页。
② 《周恩来统一战线文选》,人民出版社1984年版,第164页。
③ 《周恩来经济文选》,中央文献出版社1993年版,第253、336页。

业精于勤荒于嬉，行成于思毁于随。周恩来在南开学校写过一篇《一生之计在于勤论》的作文，写道："求学贵勤，勤则一生之计足矣。人人能勤，由一国之事定矣。"①他在总理的位置上取得那么大的成就，勤劳是其原因之一。他经常通宵达旦地工作，精力充沛，好像不知道疲劳。他被外国人称为"北京全天候人物"，"是中国总管一切的人"。他能管得过来，能管得有条不紊，靠的是勤劳。邓小平说："周总理是一生勤勤恳恳、任劳任怨工作的人。他一天的工作时间总超过十二小时，有时在十六小时以上，一生如此。"②

困难时期，他直接抓粮食调拨，帮助严重缺粮省份渡过难关。根据周恩来工作台历记载，从 1960 年 6 月到 1962 年 9 月，两年零四个月里，周恩来关于粮食问题的谈话达 115 次，还多次出京调查粮食情况，解决粮食调拨问题。从周恩来办公室退给粮食部办公厅，现仍保存的 32 张报表中，周恩来的笔迹有 994 处之多。这是他勤劳的一个例子。

还有一个例子，从 1962 年 11 月 17 日中央专委会成立到 1974 年 4 月，周恩来主持召开的中央专委会会议达 60 次之多。也有人说，周恩来担任中央专委会主任以来，主持或参加的与中央专委会工作有关的大大小小的会议达 500 次之多。

周恩来无怨无悔的奉献精神，特别突出的表现在逆境之中。

有人在顺境可以讲奉献，但在逆境中就只考虑个人利益了。汪精卫和张国焘就是这样的人。叛徒都是过不了危难关。正因为如此，王夫之说"顺境逆境看襟怀"。大胸怀、无怨无悔往往是在逆境中充分显现出来。这就是司马迁说的"文王拘而演周易，仲尼厄而作春秋。屈原放逐，乃赋离骚。左丘失明，厥有国语。孙子膑脚，兵法修列。不韦

---

①　《周恩来早期文集》上卷，中央文献出版社、南开大学出版社 1998 年版，第 9 页。

②　《邓小平文选》第二卷，人民出版社 1994 年版，第 348 页。

迁蜀,世传吕览,韩非囚秦,说难孤愤。"这也就是司马迁受宫刑才写出千古绝唱《史记》的内心动力。这也就是明朝冯梦龙说的"地势坳则水满之,人事坳则智之。周览古今成败得失之林,蔑不由此。"

周恩来的大胸怀、无怨无悔的奉献精神在"文化大革命"逆境中得到了充分显现。"文化大革命"乱局中,周恩来需要加倍地勤奋工作,需要加倍地迂回、等待、忍让。这些都是以牺牲他的健康、牺牲他的切身利益为代价的。李先念说周总理在"文化大革命"中是"在荆棘中潜行,在泥泞中苦战"。① 周恩来也曾说"文化大革命"使他少活 10 年。他为什么不去当个逍遥派,图自己自在呢? 他为什么不去称病隐退、明哲保身呢? 很简单,这不是周恩来的胸怀,不是周恩来的精神。

因为周恩来在"文化大革命"逆境中无怨无悔地奉献,才铸造了他"文化大革命"10 年的苦撑危局,才有了十里长街送总理的前无古人的壮观场景。所以邓小平说周总理在"文化大革命"中起了"中和作用"和"减少损失的作用"。"'文化大革命'时,我们这些人都下去了,幸好保住了他。"②所以陈云说:"没有周恩来同志,'文化大革命'的后果不堪设想。"③

五、周恩来的胸怀始终有一个"廉"字

习总书记提出的"五个坚持"的第五条,是"坚持廉洁自律的道德操守"。他指出:"贪如火,不遏则燎原;欲如水,不遏则滔天"。他要求学习《论语》中提出的"修己以敬","修己以安人","修己以安百姓"。古人讲修身、齐家、治国、平天下。修己才能齐家,齐家才能治国,治国

---

① 《不尽的思念》,中央文献出版社 1987 年版,第 2 页。
② 《邓小平文选》第二卷,人民出版社 1994 年版,第 348 页。
③ 《陈云文选》第 3 卷,人民出版社 1995 年版,第 242 页。

才能平天下。

　　周恩来胸中始终有一个"廉"字。他从不多吃、多占，内衣是补了又补，没有什么私人财产，更谈不上什么国外存款。他不仅严格要求自己，而且严格要求亲属和身边工作人员。周恩来的政治品德、思想道德、为政官德、社会公德、家庭美德是值得我们思索和学习的。

　　周总理的胸怀也装着他的亲人和家庭。这也是与那个"大"紧密相连的。因为孝敬父母、爱护妻儿的人才能爱国爱民。一个连自己的父母都不孝敬、连自己的妻儿都不爱护的人，怎么可能爱国家、爱人民呢？周恩来对他的伯父和父亲，对他的两位母亲和八妈（八婶杨氏）的孝子之心感动了许多人。

　　周恩来爱他的妻子、终生相守。1927 年在广州白色恐怖下邓颖超生的第一个孩子夭折后，医生就告诉她不能生育了。这是多么痛苦的事。周恩来安慰她，那些烈士的孩子都是我们的孩子，全中国的孩子也都是我们的孩子。我们今天的一些官员在这方面确实是与周恩来差太远了。

第二篇　学习周恩来的大局观

一、为了中华之崛起

1911 年,周恩来在沈阳一所小学读书时,一次修身课上,老师问:"读书为了什么?"周恩来回答:"为了中华之崛起。"①1915 年,周恩来在南开学校所写的作文中不仅誓言"振兴华夏",而且认为"兴邦事伟"。② 1917 年,周恩来从天津南开学校毕业去日本留学之前,回沈阳母校看望老师和同学。他写给同学郭思宁的赠言是:"愿相会于中华腾飞世界时。"③1935 年,毛泽东、周恩来长征到达陕北后,毛泽东在那里写的第一篇最有影响的著作《论反对日本帝国主义的策略》中,有一段震撼人心的话:"我们中华民族有同自己的敌人血战到底的气概,有在自力更生的基础上光复旧物的决心,有自立于世界民族之林的能力。"④周恩来是参与制定当时策略的主要领导人之一。在中国共产

① 《周恩来年谱(1898—1949)》(修订本),中央文献出版社 1998 年版,第 10 页。
② 《周恩来早期文选》上卷,中央文献出版社、南开大学出版社 1998 年版,第 79、71 页。
③ 《周恩来年谱(1898—1949)》(修订本),中央文献出版社 1998 年版,第 23 页。
④ 《毛泽东选集》第一卷,人民出版社 1991 年版,第 161 页。

党、中国工农红军、中华民族最困难的时候,提出"光复旧物"的目标,这体现了毛泽东、周恩来洞察历史发展的深远眼光和"多难兴邦"的决心。

"中华崛起"、"振兴华夏"、"中华腾飞"、"光复旧物",也就是我们今天讲的"中华民族伟大复兴"。习近平担任中共中央总书记不久就指出:"实现中华民族伟大复兴,就是中华民族近代以来最伟大的梦想。"①这是对毛泽东、周恩来等老一辈革命家奋斗目标的充分肯定,是对近代中华民族伟大复兴思想的传承和弘扬。

为什么要提出中华崛起、振兴华夏、中华民族伟大复兴的目标? 这是因为中华民族曾有过领先世界的辉煌,近代则遭遇列强欺负的苦难。只有经过了辉煌到落伍的历史的国家,才会提出复兴,才要提出复兴,才能提出复兴。

中华民族凭什么曾经辉煌? 又为什么会发生一段时间的落伍? 周恩来是怎样认识的? 又是怎样为复兴而奋斗的? 分析研究这些问题,可以启发我们怎样为实现中华民族伟大复兴而奋斗。

1. 认定中华民族灿烂的古代文化值得骄傲

历史上,中华民族创造了灿烂的农耕文明,在生产能力和经济成就上长期处于世界领先地位,都江堰、大运河、万里长城代表着中华辉煌灿烂的文明。在这几千年中,中国的丝绸,中国的瓷器,中国的茶叶,中国的纸张,曾是外国人的奢侈品。据日本作家紫式部《源氏物语》所写,当年日本高层值得夸耀的生活用品很多是从中国进口的。

对这些中国古代的物质文化成就,周恩来了然于胸。例如,1961年7月4日,针对治水问题,周恩来说:中国历史记载两千多年了,最古老的有四川省灌县都江堰,是秦汉时代依照水势修起来的,引岷江水,

---

① 《习近平谈治国理政》,外文出版社2014年版,第36页。

灌溉了很多地方。两千多年的历史有一套经验,要很好研究。

科学技术层面上,中国的四大发明,对人类社会的文明进步,对经济和科学文化的发展,起了重要推动作用。毛泽东指出:"在很早的时候,中国就有了指南针的发明。还在一千八百年前,已经发明了造纸法。在一千三百年前,已经发明了刻板印刷。火药的应用,也在欧洲人之前。"①周恩来则说:"我国历史上曾经有过科学发明,如火药、古代火箭等,虽然是低级的,但它的原理同现代火箭的原理是差不多的。"

思想文化层面上,中华民族古代思想文化的辉煌,我们今天仍能深深地感受得到。如先秦诸子的学说,《黄帝内经》的医学,《史记》、《汉书》的史学,唐诗、宋词的文学。几乎每一个朝代都有其辉煌的文化成就。影响最大的是以孔子为代表的儒家思想和以老子为代表的道家思想,从典籍上看是《论语》和《道德经》。毛泽东认为中华民族历史上"有丰富的文化典籍"。周恩来说:"我们有几千年灿烂的古代文化,这是值得骄傲的。"②

2. 探讨中华民族两千多年辉煌的文化原因

与中华文明年龄相近的古巴比伦文明、古埃及文明、古印度文明都中断过,有的甚至消亡了,唯有中华文明延续至今,从未中断过。

中华文明凭什么能独领风骚,一直延续下来? 近代以前中华民族两千多年辉煌的原因何在? 从文化传统上看,周恩来探讨和触及到以下几条原因:

第一条原因:中国有统一的代代延续使用的汉字。

中国人的造纸术使中国汉字有了比甲骨竹帛更好的载体。而中国汉字则是中国风格、中国精神、中国思想非常出色的载体。

---

① 《毛泽东选集》第二卷,人民出版社 1991 年版,第 622—623 页。

② 《周恩来文化文选》,中央文献出版社 1998 年版,第 594、523 页。

　　有的单个汉字就反映着深刻的思想。如吃饭的"饭"字，是食字边加个造反的"反"字。反映的是"贵食母"的思想，是重农和农本思想。国以民为本，民以食为天。毛泽东解释这个"饭"字时曾说："没有饭吃老百姓就要造反。"如"福"字，左边是"衣"，右边是"一口田"，意思是一个人有衣穿有饭吃就是"福"。如"海"字左边是三点水，右边是"每"字，意思是大海来自每一滴水。如"舒"字，左边是"舍"，右边是"予"，意思是舍得给予别人，自己就能收获快乐。

　　汉字有了不起的时间能量。两千五百年前，老子、孔子、孟子、庄子的著作，今天还能被广泛阅读、使用，这就是汉字的时间能量。著名科学家钱伟长说："天下没有别的国家的文字三千年以后还能看得懂，汉字可以。"而一种文字的灭亡，就意味着一种文明载体的灭亡，古巴比伦正是这样。

　　汉字还有一个了不起的空间能量：中国疆域辽阔，各地方言各异，但有了统一的汉字就可以交流；中央政令就可以不受隔阂地通行无阻。国学大师任继愈说："中国的长期的凝聚力与这个古汉字大有关系。""中国有统一的汉字，这是很了不起的，在全世界是绝无仅有的。"

　　周恩来分析了汉字的作用。他指出："汉字在历史上有过不可磨灭的功绩。""人们都赞扬我国的古代文化，其中就包括很丰富的历史记载，不仅有正史，还有野史、笔记等。汉文在这方面起了很大的作用。"①

　　第二条原因：中国有通过汉字承载传扬的以"中庸之道"为核心的中国风格、中国精神。

　　"中庸之道"不是儒家所独有，其他学派也有，但儒家是突出代表。"中庸之道"包含哪些内容呢？　一是中，即用中。反对走极端，反对搞

---

　　① 《周恩来文化文选》，中央文献出版社1998年版，第349、356—357页。

绝对化,认为"过犹不及",主张"执其两端用其中"。执其两端就是对立的两个方面相互依存,不要非此即彼;用其中就是"求其中道,而为我所用。"

二是和,即中和,也就是"和而不同"之道。"和实生物,同则不继"。"以他平他谓之和","若以同裨同,尽乃弃也。"所以《论语》中讲:"君子和而不同,小人同而不和";"礼之用,和为贵"。"和"是以承认差异为前提的。所以孟子讲"物之不齐,物之情也。"正因为如此,既要从自己的特殊性出发求生存、求发展,又要宽容别人的特殊性求合作、求共赢。既重视自己和别人的特殊性,又重视求合作和共赢,这就是"求同存异"。"和而不同"与"求同存异"是处理个性与共性关系辩证统一的两个方面。历史证明走极端,搞绝对化,以同裨同,是败亡之道,是不能长久的。

三是时,即时中,也就是正确处理天人关系,不违天时,因时制宜、与时俱进。按二十四节气做事就是时中,要依时而行,顺时而作,珍惜时机。孔子讲"天何言哉?四时行焉,百物生焉";为政者要顺天而行,"使民以时"。孟子讲:"不违农时,谷不可胜食也";"斧斤以时入山林,材木不可胜用也";"鸡豚狗彘之畜,无失其时,七十者可以食肉矣;百亩之田,勿夺其时,数口之家可以无饥矣"。

如何做到中庸?一是慎,即慎言慎行。"君子戒慎乎其所不睹,恐惧乎其所不闻。"二是诚,即诚信。"诚者,不勉而中,不思而得,从容中道,圣人也。"

基辛格说:"周恩来在谈话时带有孔圣人般自然的优雅和过人的智慧"。周恩来是守护和善于应用中庸的智慧的智者。他在南开学校写过《诚能动物论》的出色的作文。在革命和建设时期,他都重视"戒慎恐惧"的方法。他的中和守衡、求同存异、瞻前顾后、左顾右盼、博采众长、因地制宜、因时制宜等,无不凝聚着中庸的智慧。

第三条原因:中国有在"中庸之道"指导下形成的和一直坚持下来的对内和谐有序、对外和平共处的制度。

中华文明所以没有灭亡,从内部制度来看,由于它在"中庸之道"指导下长时期地处于和谐有序状态。均田制、科举制、郡县制、户籍制等制度对保持和谐有序发挥了重要作用。

延续了1300年的科举制,使任何一个男子通过文化考试都可以成为秀才、举人、进士,成为管理者。这比那种世袭为官、养仕为官、军功为官的制度更强调文化的力量。唐朝时就有日本人还有其他外国人经过科举在长安做官的。科举制很好地发挥了和谐有序的作用、选拔优秀人才的作用、融合外来民族的作用。

均田制以及与均田制相似的土地制度,很好地发挥了抑制土地兼并的作用。这一制度贯彻了孔子"不患寡而患不均"的思想;贯彻了孟子"民有恒产乃有恒心",所以明君"制民之产"的思想;也贯彻了老子"天之道损有余而补不足"的思想。均田制被土地兼并取代并达到极限时,也就是农民暴动,一个朝代被另一个新朝代所取代之日。

中国在对外关系上历来反对战争,主张和平共处。这固然与农耕文明的经济特征有关,不像游牧文明和海洋文明所具有的扩张和远征特点。这也与信守"和为贵","己欲立而立人,己欲达而达人"推己及人的思想精神有关。所以《道德经》说"以道佐人主,不以兵强天下"。所以《孙子兵法》主张"上兵伐谋,其次伐交,其次伐兵,下政攻城。"所以中国的军事工程如长城是防御性的。所以郑和下西洋声势浩大却没有产生过一丝一毫的领土要求。有些文明古国,强大的军事远征在消灭别国文明的同时,自己的文明也因在被征服国水土不服接着衰落下来。这正是有些古老文明中断的原因之一。

周恩来认为"历史的发展总是今胜于古,但是古代总有一些好的东西值得继承。""要学历史,有许多历史经验可以汲取,我们的民族有许多优良传统,应该很好地发扬。"①周恩来所说的中国古代值得继承的好的东西、应该很好地发扬的优良传统,包括科举制、均田制等制度中包含的平等性的积极因素,更包括反对战争、对外和平共处的制度和理念。周恩来曾向外宾介绍过中国办外事的哲学思想:要等待,不要将己见强加于人;不开第一枪,不为天下先;"礼尚往来";"退避三舍"。他说:"我们中国人办事,就是根据这样一些哲学思想。这些哲学思想,来自我们的民族传统,不全是马列主义的教育。"②

3. 痛感近代中华民族落伍和受人欺负的耻辱

1840 年鸦片战争以来的百年历史,是中华民族被动挨打、签订不平等条约、割地赔款、受人欺负的耻辱的历史。

这百年间,中国遇到的是数千年来未有之强敌,数千年来未有之变局。

鸦片战争失败后签订的《南京条约》香港被割让,英国还获得两千多万元的赔款。如果说败于当时世界上最强大的英国,脸面还没有丢掉的话,那么 1894 年甲午中日战争,中国败于历史上长期向中国学习的东方岛国日本,1895 年签订《马关条约》,赔款白银 2 亿两并割让台湾,中国的脸面完全丢尽了。

1900 年八国联军攻占北京后,列强索要赔款共计白银 4.5 亿两,加上利息及各省的赔款,总共 10 亿两之多,中国已被列强所控制,半殖民地化的程度加深了,特别是日本对中国的侵略在步步加深。1904年,日本发动在中国领土东北进行的日俄战争,经过一年零八个月的厮杀,生灵涂炭。1915 年,日本乘第一次世界大战西方列强无暇东顾之机,向袁世凯政府提出了旨在独占中国的"二十一条"要求。1931 年,

---

① 《周恩来文化文选》,中央文献出版社 1998 年版,第 229、458 页。
② 《周恩来外交文选》,中央文献出版社 1990 年版,第 328 页。

日本制造九一八事变,侵占了中国东北全境。1937 年 7 月 7 日,日本侵略军进攻卢沟桥,开始了对中国的全面战争。中华民族到了最危险的时候。

面对近代中华民族这样的受人欺负,周恩来有着切肤之痛。自 1915 年日本提出"二十一条",他的忧虑之心更重了,切肤之痛更深了。1915 年秋,他作《或多难以固邦国论》,发出了救亡的呐喊。他写道:"鸦片之役,英人侵我;越南之战,法人欺我;布楚之约,俄人噬我;马关之议,日人凌我;及乎庚子,诸国协力以谋我。瓜分豆剖,蚕食鲸吞,岌岌乎不可终日。""至于今日,同种东邻,乘欧战方殷之际,忽来哀的美敦之书。政府无后盾,国民无先驱;忍耻受辱,逐条承认;五项要求,犹言后议。事急矣! 时逼矣! 非常之势,多难之秋,至斯亦云极矣!"他呼喊:"莽莽神州,已倒之狂澜待挽;茫茫华夏,中流之砥柱伊谁? 弱冠请缨,闻鸡起舞,吾甚望国人之勿负是期也。"①

4. 分析近代中华民族落后挨打的文化原因

古老辉煌的中华文明为什么不能先于欧洲文明进入现代工业社会,到了近代老是受人欺辱? 为什么直到中世纪中国还比欧洲先进,后来欧洲人却走到了前面? 这是著名英国学者中国科技史专家李约瑟先生遇到的难题。这也是不少历史学家至今仍在不倦地探索的一个问题。这也是鸦片战争以来中国历代仁人志士力图解答的问题。

魏源、林则徐提出"师夷长技以制夷",接着是李鸿章等开展了师法西方"船坚炮利"的洋务运动。这是看到了中国技器不如人,企图通过发展技器来改变落后挨打的问题。但甲午战争的惨败证明只学习西方的技术和器械是救不了国的。

---

① 《周恩来早期文选》上卷,中央文献出版社、南开大学出版社 1998 年版,第 72 页。

于是推动了先进人士从制度上解决问题的探索。

起先是康有为、梁启超领导的变法维新运动,企图依靠封建皇帝的支持搞君主立宪制,走资产阶级社会改良的道路来摆脱落后。结果是搞了一百天,连光绪皇帝也被慈禧太后关起来,康有为、梁启超逃亡海外,谭嗣同等人被杀,变法维新血淋淋地失败了。接着就产生了孙中山、黄兴领导的推翻帝制、建立共和政体的资产阶级革命运动。几经曲折,终于在1911年10月10日的武昌起义中获得了推翻帝制的胜利。但是,由于中国资产阶级力量的弱小,民国徒有虚名,中国依然是半封建、半殖民地性质的社会。

发展技器、改变制度都有部分的合理性,但不能从根本上解决问题。五四新文化运动对文化的反思,则触到了近代中国技器不如人、制度不如人的文化原因。这个原因就是五四新文化运动所揭示的中华文化传统对科学和民主不够重视,就是科学倡导不够、创新动力不足、民主未能制度化、缺少法治精神。周恩来对这四个方面有着深刻的分析。

第一,科学倡导不够。

中华文明虽有四大发明等技术成就,为世界进步发展作出了重要贡献,但是,从总体上看中华文化传统不重视倡导钻研科学技术。如老子思想主张有"什伯之器而不用";"虽有舟舆,无所乘之。"认为"民多利器,国家滋昏;人多伎巧,奇物滋起";贬低技术为奇技淫巧。孔子虽认为"工欲善其事,必先利其器";但主张"君子不器",认为君子应该重视形而上的学问,不必重视形而下的技术。孔子轻视劳动,脱离生产,四体不勤、五谷不分,给后世造成了不小的负面影响。

在这种思想指导下历代的科举制考的是四书五经等人文学问和道德文章,自然科学和技术知识、生产知识难以进入主流社会关注的视野之内。即使有了如张衡的地震学、祖冲之的数学等科学发现也难以被当政者在社会上广泛推广、发展。这样自然阻碍了在一定科学基础之上的机器大工业的产生。虽然与农业联系的天文历法方面的科学知识受到重视,但整个封建社会长期以农为本,以工商为末并抑制工商业,这就限制了商品经济的发展和资本主义生产方式的产生。

早年周恩来认为"各类科学","非由西学不达"。① 抗日战争中,周恩来指出:"有人以为中国的思想中有科学意味的就是科学的思想,这是不对的。只有具备进步的科学思想的书籍,才属于真正的科学书籍。"新中国成立前夜,他谈到纪念五四运动时说:"我们应该对民主与科学这两个课题更加重视"。新中国成立初期,他坦承"在近代科学上,近一百年来中国从欧美和日本学来很多的东西"。他要求在看到几千年灿烂的古代文化的同时,"我们也要看到,我们今天的现代科学是很落后的,我们必须提高现代科学水平。"②

第二,创新动力不足。

科学技术的发展靠的是创新。中国哲人早就提出"周虽旧邦,其命维新";"苟日新,又日新,日日新"。中国先人为世界贡献了许多科技创新成果。但建立在农耕文明基础上的中华文化传统因循守旧的色彩浓厚,主张复古,眼睛向过去看得多,向未来看得少。这就不仅造成科技创新动力不足,而且影响了理论创新、制度创新和文化创新,每一次的变革都以失败告终。

老子主张返璞归真,认为人类结绳记事的原始状态才是美好的自然无为的状态,主张"使人复结绳而用之"。孔子"述而不作"、"信而好古",认为尧、舜、禹三代是最美好的时代。他认为他所处的春秋时代是礼崩乐坏,主张法先王、"克己复礼"、"兴灭国,继绝世,举逸民",回到过去的时代。

---

① 《周恩来早期文选》上卷,中央文献出版社、南开大学出版社1998年版,第64页。
② 《周恩来文化文选》,中央文献出版社1998年版,第15、480、504、523页。

　　虽然中国历史上存在着厚古薄今与厚今薄古的思想斗争,也有"祖宗不足法"的主张,但老子、孔子的复古思想,一直是主流社会的思想。这也是古代中国长期发展缓慢的原因之一。古代人如尧、舜高尚的道德品质是值得后人学习的。但泥古复古只会有百害而无一利。

　　周恩来指出:"我们这个民族向来有点松懈和惰性的缺点。"[①]他在南开学校读书时,就开始批评复古守旧的思想和做法。"尚旧学者","尧、舜、禹、汤、文、武、周公、孔子之名,君、臣、忠、孝、公侯、圣德之词,道之不胜其道,书之不胜其书。事实之合否,概置不问,惟返古是求。"周恩来惊呼:照此下去,在适者生存的世界上,"吾华尚何望乎! 吾华尚何望乎!"他在日本留学期间,提出"另辟'新思想',求'新学问',做'新事情'"。他说:"人人心中存着这个'新'字,中国才有望呢。"[②]求新,才能救国。周恩来是通过在日本的"想新的"、"学新的"、"做新的",再到欧洲进行实际考察并对各种新思潮进行推求比较,才确立了共产主义信念,成为共产主义者的。

　　第三,民主未能制度化。

　　中国古代有十分丰富的民本思想,认为"民为邦本,本固邦宁";将天与民统一起来,"天视自我民视,天听自我民听","民之所欲,天必从之"。孔子主张"因民之所利而利之。"孔子的继承者孟子甚至提出"民为贵,社稷次之,君为轻";认为"乐民之乐者,民亦乐其乐;忧民之忧者,民亦忧其忧"。这自然是有积极意义的。但是,这种民本思想未能将民看成国家的主人、治理者、享有者;而是将民作为治理的对象。正因为民是治理的对象,所以老子说"民之难治以其智多",要绝圣弃智。所以孔子说"民可使由之,不可使知之。"

---

① 《周恩来文化文选》,中央文献出版社 1998 年版,第 12 页。
② 《周恩来早期文选》上卷,中央文献出版社、南开大学出版社 1998 年版,第 63、335、367 页。

中国几千年封建社会最高统治者是君主。君主一言九鼎,掌握生杀予夺之权。普天之下,莫非王土;率土之滨,莫非王臣。井田制、均田制、王田制都把君主看成是当时主要的生产资料——土地的最高所有者。所以中国封建社会没有真正的私有制,君主要你富你就富,君主要你穷你就穷。"予之在君,夺之在君,贫之在君,富之在君。"正像《红楼梦》中所说:"陋室空堂,当年笏满床;衰草枯杨,曾为歌舞场";"金满箱,银满箱,转眼乞丐人皆谤。"

中国封建社会的文人大多数做的是御用文人,少数人做的是孤寒清流,在封建权力和财富的支配下难以实现人格独立。即使是大官在君主面前也是跪着讲话,君臣之间不可能有平等。

早年周恩来认为酋长、君主、民主、大同是人类社会政体发展必经的几个阶段。"共和之所以异于专制者何,民主之所以良于君主者谁"? 周恩来认为二者区别在于是不是"治人治于人者,恒常系诸一人之身"。封建君主的专制就是一个人说了算,"而元元黔首,均为被治之人"。"故君主仅为治人者,而人民治人之权,亦不能普及,是故终不若民主共和为之愈也。"①在中国反对封建主义是为了实行民主主义,而旧民主主义是资产阶级领导的有局限性的民主,新民主主义是无产阶级领导的人民大众的民主。抗日战争时期,共产党要求民主抗日,国民党则不讲甚至排斥民主抗日。1940 年,周恩来指出:"从五四运动到现在,还没建立民主的传统。所以,必须积极提倡以打击反民主思想。"②

第四,缺少法治精神。

中国封建社会没有任何一个朝代的法律是可以管到君主的,皇权

---

① 《周恩来早期文选》上卷,中央文献出版社、南开大学出版社 1998 年版,第 86—87 页。
② 《周恩来文化文选》,中央文献出版社 1998 年版,第 15 页。

大于法律。整个封建社会的治理是官本位的人治,而不是依靠法律的法治。正如一位文化史学家所指出的,"中国传统文化中的道义精神,最后总是在武侠复仇、好汉结拜中得到了弘扬",没有看到法律制裁的作用。这也与封建社会占主导地位的孔子思想主张以德治国而轻视以法治国有密切的关系。孔子说:"道之以政,齐之以刑,民免而无耻;道之以德,齐之以礼,有耻且格。"重视道德礼义的引导与归服作用在有些方面是必要的,有些则是负面的,如封建的男尊女卑的道德则起着压迫妇女的作用。

新中国成立后,为保障婚姻自由和男女平等,1950年5月1日,中央人民政府公布施行《中华人民共和国婚姻法》。周恩来指出:"在中国这样一个曾受长期封建主义统治的社会中,婚姻法的执行是一种艰巨的社会改革工作,必须经过经常的有系统的思想斗争和法律斗争才能贯彻。"①在周恩来看来男尊女卑的封建道德,恰恰是贯彻男女平等的婚姻法的阻力。

科学倡导、创新动力、民主制度、法治精神的缺乏,正是中华文明到了16世纪在创造力上开始落后于西方文明,到了1840年鸦片战争以后的近代百年深陷被动挨打之中的思想文化原因。周恩来的分析为解答李约瑟难题打开了思路。

5. 探索实现中华民族伟大复兴的文化传承

中华民族的伟大复兴是古代兴盛与近代衰弱的对比中提出来的。唯有对文化传统善于吸取其精华并加以弘扬,善于批判其糟粕并加以剔除,才有希望实现复兴的目标。周恩来对此进行了有重大意义的探索。

五四新文化运动的伟大功绩,在于找到了近代中国被动挨打的思

---

① 《周恩来选集》下卷,人民出版社1984年版,第56页。

想文化原因,推动了民主和科学思想的发展,推动了以马克思主义为指导、以俄国十月革命建立的制度为榜样的中国共产党的产生。但是,打倒孔家店,全盘否定传统文化而不吸取弘扬其精华,则相似于给小孩洗澡后把小孩和洗澡水一起泼了出去。

周恩来在充分肯定五四运动积极作用的同时,也指出了其对传统文化偏激的否定一切的消极影响,阐明了对传统文化批判地继承的正确方针。他说:"当年五四运动反对封建,提出'打倒孔家店'的口号,认为孔子所说的一概打倒,这在当时是需要的,因为当时是封建统治。要冲破黑暗,建设新的社会,需要这种精神。但那时认为旧的、历史上留下来的一切都无用,因此变成了否定一切。须知旧文化也有可用的,可以批判地接受。'五四'时期不知道这个道理,所以很幼稚。""我们不要否定旧的一切,而要把旧文化里的可用的部分接受下来,即批判地接受。""对旧的东西取根本否定或全盘接受的态度,都会使这一社会无法改造。"①

一方面,周恩来认为实现中华民族伟大复兴,不能对传统文化采取全盘接受的态度。他说:"像封建社会的理想人物——孔子,难道就没有缺点了吗?而封建社会所描绘的孔子就是个至圣先师。"②在周恩来看来孔子和以孔子为代表的传统文化在科学、创新、民主、法治方面是有缺点的,中国共产党人必须努力克服这些缺点。

周恩来高度重视科学和创新。中国共产党在延安领导的大生产运动不仅解决了抗战的物质基础问题,也扬弃了传统士大夫轻视生产劳动和科学技术的观念,牢固树立了重视生产力、重视科学技术的观念。周恩来是大生产运动的积极参与者。新中国成立后,周恩来反复强调

---

① 《周恩来文化文选》,中央文献出版社 1998 年版,第 49 页。
② 《周恩来文化文选》,中央文献出版社 1998 年版,第 132 页。

人人都要关心生产力的提高；科学是关系经济、国防决定性的因素；实现四个现代化的关键是科学技术现代化。对于创新，周恩来指出："不论学习古代的东西还是学习外国的东西，都是为了今天的创造，都要把它们溶化在我们的创作中。"引进和学习外国的科学技术，周恩来强调要靠自己钻研，"自己不钻，不仅不能有独特的创造发明，而且也不能把要到的、学到的、买到的用于实际和有所发展。"①我国在十分落后的条件下把"两弹一星"等尖端科技搞出来，与周恩来以高度重视科学和创新的精神来抓这项工作密不可分。

周恩来高度重视民主和法治。中国共产党在延安领导的民主抗战运动，实现了全民抗战的民族觉醒，在边区产生了三三制的民主政权，出现了官兵一致、军民一致、人民当家作主的新民主主义政治新气象。周恩来是推动民主抗战运动的决策者之一。新中国成立后，周恩来反复强调民主的重要性。他指出："民主是我们的政治生活中决不可缺少的。""民主生活对发挥积极性、提高政治觉悟、加强团结和集中群众智慧是非常重要的。我们党在发扬民主这一点上，下了很大的功夫。我们依靠人民，发动群众去实行最广泛的民主。""我们的军队也实行民主，这在世界上是一个创造。""我们的民主，不是极端民主化，还要有集中。"②同时，周恩来也重视法治。他强调："司法工作是人民政权的重要支柱之一。"它"是镇压反动、保护人民和惩罚犯罪、保护善良的"。他认为，旧社会不可能给我们建立人民民主法制，我们只能在人民民主革命胜利后才开始建立全国性的人民民主法制。③

另一方面，周恩来认为实现中华民族伟大复兴，对传统文化的精华必须采取继承和发展的态度。

---

① 《周恩来文化文选》，中央文献出版社1998年版，第798、230、568页。
② 《周恩来文化文选》，中央文献出版社1998年版，第798页。
③ 《周恩来年谱(1949—1976)》上卷，中央文献出版社1997年版，第68、346页。

第一，使用好、发展好汉字。周恩来具体领导了文字改革工作，这项工作包括简化汉字、推广普通话、制定和推广汉语拼音方案三个方面。对于简化汉字，周恩来说："中国文字从甲骨文算起，到现在有三千四五百年的历史。""汉字字型演变的总的趋势是简化。"汉字简化，"大家称便"，"是符合群众利益并且受到群众热烈欢迎的好事"。同时，他又指出："少数简化的不恰当、在使用中证明有缺点的简字，应该另行规定它们的简体，或者保留原来的繁体。"对于推广普通话，周恩来认为，"是为的消除方言之间的隔阂，而不是禁止和消灭方言。"对于制定和推广汉语拼音方案，周恩来指出：是用来为汉字注音和推广普通话的；还可以用来拼写普通话；可以作为各少数民族创造和改革文字的共同基础；可以帮助外国人学习汉语，促进国际文化交流。周恩来说："文字改革是关系全国人民的一件大事，政府对它采取的步骤是很慎重的。"①

第二，研究好、发展好用中、中和、中时、真诚、谨慎的中国精神。周恩来向来反对极端主义和狂想主义，善于处理理想与现实、战略与战术、目标与步骤、当前与未来、整体与局部、治标与治本、专家与群众、集中领导与因地制宜的关系。他提出的和平共处的原则和求同存异的方法，对新中国的外交工作产生了积极的重大影响，也对统一战线工作和政府管理工作产生了积极的重大影响。他的"说真话，鼓真劲，做实事，收实效"，既体现了他的实事求是，也体现了他的求真务实和忠诚。这正是他被称为"人民的好总理"的原因之一，也是他长期受到毛泽东信任的原因之一。他运用和发扬《中庸》"戒慎恐惧"的精神，是他的工作取得重大成绩，特别是他抓水利和尖端科技取得重大成就的原因之一。

---

① 《周恩来文化文选》，中央文献出版社 1998 年版，第 335—350 页。

第三,研究好、运用好中国历史的经验,包括治国理政的经验,科举制、均田制所包含的平等的经验,治水和中医治病因势利导、综合治理的经验。1949年5月,周恩来说:"毛主席开始很喜欢读古书,现在做文章、讲话常常运用历史经验教训,运用得最熟练。读古书使他的知识更广更博,更增加了他的伟大。""毛主席是从几千年的历史经验教训、近百年的革命运动、近三十年来的直接奋斗中生长出来的人民领袖。"①周恩来喜欢历史剧《十五贯》,他说:"《十五贯》教育我们做'官'的人,让我们想一想,是不是真正在为人民服务。"②在治水方面,周恩来要求学习都江堰,超越都江堰。在中医药方面,周恩来提出:"发扬祖国医药遗产,为社会主义建设服务。"他说:"中医确实治好了一些病,中医有自己的一套医药知识和治病经验。""要推广中草药,中草药副作用小,针对性大。""中西医不结合,我国的医学就会停顿不前。"离开中国历史,无法认识毛泽东,无法认识当代中国,无法认识中华民族伟大复兴。"文化大革命"期间,周恩来意味深长地说:"中国人不讲中国历史总差点劲,毛主席的著作还有不少篇幅是讲历史的嘛! 读毛主席的著作也得懂历史。"③

周恩来为实现中华民族伟大复兴而奋斗的经历,以及他在文化传承方面的认识和实践,对于我们今天如何沿着老一辈的足迹,继续为实现中华民族伟大复兴而奋斗,无疑有着重要的警示和启迪意义。

二、把经济建设放在工作首位

"国家面貌的改变要从经济面貌的改变做起。""经济是基础,其他

---

① 《周恩来选集》上卷,人民出版社1980年版,第333、334页。
② 《周恩来选集》下卷,人民出版社1984年版,第199页。
③ 《周恩来文化文选》,中央文献出版社1998年版,第697、692、726、369页。

都是上层建筑",如果经济基础不稳,"新中国的政治、军事、文化都立不住"。周恩来从这种认识出发,忘我工作,心里装着八个字:"吾貌虽瘦,天下必肥。"

1.恢复生产,建设新中国

新中国成立之初,由于长期战争的破坏,整个中国满目疮痍,灾民嗷嗷待哺,建设和发展新中国的工作千头万绪、纷繁复杂! 怎么办? 周恩来的头脑非常清醒。早在 1949 年 7 月全国工会工作会议上,他就发出"恢复生产,建设新中国"的号召,动员全体工人阶级克服帝国主义和国民党官僚资本主义给我们遗留下来的困难,把生产恢复起来,把经济调整好。

新中国成立后,周恩来以恢复生产为重心,特别突出地抓农业的恢复和铁路交通的恢复。他率先提出"农业是基础"的重要命题;指出:"农业的恢复是一切部门恢复的基础,没有饭吃,其他一切就都没有办法";①阐明农业的恢复与发展是工业生产恢复与发展的基础,是巩固国家财政的基础,是搞活流通的基础,是发展中外经济交流的基础。从 1949 年 10 月到 1952 年底,周恩来签署发布了一系列政务院关于农林生产的决定、春耕生产的指示、抗旱防旱的决定、生产救灾的指示、水利工作的决定。他在领导土地改革,调动农民生产积极性的同时,部署了修建根治淮河的第一期工程、引黄济卫灌溉工程、荆江分洪工程、官厅水库工程,保证了农业的恢复与发展。到 1952 年,新中国的农业恢复到战前农业的最高水平,粮食超过了战前最高年产量 2800 亿斤,达到 3278 亿斤。

周恩来强调,稳定物价、恢复生产、内外交流、城乡交流,其先决条件是交通运输要便利起来。他不仅直接抓铁路的恢复,而且直接过问

---

① 《周恩来选集》下卷,人民出版社 1984 年版,第 5 页。

成渝铁路、天兰铁路的修建和中长铁路问题。成渝铁路是新中国成立后兴修的第一条铁路,周恩来亲自审查设计方案。筑路大军日夜奋战,1950年6月15日开工,1952年7月1日便全线通车。周恩来为庆贺成渝铁路通车题词:"修建铁路,巩固国防,发展经济,改善人民生活。"集中表达了新中国恢复和发展交通运输事业的根本目的。

为恢复经济,周恩来出色地协调了四面八方的关系。他以公私兼顾、劳资两利的原则处理公私关系、劳资关系,指出:为了恢复和发展国家的经济,需要私人资本的帮助和合作;在劳资关系上,我们要采取保护劳动的政策,对于资方也要给予适当的利润。他以城乡互助的原则处理工农关系、城乡关系,指出:没有农业基础,工业不能前进;没有工业领导,农业就无法发展。他以内外交流的原则处理中外关系,设法打破美国的封锁、禁运,1952年成功地实现了以大米换锡兰橡胶的决策等。

2. 开展大规模经济建设

1950年1月中旬至2月中旬、1952年8月和1953年3月,周恩来三次出访莫斯科,达成了苏联援助我国建设156项工程的协议。经过三年经济恢复,我国开始了大规模的经济建设,国民经济发展的第一个五年计划,环绕着156项重大工程而展开。周恩来、陈云、李富春领导这些工程建设,倾注了大量心血。一个重要项目的选址,往往有几个甚至十几个方案,经过反复踏勘比较才能确定下来。周恩来多次到现场勘察、选择厂址。为了保证"一五"建设对矿产资源和地质资料的需要,周恩来不仅强调地质工作要先行,而且提出了地质工作大发展、大转变的方针。到1957年,156个重点项目中已有135个施工建设,有68个项目建成或部分建成投入生产。这156项重大工程以及环绕着它的几百个项目的建成、投产,为我国的工业发展奠定了基础。

建设需要知识分子,需要科学技术人才。在党和国家最高决策层中,周恩来同知识分子的联系多,关系融洽密切,对知识分子在建设中的作用以及如何调动发挥知识分子的积极性有许多重要论述。1956年1月,周恩来在中央召开的知识分子问题会议上作关于知识分子问题的报告,从发展社会生产力提高劳动生产率的高度,认识社会主义时代比以前任何时代都更需要科学知识和知识分子,提出要依靠工人、农民、知识分子的兄弟联盟建设国家;知识分子的队伍必须在数量上加以扩大,在业务水平上加以提高;要信任和支持知识分子,克服宗派主义和麻痹迁就倾向,发挥他们的专长。这对于调动知识分子的积极性,发展生产,建设国家,具有极其重要的理论意义和实践意义,同时对毛泽东《论十大关系》的内容,也是十分重要的补充。

3. 领导贯彻"八字方针"

在经济建设中,周恩来提出了既反保守也反冒进的方针,要求人们努力争取经济效益好的、合理的发展速度。他在1953年9月8日说:"一方面,我们反对把社会主义改造看成遥遥无期、停止不前。""另一方面,急躁冒进,想一步登天,也是错误的。"①两种错误倾向中主要的是急躁冒进。特别是1955年下半年,由于激烈地批评"小脚女人"和"右倾机会主义",三大改造的步伐猛烈地加快了,1956年出现了三大改造的高潮,继而出现了"提早完成工业化"的冒进口号。一届人大三次会议和党的八大前后。周恩来对此进行了坚决斗争,反对经济工作中存在的急躁冒进现象,国民经济得到健康发展,使1957年成为我国经济效益最好的年份之一。

但是在1958年初的中央南宁会议、成都会议上,毛泽东严厉地批评反冒进。批评反冒进带来了"大跃进"和人民公社化运动。1958年8月,中央北戴河会议通过《关于1959年计划和第二个五年计划问题

---

① 《周恩来经济文选》,中央文献出版社1993年版,第149页。

的决议》,提出不切实际的高指标;通过《关于在农村建立人民公社问题的决议》,提出急于求成的"穷过渡"。

"大跃进",使九千万人上山砍树炼铁,1958年农业增产不增收;搞人民公社,办公共食堂,挫伤了农民的生产积极性;工业生产片面地"以钢为纲",破坏了综合平衡,造成国民经济比例失调。为了掌握经济建设的真实情况,纠正工作指导上的缺点和错误,1959年上半年,周恩来安排八位副总理下去调查研究。他自己也到天津、河北调查研究,开始纠正办公共食堂"吃饭不要钱、放开肚皮吃"等"穷过渡"的错误,主张多给农民一些自由,主张压缩过高的基建指标。直到庐山会议前期,周恩来仍在以上两方面努力纠"左"。但是庐山会议后期的反右倾使形势发生逆转,纠"左"被搁浅。

由于"大跃进"、人民公社化运动的错误和严重的自然灾害,加上苏联毁约撤走专家,1959年至1961年,我国国民经济和人民生活发生了严重困难。为了克服这些困难,周恩来等人提出了"调整、巩固、充实、提高"的八字方针,周恩来在极其困难的条件下,领导了繁重的经济调整工作,保证人民渡过难关。

三年困难时期的中心问题是粮食问题,一些地方出现了饿死人现象,京、津、沪等大城市曾经只有两三天的存粮。为解决粮食问题,周恩来呕心沥血。他派人了解国际粮食市场行情,设法进口一些粮食。他精心地进行省与省之间的调剂,帮助严重缺粮的省市渡过难关。他躬亲粮政,当全国的粮食调度员,每天算粮食账,亲手制作了长长的"哈达表",把粮食库存、调出、调入等情况都列入表内,做到一目了然、心中有数。他督促卫生部组织专家协同有关部门进行科学研究,试制小球藻、人造肉等代食品。他设法延缓对外国农产品的偿还时间,一次同民主德国领导人面商缓延一万吨大豆的偿还问题,由于对方不予通融,周恩来一连谈了四五个小时,以至于过度疲劳,会后竟不能排尿。他领导动员几千万城市人口下乡工作,借以加强农业生产第一线,减少城市粮食供应的压力……

煤炭是工业的食粮。周恩来多次到煤矿视察,在调整时期作出"开仓保煤"的决策,亲自研究解决煤矿工人的口粮、白酒和糖的供应问题,以保证一线产煤工人的体力和健康,保证煤炭生产正常进行。

由于国家经济困难,周恩来经过统筹考虑,果断地停建缓建了一批工程项目,用一批工程的"下马"来保关系经济命脉的项目"上马",提高企业的经济效益,使农、轻、重的比例趋于合理。

苏联撕毁合同、撤退专家的背信弃义行为,使我国的石油能源受到"卡脖子"的威胁。当时因为缺乏石油,天安门前一辆辆汽车驮着大煤气袋行驶。周恩来亲自部署大庆石油大会战,自力更生发展石油工业。1962年6月21日、1963年6月19日和1966年5月3日,他3次视察大庆,对开发、建设大庆给予巨大鼓舞。在"文化大革命"中,他坚定地保护大庆这面旗帜,保护为油田开发建设作出贡献的广大工人、干部,特别是石油战线标兵王进喜同志。

20世纪60年代,随着我国国际地位的提高,同我国建交的国家日益增多,我国的技术、设备引进从单纯面向苏联改为面向西方国家。周恩来对引进工作过问得很细。从1962年到1966年,我国同西方国家谈判成交签约的大小成套设备项目20余项,合同金额约3亿美元。

人是生产者也是消费者。周恩来说:人口多了会带来很多困难,特别是对国家建设负担过重。他在20世纪50年代就主张计划生育,控制人口增长。20世纪60年代,他反复强调要把人口增长率降下来,否则我们的事情总是被动的,包袱越背越重。他反对全盘否定马寅初的人口论,并勇敢地提出马尔萨斯的人口思想也不是毫无可取之处。他在大庆对实行计划生育的人给予赞扬,并同他们一起合影;他赞扬人民大会堂青年服务员刘桂兰晚婚,并参加她的婚礼。

4. 把住经济工作这个关

"文化大革命"爆发后,生产受到极大冲击,一大批企业处于停产半停产状态。周恩来苦撑危局、力挽狂澜。他说:经济基础不乱,局面还能维持。经济基础一乱,局面就没法收拾了。经济工作一定要紧紧抓住,生产绝不能停。

受到影响最大的是交通运输。1967 年 5 月 31 日,郑州、徐州、金华同时发生铁路阻塞事件,仅徐州一处,就停开货车 69 列。周恩来于当天中午到毛泽东处商讨对策,他致信中央"文化大革命"小组,指出不许中断铁路轮船交通,决定对铁道部、交通部实行军事管制,对铁路全线和沿海沿江航运实行军管包干。1967 年九十月,英国商船到达厦门港口,但因厦门海关和港务局派性斗争而无法靠岸。周恩来亲自处理了此事。1969 年 5 月 30 日,为了研究、解决北京站的安全运输问题,他从半夜 11 点起在车站工作了 5 个多小时。九一三事件后,他抓住机会让谷牧抓港口建设,后又托李先念转告谷牧,在抓紧港口建设的同时,也要注意抓飞机场的建设。在他过问下,成昆、湘黔、焦枝等铁路相继建成。

为了探索我国农业发展道路,周恩来三上大寨考察。"文化大革命"前夕,他担任北方农业小组组长,到第一线研究、部署打井抗旱工作。后来他虽然处境困难,仍然继续关注着北方地区的抗旱斗争,使北方地区的农业生产得到发展,扭转了南粮北调的局面。

穿的问题是仅次于粮食的一个大问题。周恩来从 1962 年到 1973 年主持召开了八次全国棉花生产会议,在"文化大革命"中也不放松棉花生产,1968 年、1970 年和 1973 年召开了三次棉花工作会议。他同时主张发展化纤工业,批准引进大化纤设备,解决全国人民的穿衣问题。

在 20 世纪 70 年代,我国打开了外交工作局面;周恩来提出外贸工作也要跟着发展。他领导了 43 亿美元的重大成套设备的引进工作,探讨了与不同社会制度国家之间发展经济技术交流的具体途径,为此后的对外开放奠定了基础。

三、为了"四个现代化"

"预则立,不预则废。"周恩来管理国家的卓越贡献、高度智慧和非凡胆识之一,是协助毛泽东提出中国发展国民经济的战略目标——实现四个现代化,并筹划组织实施的办法,由此开辟了通向中国富强的光辉道路,为后人循序而进奠定了基础。

1. 政治遗嘱

1975 年 1 月 13 日,四届人大一次会议在北京开幕。周恩来带病作《政府工作报告》,再次提出实现农业、工业、国防和科学技术现代化的宏伟目标。当周恩来讲完"向四个现代化的宏伟目标前进"这段话时,人民大会堂里响起了人民代表们经久不息的热烈掌声。

这次会议是周恩来生前最后一次参加的党和国家的重要会议。

这段话,周恩来逝世后已作为终卷篇编入《周恩来选集》下卷和《周恩来经济文选》,它是周恩来留下的关于国家富强的政治遗嘱。

1975 年邓小平领导的全面整顿,特别是党的十一届三中全会以来,邓小平提出以经济建设为中心和三步发展的战略,高举的正是向四个现代化的宏伟目标前进的旗帜。1978 年 9 月 16 日,邓小平说:"什么叫高举毛泽东思想的旗帜呢? 就是从现在的实际出发,充分利用各种有利条件,实现毛泽东同志提出、周恩来同志宣布的四个现代化的目标。"①叶剑英在国庆 30 周年讲话中指出:"一九六四年底,在三届人大一次会议上,周恩来同志根据毛泽东同志的提议,在政府工作报告中提

---

① 《邓小平文选》第二卷,人民出版社 1994 年版,第 128 页。

出：我们一定要在本世纪内，把我国建设成为一个具有现代农业、现代工业、现代国防和现代科学技术的社会主义强国。一九七五年，在四届人大一次会议上，周恩来同志重申了这个宏伟任务。这是毛泽东同志和周恩来同志给我们留下的政治遗嘱，是全党和全国人民必须百折不挠地加以实现的奋斗目标。"①

1976年清明节前后，人民群众在悼念周恩来的活动中，很自然地把周恩来同"四化"宏图联系在一起，并以此作为武器向"四人帮"宣战。有一首《如梦令》词曰："总理功高天下，行高于众不夸。忠魂飏霄汉，笑慰英灵莫挂。莫挂莫挂，誓夺祖国'四化'。"有一首《卜算子》词曰："总理爱人民，人民爱总理。春夏秋冬四季时，天地长相忆。四个现代化，'两步'走到底。遗愿化为宏图日，国祭告总理。"有一篇祭文最后写道："敬爱的周总理，在您不朽的精神鼓舞下，我们一定要把我们伟大的中华人民共和国建设成一个具有现代化工业、现代化农业、现代化科学技术、现代化国防的社会主义强国！"②中国人民把周恩来的名字同四个现代化的伟大事业联系在一起，因为实现"四化"、振兴中华，这是周恩来的遗愿。

2. 四个现代化目标的确定

毛泽东在党的七大、七届二中全会上，周恩来在主持起草《共同纲领》时，都把中国富强的战略目标确定为把一个农业国变为工业国，实现国家工业化。新中国成立头三年为国民经济恢复时期，因此，当时在实现国家工业化的战略目标下，具体的现实的目标是努力实现财政经济状况的根本好转。

"一五"计划和过渡时期，实现国家工业化成了具体的现实的目

---

① 《三中全会以来重要文献汇编》上册，人民出版社1982年版，第299页。
② 《天安门诗抄》，人民文学出版社1978年版，第109、114、317页。

标。1953 年 9 月 11 日，周恩来说："过渡时期的中心内容，就是实行国家工业化和社会主义改造。"国家工业化是当时实现国家富强、进行经济建设的具体目标；对农业、手工业、资本主义工商业的社会主义改造，是实现社会主义、变革生产关系的具体目标。周恩来认为国家工业化是矛盾的主要方面，是主体，是关键。他说："经济是基础，经济改造是一切改造的基础，而国家工业化又是实现经济改造的关键。""我们必须用全力来实现宪法所规定的我们在过渡时期的总任务，而这里最主要的事情，就是我们人人都要关心提高我们国家的生产力。""如果没有工业化，农业即使合作化了，也不巩固。手工业也是如此。"[1]

1954 年 9 月 23 日，周恩来在一届人大一次会议上作《政府工作报告》时指出："我国的经济原来是很落后的。如果我们不建设起强大的现代化的工业、现代化的农业、现代化的交通运输业和现代化的国防，我们就不能摆脱落后和贫困，我们的革命就不能达到目的。"这段话是"四个现代化"的最早提法；但还没有明确地把四个现代化作为战略目标，报告中强调的是"要把我国建设成为一个强大的社会主义的现代化的工业国家"。[2]

另外，周恩来当时所提的"四个现代化"同后来明确作为战略目标的四个现代化在内容上也有一定的差别。直到 1957 年初，毛泽东虽然两次提到"将我国建设成为一个具有现代工业、现代农业和现代科学文化的社会主义国家"，但论述的落脚点仍是"中国工业化的道路"，是怎样"使我国变为工业国"和"必须实现国家的社会主义工业化"。[3]1957 年 8 月 4 日，周恩来在民族工作座谈会上的讲话中，把现代化与工业化并提。他说："经济改革是各民族必须走的路。走这条路才能

---

① 《周恩来经济文选》，中央文献出版社 1993 年版，第 153、152、201、252 页。
② 《周恩来经济文选》，中央文献出版社 1993 年版，第 176、201 页。
③ 《毛泽东文集》第七卷，人民出版社 1999 年版，第 207、242、268 页。

工业化、现代化。工业化、现代化了,经济生活才能富裕,民族才能繁荣,各族人民才能幸福。"他还说:"要富裕就要有工业,一个民族没有工业不可能富裕起来。因此,我们中国要工业化,没有工业化,就不可能使生产发展。"①

总之,"一五"计划和过渡时期,周恩来虽然提出了现代化的概念,但这一时期的现代化或者是从属于工业化,或者是解释工业化,或者是工业化的同义语,还不是区别于工业化的新目标。

从已经掌握的文献看,毛泽东、周恩来将战略目标由工业化变为四个现代化,并完整地提出四个现代化的概念,是从 1959 年底至 1960 年初开始的。

1959 年 12 月 24 日,周恩来提出:"需要加快建设我们的国家,使我们国家更快地成为具有现代工业、现代农业、现代科学文化和现代国防的社会主义强国。"②10 天后,他又说:"在社会主义经济建设方面,我们提出四个现代化的要求:现代化工业、现代化农业、现代化科学和现代化国防。这样才会建成一个既富且强的社会主义国家。"③1960 年 2 月,周恩来在广东从化《政治经济学(教科书)》读书小组研讨会发言中指出:四个现代化的内容是"工业、农业、科学、国防四个现代化"。此间,毛泽东在读苏联《政治经济学(教科书)》时也指出:"建设社会主义,原来要求是工业现代化、农业现代化、科学文化现代化,现在要加上国防现代化。"

1959 年底至 1960 年初,毛泽东、周恩来提四个现代化时,不再提变农业国为工业国,不再提工业化的目标。这是将富强的战略目标从工业化转变为四个现代化的主要标志。

---

① 《周恩来经济文选》,中央文献出版社 1993 年版,第 373、368 页。

② 《周恩来经济文选》,中央文献出版社 1993 年版,第 408 页。

③ 周恩来于 1960 年 1 月 4 日,在全国文化工作会议上的讲话。

但是,"大跃进"带来的国民经济比例失衡和严重困难,迫使周恩来不得不集中主要力量抓国民经济调整工作,不得不将调整作为当时的中心任务。这就是此后二三年,周恩来没有强调四个现代化战略目标的主要原因。

经过艰难的调整,我国国民经济有了明显的好转之后,周恩来又及时地强调了四个现代化的战略目标。1963 年 1 月 28 日,他在中共上海市委召开的各界民主人士春节座谈会上的讲话中说:"我们要为实现我国的农业现代化、工业现代化、国防现代化和科学技术现代化的目标而奋斗。"①这里把农业现代化放到了四个现代化的第一位。第二天,他在上海市科学技术工作会议的讲话中强调:"我国过去的科学基础很差。我们要实现农业现代化、工业现代化、国防现代化和科学技术现代化,把我们祖国建设成为一个社会主义强国,关键在于实现科学技术的现代化。"这里,就把科学技术现代化是实现其他几个现代化的"关键"思想提出来了,这个思想是非常重要的。到 1964 年 12 月 21 日,周恩来在三届人大一次会议上作《政府工作报告》时,正式向全国人民宣布今后的战略目标是:"把我国建设成为一个具有现代农业、现代工业、现代国防和现代科学技术的社会主义强国。"②

3. 周恩来对战略目标转变的贡献

我们的战略目标从工业化转到四个现代化,有深刻的国际背景和国内背景,并且有一个探索的过程,其中,周恩来作出了重大的贡献。

第一,周恩来通过总结苏联等社会主义国家重工轻农和我国"大跃进"大办工业、以钢为纲的经验教训,通过对美国等发达国家经济发展道路的分析,不断深化对农业在整个国民经济中的地位与作用的认

①　《周恩来统一战线文选》,人民出版社 1984 年版,第 447 页。
②　《周恩来经济文选》,中央文献出版社 1993 年版,第 503、563 页。

识;坚持工农业并重,以农、轻、重为序安排国民经济的发展道路;明确地把实现农业现代化作为社会经济发展的战略目标之一,并把实现农业现代化放在实现四个现代化的第一位。

1956年4月,毛泽东在《论十大关系》中,鉴于苏联"片面地注重重工业,忽视农业和轻工业,因而市场上的货物不够,货币不稳定","粮食产量长期达不到革命前最高水平"的经验教训,提出我国"要适当地调整重工业和农业、轻工业的投资比例,更多地发展农业、轻工业"。1957年2月,毛泽东在《关于正确处理人民内部矛盾的问题》中讲中国工业化的道路,主要是指处理好重工业、轻工业和农业的发展关系,我国的经济建设以重工业为中心的同时必须充分注意发展农业和轻工业。党的八届二中全会上周恩来阐述了与毛泽东相同的观点,认为苏联和其他一些社会主义国家都是优先发展重工业,"但是在发展中忽视了人民的当前利益。直接与人民利益关系最大的是轻工业、农业,轻视这两者就会带来不好的后果,就会发生经济发展上的严重不平衡"。"我们又要重工业,又要人民"。① 此时,毛泽东、周恩来虽是在探索一条不同于苏联的中国工业化的道路,但为此后不久变工业化的目标为农业、工业、科学、国防四个现代化的目标提供了思想前提。

20世纪60年代初,周恩来对社会主义建设中苏联模式的重工轻农观点的分析批评有了进一步的发展。斯大林曾强调,工业产值高就是工业国,农业产值高就是农业国,工业农业产值差不多就是工业农业国。周恩来指出,这种说法是错误的。他说:"工业国的提法不完全,提建立独立的国民经济体系比只提建立独立的工业体系更完整。苏联就是光提工业化,把农业丢了。"②1965年8月28日,周恩来痛心地指

---

① 《周恩来经济文选》,中央文献出版社1993年版,第336页。
② 《周恩来经济文选》,中央文献出版社1993年版,第519页。

出:现在各社会主义国家,农业稳定的没有一个。他深深感到重工轻农危害不浅。

对于"大跃进"大炼钢铁、大搞工业之后出现的工业与农业的严重不平衡,毛泽东、周恩来较早觉察到了,并进行了纠正。1959年5月,周恩来安排8个副总理下去,他自己去河北邯郸、石家庄等地调查研究,提出把劳动力从钢铁、水利方面尽量抽下来,充实农业生产第一线。毛泽东在庐山会议前期提出,过去安排经济计划的次序是重、轻、农,今后要倒过来,按农、轻、重安排,就是要强调农业是国民经济的基础,首先要把农业搞好。20世纪60年代初,周恩来具体负责国民经济调整工作,把恢复和发展农业生产作为国民经济调整工作的一个中心环节。他反复强调在我国农业没有过关的条件下,工业不能超前发展。1960年11月16日,周恩来在有关人员汇报1961年计划的会议上指出:"工农业关系是国民经济的根本比例关系。目前农业落后,影响工业发展;反过来,工业建设规模过大,占用劳动力过多,又影响农业发展。"1961年4月3日:周恩来说:"像我们这样一个大国,工业水平和机械化水平都很低,五万万多人搞农业生产,如果不把农业生产增长起来,工业生产就没有巩固的基础。"他提出要过农业第一关,要把农业放在第一位。"因此,农业机械化,就必须成为首要任务"。①

农业机械化是农业现代化的主要标志和主要内容之一。周恩来通过对西方发达国家经济发展道路的分析、比较、研究,也得出这样的结论:农业要真正过关,实现现代化,不能光顾工业化而把农业丢了。他肯定了美国经济发展特别是农业发展的成就。美国"是经过将近百年的发展的,现在的农业生产机械化水平在世界上是最高的。它用少数人搞农业生产,就可以供应全国的粮食,而且还可以出口。它解决了农

---

① 《周恩来经济文选》,中央文献出版社1993年版,第413、419页。

业机械化问题,我们还没有"。① 他赞赏美国先解决农业问题再解决工业问题的发展道路。1962 年 4 月 28 日,他会见波兰驻华大使克诺泰谈话中说:美国的农业过了关,它是先解决农业问题再解决工业问题。林肯领导的南北解放战争以后,从 1860 年到 1910 年,美国用了 50 年的时间解决农业问题,然后用 50 年解决工业问题。在第一个 50 年里已经解决了农业的半机械化问题,平均每人达到 1000 公斤粮食,到第二个 50 年实现了农业的完全机械化和化学化。他赞扬松村谦三任农林大臣时实行的使日本农业现代化的政策。1962 年 9 月 16 日,他同松村谦三会谈时说:根据我们的了解,日本农业战后确有很大发展。这和日本农民勤劳、耕作细作分不开,同时也和你当农林大臣提出了正确的方向,提倡使用化肥,提高技术,使用农业机械有关。

第二,周恩来通过对世界经济与科学技术发展大势的观察,通过分析科学技术对发展生产、繁荣经济、巩固国防、复兴文化所起的决定作用,主张科技兴国、摆脱落后;明确地把实现科学技术现代化作为社会经济发展的战略目标之一,并强调实现四个现代化关键在于实现科学技术的现代化。

"一五"计划时期,在为国家工业化的目标而奋斗时,周恩来就不断强调科学技术的作用。1953 年 9 月 29 日,周恩来在阐述第一个五年建设计划的基本任务时指出:"我们今天要搞建设,光是政治觉悟高就不够了,还必须要有较高的文化、技术水平,这样才能使用机器来发展生产。这就需要大批的建设人才——从技术工人、技术员、工程师一直到企业行政管理人才。""我们现代的科学技术水平很低,文盲很多。""培养大批的建设人才,是我们现在最中心的问题。"1954 年 9 月 23 日,周恩来在一届人大一次会议上的《政府工作报告》中提出:"没有

---

① 《周恩来经济文选》,中央文献出版社 1993 年版,第 423 页。

现代化的技术,就没有现代化的工业。"他要求"合理地有效地使用和提高现有的技术人才,加强技术组织工作和在企业中培养技术人才的工作,以便提高现有的技术水平和企业管理的水平,提高产品质量,增加新产品的品种和数量,并保证完成现代化的新企业的建设和掌握这些新建企业的生产技术。"①

　　1956 年初,中共中央召开的关于知识分子问题会议,是调动知识分子的积极性,向科学技术大进军的空前盛会。在这次会议上,周恩来作了《关于知识分子问题的报告》。首先,周恩来论述了社会主义建设与发展科学技术之间的本质联系。社会主义建设的目的是为了满足人民日益增长的物质和文化的需要,"而为了达到这个目的,就必须不断地发展社会生产力,不断地提高劳动生产率,就必须在高度技术的基础上,使社会主义生产不断地增长,不断地改善。因此,在社会主义时代,比以前任何时代都更加需要充分地提高生产技术,更加需要充分地发展科学和利用科学知识"。其次,周恩来分析了我国科学技术水平与其他世界大国的差距,分析了现代科学技术一日千里地突飞猛进的现状。他说:"我国的科学文化力量目前是比苏联和其他世界大国小得多,同时在质量上也要低得多,这是同我们六亿人口的社会主义大国的需要很不相称的。"紧迫的是:"世界科学在最近二三十年中,有了特别巨大和迅速的进步,这些进步把我们抛在科学发展的后面很远。"对此,"我们必须急起直追"。他描述现代科技的发展主要表现在:生产过程正在逐步地实现全盘机械化、全盘自动化和远距离操纵;从而使劳动生产率提高到空前未有的水平。各种高温、高压、高速和超高温、超高压、超高速的机器正在设计和生产出来。陆上、水上和空中的运输机器的航程和速率日益提高,高速飞机已经超过音速。各种新的金属和

———————

　　① 《周恩来经济文选》,中央文献出版社 1993 年版,第 160、185 页。

合金材料,以及用化学方法人工合成的材料,正在不断地生产出来。他说:"科学技术新发展中的最高峰是原子能的利用。原子能给人类提供了无比强大的新的动力源泉,给科学的各个部门开辟了革新的远大前途。同时,由于电子学和其他科学的进步而产生的电子自动控制机器,已经可以开始有条件地代替一部分特定的脑力劳动,就像其他机器代替体力劳动一样,从而大大提高了自动化技术的水平。这些最新的成就,使人类面临着一个新的科学技术和工业革命的前夕。"再次,周恩来提出"科学是关系我们的国防、经济和文化各方面的有决定性的因素"的重大命题,发出了必须抓紧时间"认真地而不是空谈地向现代科学进军"的伟大号召。他说:"只有掌握了最先进的科学,我们才能有巩固的国防,才能有强大的先进的经济力量",才能"在和平的竞赛中或者在敌人所发动的侵略战争中,战胜帝国主义国家"。他要求:"必须按照可能和需要,把世界科学的最先进的成就尽可能迅速地介绍到我国的科学部门、国防部门、生产部门和教育部门中来,把我国科学界所最短缺而又是国家建设所最急需的门类尽可能迅速地补足起来";"尽可能迅速地用世界最新的技术把我们国家的各方面装备起来。"

知识分子问题会议后的第五天,毛泽东在最高国务会议第六次会议上说:"我国人民应该有一个远大的规划,要在几十年内,努力改变我国在经济上和科学文化上的落后状况,迅速达到世界上的先进水平。为了实现这个伟大的目标,决定一切的是要有干部,要有数量足够的、优秀的科学技术专家。"①这是对知识分子问题会议指导思想的认同与肯定。

"一五"计划时期,特别是1956年知识分子问题会议前后;对科学

---

① 《建国以来重要文献选编》第8册,中央文献出版社1994年版,第76页。

技术在社会经济发展中的地位与作用的认识,为此后变工业化的目标为四个现代化的目标并突出关键在于科学技术现代化,提供了另一个重要的思想前提。

"大跃进"以主观热情代替科学态度、以数量代替质量所带来的挫折与失败,使周恩来从反面认识到不重视科学技术的作用是危险的。1959年6月8日,他在石家庄视察中说,石家庄今年炼铁,如果是70%—80%合格率,就有一部分废品,很不合算。他要求宁少些,要好些;要少炼而精,不要多炼而废;不好的炉子可以拆掉,不要舍不得,要下决心。这是对全民炼钢,大搞"小土群"的批评与纠正。不讲求科学技术,用"人多势众"的路子发展经济行不行呢?周恩来的回答是否定的。1962年11月1日,他针对煤矿开采指出:"机械化水平要继续提高,不能靠人海战术。有些小煤窑用人工开采是允许的,但大矿必须从半机械化走向机械化。"①1963年8月23日,周恩来指出,技术水平可以推进工业的发展。比如化工,吉林的三大化工厂是学苏联的,笨得很,比英国的落后20年,我们买了英国的技术就赶了20年。掌握了新技术就可以少走弯路。总结"大跃进"人海战术经验教训的基础上所进行的理论思考,是周恩来提出四个现代化的目标并突出关键在于科学技术现代化的现实原因之一。

科学技术现代化的标志之一是掌握尖端科学技术。对尖端科学技术重要性的深刻认识及其领导"两弹一星"研制的实践活动,是周恩来提出实现科学技术现代化的目标并将其视为四个现代化的关键的直接原因。1959年12月24日,周恩来说:"按现代化的标准来说,现在我国的国防工业已经落后了。我们要搞尖端国防。尖端和国防是密切联

---

① 《周恩来经济文选》,中央文献出版社1993年版,第498页。

系在一起的,作战用在战争上,不作战就可用在和平建设上。"①10 天后,周恩来又说,必须攻破原子关、电子关、航空关,才能称得起我们有了现代的科学水平和现代的国防水平,我们才能称得起又富又强的国家。②

从工业化到四个现代化目标的转变,究其原因,概括地说,其一,"工业国的提法不完全";其二,"不能等工业现代化以后再来进行农业现代化、国防现代化和科学技术现代化"。③

4. 四个现代化的内涵

周恩来在具体领导社会主义建设的实践中,不仅提出了四个现代化的战略目标,而且从不同的角度、不同的方面对什么是四个现代化进行了深入的理论探索,得出了一系列十分重要的认识成果,并由此确定了四个现代化的科学内涵。

第一,中国的四个现代化是社会主义的四个现代化。

一方面,优越的社会主义制度为生产力的发展开辟了无限广阔的康庄大道,是逐步实现四个现代化的保证。周恩来说:"经过清末、北洋军阀政府、蒋介石反动统治和社会主义四个时期,比较一下四个时期的情况,就可以清楚地看出我们社会主义制度的优越。"另一方面,发展生产力,实现四个现代化是社会主义发展的本质要求。社会主义之所以可能最终战胜资本主义,就是因为社会主义能够提供比资本主义更高的劳动生产率。"因此,在社会主义时代,比以前任何时代都更加需要充分地提高生产技术,更加需要充分地发展科学和利用科学知识"。

第二,中国的四个现代化是全国的全方位的现代化。

周恩来指出,一方面,我们不能设想,只有汉族地区现代化,让少数

---

① 《周恩来经济文选》,中央文献出版社 1993 年版,第 404 页。

② 周恩来于 1960 年 1 月 4 日,在全国文化工作会议上的讲话。

③ 《周恩来经济文选》,中央文献出版社 1993 年版,第 519、504 页。

民族地区长期落后下去。我们社会主义国家,是要所有的兄弟民族地区、民族区域自治地区都现代化。全中国的现代化一定要全面地发展起来,一定要各民族共同繁荣富强。另一方面,把我国建设成为一个强大的社会主义的现代化国家,不能单靠汉族,我们五十多个民族必须大家合作,互相帮助,互相支持,共同发展。汉族人口多,经济、文化比较发展;但是可开垦的土地已经不多,地下资源也不如兄弟民族地区丰富。兄弟民族地区的资源开发是祖国现代化的有力后盾。但是,兄弟民族地区的资源还没有开发,劳动力少,技术不够,没有各民族特别是汉族的帮助,也不可能单独发展。①

第三,中国的四个现代化是农业、工业、国防、科学技术四个方面全面的现代化。

"我们的四个现代化,要同时并进,相互促进"。就工业和农业而言,周恩来指出,一个是基础,一个是主导,把两者很好地结合起来,才能实现四个现代化。就国防现代化与其他三个现代化而言,一方面国防是保障,另一方面国防现代化是以其他三个现代化作基础的,没有前三个现代化,也就没有国防现代化。就科学技术现代化与农业、工业现代化而言,一方面科技是关键,另一方面科技也不能孤立地片面地发展。"必须在好的农业基础上、好的工业水平上,尖端技术才能突破,不然是不可能的。当然,也可能单独搞一项,那是不能持久的。我们可以在尖端技术这方面努力,但必须是平衡的,当然不是绝对平衡,是相对的。农业要发展,工业水平要提高,然后突破尖端技术,这三者是相互有关系的。"②

第四,周恩来对农业现代化、工业现代化、国防现代化、科学技术现

---

① 《周恩来选集》下卷,人民出版社 1984 年版,第 414、159—160、247—253 页。
② 《周恩来经济文选》,中央文献出版社 1993 年版,第 504、426 页。

代化分别进行了探索,提出了十分重要的见解。

周恩来认为,农业现代化的主要内容是机械化、水利化、电气化、化肥化、良种化,等等。1963年8月9日,他同来华访问的索马里总理舍马克谈话时说:为了发展农业,使农业现代化,我们现在提出要实行"四化":(1)机械化。包括耕种、收获、排灌、运输和加工。美国差不多在近40年才在这方面实现了机械化,所以这需要的时间很长。(2)化肥化。现在我们主要靠人畜粪肥、绿肥和河泥,但这些都不够。(3)水利化。我们有1.3亿公顷耕地,其中只有一半是有灌溉的,另一半是靠天收。(4)电气化。水利化、机械化都必须靠电力。现在我们农村许多地方都还没有电力,为了使农业现代化,我们必须实行这"四化"。对于良种化,他早在1957年11月28日接见日本社会党亲善使节团时就赞扬日本70%的农田使用了改良品种,这方面中国要向日本学习。后来,他又强调"土、种是根本","种子要经过实验也需要时间,试验了还要年年选种,良种时间长了也会退化。"①

实现农业现代化决定性的因素是要掌握和运用现代的科学技术,解决化肥、种子、农药、机械、水利、土壤等问题,这些都和科学技术有关。

对于工业现代化,周恩来认为"没有现代化的技术,就没有现代化的工业"。工业现代化主要的是工业技术现代化,基本内容是工业生产机械化、自动化、电气化和化学化,用世界最新的技术把工业的各方面装备起来。他主张从压缩劳动力中提高劳动生产率、提高工业生产水平。其第一步是从"小土群"转向"小洋群",变人海战术为运用技术提高机械化水平。"小洋群"还不是工业现代化,但与"小土群"相比,显然会极大地缩短与工业现代化的距离。要实现工业现代化还要进一

---

① 《周恩来经济文选》,中央文献出版社1993年版,第596、597页。

步掌握和运用原子、电子、喷气等最新技术。"现在是六十年代的工业水平了,是原子、电子、喷气这样的水平了。这样的工业水平,品种也多了,质量也高了,规格也严了,技术也复杂了。"特别是周恩来把管理现代化看成是工业现代化的重要内容之一。他在20世纪50年代就不断强调推进工业的专业化和协作。60年代在讨论试办托拉斯问题时,他提出要否定大而全、小而全的方向,主张"托拉斯要按照经济的办法来办,按照经济规律的要求来管理"。①

什么是国防现代化? 周恩来说:"尖端的国防,即原子、电子、导弹、航空要更快地搞起来,从而建立起现代化的国防工业和现代化的国防力量。"②国防现代化主要的是掌握和运用尖端科学技术基础上的国防工业和国防力量的现代化。国防现代化的核心是建设一支强大的现代化的革命军队。这支军队"对现代化装备不仅要懂得运用,还要懂得它的性能、原理"。③ 在现代化装备方面,除了尖端还有常规。1962年6月8日,周恩来指出:"现在的常规不是第二次世界大战时的常规了,尖端主要是指原子、电子、导弹、超音速飞机等,其他都是常规,是现代技术水平上的常规。"

周恩来在探讨农业现代化、工业现代化、国防现代化时都自然而然地联系到科学技术现代化。科学技术现代化主要是用世界最新的技术把中国各方面装备起来,使中国在科学技术方面达到国际先进水平。当时,周恩来所指的科学技术现代化的具体标志是掌握和运用原子、电子、超音速等现代的科学技术。1962年6月8日,周恩来说:"现在既不是三十年代,也不是四十年代,接近七十年代了,是原子、电子时代,技术水平提高很快,这在第二次世界大战时是没有的。原子、电子时代

---

① 《周恩来经济文选》,中央文献出版社1993年版,第425、548页。
② 《周恩来经济文选》,中央文献出版社1993年版,第405页。
③ 《周恩来选集》下卷,人民出版社1984年版,第278页。

改变了很多东西,在这个意义上来说,只能是逐步实现,逐步提高,不可能一步攀登高峰,要有个正确的认识。"①这里他不仅指出了科学技术现代化的具体标志,而且提出了"逐步实现,逐步提高"的方法。尤其是他提出的四个现代化的关键是科学技术现代化的思想,是经过反复探讨和深思熟虑的理论上的深入和思想上的升华。

5. 实现四个现代化的方法

周恩来在这方面的理论探索涉及的领域十分广泛。概括起来,最突出的在以下几点:

第一,重视技术力量,培养和造就专门人才。

实现四个现代化需要调动全国人民的积极性,需要依靠工人、农民、知识分子的兄弟联盟,但是最需要的是掌握现代科学技术知识、具有现代劳动管理技能的专门人才。早在经济恢复时期,周恩来就指出"现有的专家是不够的","我国的科学家不是太多而是太少。""一五"计划建设时期,在为国家工业化而奋斗时,周恩来呼吁"培养技术人才是我们国家建设的关键","我们国家最需要的是建设人才","培养大批的建设人才,是我们现在最中心的问题"。1959 年 12 月 24 日,周恩来在提出四个现代化目标的同时,指出:要加快建立强大的自然科学技术队伍和社会科学理论队伍。他说:"搞独立的经济体系和尖端技术,没有人才是不行的。要建立经济体系,掌握尖端技术,关键在于人才,一个是自然科学方面的人才,一个是社会科学方面的人才。"他认为"像我们这样一个大国,不可能设想不产生广大的建设人才,问题就在于我们抓好科学、教育这一环。所以,发展科学、教育,也是现在一个中心的任务。"1962 年 12 月 24 日,周恩来在冶金、水利、水产、华侨农场、手工业、共青团中央、华北山区工作等七个专业工作会议上讲话,大谈技术力量的重要性:"技术力量

---

① 《周恩来经济文选》,中央文献出版社 1993 年版,第 495、493 页。

在建设中对技术革新、技术革命都起很大作用。这不仅因为过去我们落后，而且因为时代不同，任务也不同了。""第二次世界大战以后十七年中，原子、电子、超音速等，其发展速度比过去任何时候都快，比过去一个世纪还快，可以说是日新月异。要赶上去，就要做艰巨的工作。这就需要重视科学、重视实践和重视技术人才"。①

第二，重视国民经济的综合平衡，搞好各部门、各方面之间的协调发展。

1959 年 6 月 17 日，周恩来在会见朝鲜郑一龙副首相时，总结了"大跃进"经验教训，指出：工业各部门之间相互的联系很密切；农业也要各种条件，如水利、改良土壤、肥料、防治病虫害等，所要有综合平衡。如果比例失调，总是上不去的，不是这个上不去，就是那个上不去。他说：现代化的东西，要各方面衔接。

他以煤炭生产为例，认为煤炭生产需要与器材、设备、坑木生产部门及运输部门相衔接。针对钢铁生产指标过高问题，他强调"必须使钢的前后左右能够协同前进，不要造成寅吃卯粮，毫无余地，左支右绌、前后脱节的形势"。他多次解释调整就是为了使国民经济各方面的发展取得平衡。"国家计委要搞综合平衡，各个部门、各个地方都要搞综合平衡"。即使抓尖端科技攻关，也不能忽视综合平衡，抓住一点不及其余，那是不能长久的。"我们可以在尖端技术这方面努力，但必须是平衡的，当然不是绝对平衡，是相对的。""文化大革命"期间，他重申尖端工程必须列入国家计划，带动其他工业发展，"要全面平衡，不能把别的项目挤掉了。"针对钢铁生产的不协调，他再次批评道："前后左右不衔接，出了钢不能轧材，白白消耗了热能。"②

---

① 《周恩来经济文选》，中央文献出版社 1993 年版，第 46、142、160、405、407、500 页。

② 《周恩来经济文选》，中央文献出版社 1993 年版，第 409、460、426、632、640 页。

第三,正确处理自力更生同国际合作的关系,积极开展技术引进,尽量采用先进技术,争取后来居上。

在为国家工业化的目标奋斗时,周恩来就指出"主要是自力更生,但不放弃争取外援"。自力更生不是关门建设,需要同世界各国发展经济、技术、文化交流。即使实现了工业化,也不可能一切都完全自足,仍然需要发展国际经济技术交流。20世纪60年代以后,在提出为四个现代化的目标而奋斗时,周恩来进一步发展了上述思想。

他说:"我们是大国,整个国民经济都要自力更生,这有战略意义,永远如此。"我们要"从本国的具体情况出发,依靠本国人民的辛勤劳动,充分利用本国的资源来进行建设。"对世界各国的科学技术要择其先进、适用的,设法引进。"外国一切好的经验、好的技采,都要吸收过来,为我所用。学习外国必须同独创精神相结合。"

只要发挥本国人民的聪明才智,善于取人之长,我们在追赶现代化过程中完全可以后来居上。"我们落后于世界先进水平,但是我们有先进经验可以学习,有最新科学技术成果可以利用,这样可以扩大我们的眼界,所以我们前进的步伐可以加快。"①

第四,按步骤,分阶段,积极稳妥,循序而进。

周恩来认为理想与现实、目标与步骤、战略与战术要很好地结合起来,既不能胸无大志,也不能好高骛远,而要实事求是。1962年6月8日,他说:"科学研究、尖端技术,要循序而进,不可能一步登天,要在一定的基础上逐步往上爬,要有步骤和秩序。登珠穆朗玛峰,也要分几个阶段,一个阶段、一个阶段地上去。"

在三届人大一次会议上,周恩来提出了"两步走"的思想,他说:"我国的国民经济发展,可以按两步来考虑:第一步,建立一个独立的

---

① 《周恩来经济文选》,中央文献出版社1993年版,第493、564、566、504页。

比较完整的工业体系和国民经济体系;第二步,全面实现农业、工业、国防和科学技术的现代化,使我国经济走在世界的前列。"1956 年,周恩来在党的八大和八届二中全会上,系统地阐明了建立独立的比较完整的工业体系的思想。进入 20 世纪 60 年代,周恩来一方面指出"建立独立的工业体系,我们提了多年,现在我们必须有一个新的认识,就是六十年代的工业体系。"另一方面,他又指出"提建立独立的国民经济体系比只提建立独立的工业体系更完整。"①这些都说明,周恩来在探索实现四个现代化的富强之路过程中,认识是不断丰富、不断深化的,充分体现了周恩来一贯坚持的实事求是、循序渐进、积极稳妥的科学精神。

党的十一届三中全会以来,邓小平在领导改革开放和社会主义现代化建设,强调科学技术是第一生产力,强调知识分子、人才的作用,强调对外开放,这些都是继承和发展了周恩来的四个现代化思想。从工业化目标向四个现代化目标的转变是探索走中国自己的建设道路的结果。从这个意义上说,周恩来的四个现代化思想是邓小平建设有中国特色的社会主义理论的重要渊源之一。

四、运筹西部开发与建设

从中国的国土分布来看,西部是中国大江大河的发源地;是中国的屋脊,也是世界的屋脊。西部的高山大漠决定了西部相对的地广人稀。东部的平原和土地肥沃决定了东部人口密集和人均占有土地少。在中国发展的大棋局中,只有处理好西部和东部的关系,东西部的发展才能相得益彰。

———————

① 《周恩来经济文选》,中央文献出版社 1993 年版,第 439、563、425、519 页。

周恩来大视野中,西部和东部的关系是相互支撑、相互依存的。

抗日战争时期,日寇占领武汉后全国抗战进入了新阶段。这时,周恩来到新四军军部指导工作,就抗战中的东西部关系作了深刻的分析。他说:"今天新阶段的中心问题是在敌人占领区,在中国的东部,在黄河以东、平汉路粤汉路以东的广大地区。不仅仅是因为中国东部被敌人占领了,而且更主要的是,这是中国人口最多的地区,是交通便利、土地肥沃、经济发达、文化程度高的财富地区。整个的中国东部,代表了中国走向近代化的最有力的地区。中国的西部当然不如东部,尽管西北、西南可以成为我们的大后方,但是,假如中国东部完全被敌人统治,我们的西部就要一天一天地贫弱危困起来,困难就要无形地加深,而敌人就能够利用中国的人力物力财力来克服自己的困难。我们要认识这个环境,这就是新四军的环境。新四军就处在敌人占领的中国东部。新四军今天所处的客观环境恰恰使得新四军的地位更加提高,落在新四军肩上的任务也就更加重要。"①抗日战争的胜利,与中国共产党重视在日寇占领区的斗争,与八路军、新四军在东部的发展壮大密不可分。

新中国成立后,周恩来担任总理27年,组织领导经济建设,是他工作的首要课题。他对在中国如何发展经济走上富强之路,其中包括如何改变西部地区的落后面貌,进行了艰辛的探索。20世纪50年代,他参与领导了156项工程建设,这些工程项目有不少部署在西部地区。20世纪60年代,他参与领导的"三线"建设,大部分是在西部地区进行的。156项工程建设和"三线"建设,为今天西部地区的开发准备了重要条件。他多次到云南、贵州、四川、陕西、甘肃、新疆视察,走过西部地区的许多山山水水,为西部地区的建设与发展倾注了大量心血。他的

---

① 《周恩来选集》上卷,人民出版社1980年版,第102—103页。

大视野中,一直高度重视西部地区的建设与发展。他在这方面的做法和论述,对今天的西部开发仍有重要的启示作用。

1. 整体论:从全国整体上认识西部发展的战略地位

局部离不开整体,离开了整体就要迷失方向。整体是由一个一个的局部组成的,每一个局部的功能、作用发挥的如何都会影响到整体。周恩来认为"做好工作决定于处理好各种关系,看出工作的重点所在。"①他处理各个地区、各个部门、各个方面关系的一个重要指导思想是坚持整体观念。

1949 年 12 月,周恩来在对中财委的几个专业会议的代表讲话时系统阐述了整体观念。他说:"诸位这次来北京开会,除了讨论本部门的业务以外,有权要求了解全面的政策,了解全国政治、军事、经济和文化等方面总的方针。只有这样,你们才能知道本部门的业务同总的方针怎样配合,才能有整体的观念。不然,你们业务的进行就会是孤立的、迷失方向的,成为盲目的工作。盲目不是科学的态度,不能建设新国家。我今天对同志们谈话,目的就在于使大家有个整体观念。"②按照这个要求,他讲了两个问题。一是国家财经计划问题。国家财经计划是从整体和全局出发制定出来的,承受负担、恢复生产、开源节流、掌握政策都有个整体观念的问题。"每个单位必须有整体观念,要在总的财经计划中找到自己的位置,认识自己的方向,有重点有计划地恢复生产和发展生产。这样才能不犯本位主义,不单纯依赖国家,并在各自的范围内做出最大的成绩。"二是新中国经济的几种关系问题。他分析城乡关系、内外关系、工商关系、公私关系、劳资关系、上下关系之后说:"上述六种关系,各个部门都会遇到,尤其是生产部门。必须正确

---

① 《周恩来选集》下卷,人民出版社 1984 年版,第 2 页。
② 《周恩来选集》下卷,人民出版社 1984 年版,第 1 页。

解决这六种关系,才不会犯本位主义,才能有全局观念,才能使本部门的生产在统一计划中占有适当地位,才能使各方面计划掌握重心,准确地加以实施。"①

在为中国的富强、中国的四个现代化而奋斗中,周恩来特别重视两件事:一个是治水,一个是以"两弹一星"为核心的科技攻关。他抓这两件事,整体论指导思想尤为突出。

治水要协调不同部门、不同方面之间的关系,要注意综合的经济效益、整体的社会效益、长远的生态效益。早在1950年确定治淮原则时周恩来就指出,治淮要重视泄洪入海,也要有利于灌溉农田,还要注意配合发电,配合航运。这实际上是指出了治淮要协调农业、工业、交通运输业之间的关系,要发挥治淮系统工程的作用。他认为治黄也有灌溉、发电、航运等综合利用的问题,但防洪应放在第一位,不能跟前三者等量齐观。对于长江、汉水的治理,他多次指出要把远景与近期的开发、干流与支流的关系、大中小型工程联系起来考虑,力争做到防洪、发电、灌溉、航运、养殖五利俱全。治水还要协调不同地区之间的关系。周恩来以国民党时期治淮由江浙人管事,只管下游,不管中上游,闹地方主义为戒,反复强调水利工作不能明哲保身,更不能以邻为壑,要反对地方主义。他在过问治淮、治江、治黄时,都论述了上中下游分工合作,有福同享,有难同当,顾全大局的整体思想。治淮时,他提出上中下游的利益都要照顾到,不能只保一省的安全。治理长江,他说需要14省的配合。黄河三门峡水库因设计不合理,泥沙淤积严重,必须改建。可是下游有关省的领导从局部利益出发反对改建。周恩来耐心地说:反对改建的同志为什么只看到下游河道发生冲刷的好现象而不看中游发生了的坏现象呢?如果影响西安工业基地,损失就绝不是几千万元

①《周恩来选集》下卷,人民出版社1984年版,第1、14页。

的事。对西安库区同志的担心又怎样回答呢？希望多从全局想一想。在周恩来说服下，终于通过了改建方案。周恩来在治水活动中所强调的整体观念，不仅对调动不同部门、不同地区的治水积极性起了重要作用，而且保证了上中下游、不同地区之间许多复杂而尖锐的水利纠纷的妥善解决。①

原子弹、氢弹、导弹、人造卫星是现代科技、工业的产物，也是现代科技、工业的缩影，技术复杂，涉及面广，综合性强，是宏大的系统工程。周恩来领导科技发展突破尖端的指导思想之一是大力协同、集智攻关的整体思想。他说："为了有效地发展我国科学研究工作，必须贯彻协作的原则。各有关部门必须协调地进行工作。""有人只赞成本部门科学工作的发展，不赞成甚至要求限制其他部门科学工作的发展，他们往往反对协调工作，甚至拒绝国家对人力和物力的合理调配，这是一种严重的本位作风，应该加以批判。全国科学研究力量，应该统筹安排，一方面是适当分工，另一方面更重要的是密切协作。"②从中央 15 人专门委员会成立到第一颗原子弹爆炸试验，周恩来亲自主持召开了 9 次专委会议，及时协调解决了生产、科研和建设中的一系列问题。据统计，这个时期共有 26 个部委院和 20 个省、自治区、直辖市的 900 多家工厂、科研单位和大专院校联合起来，扭成一股劲，共同为第一颗原子弹的研制进行科技攻关、设备制造和材料生产，解决了近千项重大课题。可以说，每一次原子弹、氢弹、导弹、人造卫星的试验所取得的成功，都是全国在整体上大力协同、集智攻关的结果。

在西部与东部、西部与全局的发展关系上，周恩来以整体论观点分析了西部发展在全局发展中的战略地位。

---

① 曹应旺：《周恩来与治水》，中央文献出版社 1991 年版，第 219—223 页。
② 《周恩来经济文选》，中央文献出版社 1993 年版，第 362—363 页。

西部是中华民族古代文明的发源地。中华民族的母亲河黄河发源于西部青藏高原的巴颜喀拉山。中华民族的第一大河长江发源于西部青藏高原的唐古拉山。古代西北部的丝绸之路对发展中外交流产生了深远的历史影响。改变西部地区的落后面貌,对光复中华、无愧于先人,有着重大的历史意义。周恩来认为,"黄土高原是我们祖宗的摇篮地,是民族文化的发源地",我们炎黄子孙有责任改变其落后面貌。周恩来还认为,从历史和现实看,我们能够改变其落后面貌。1958 年 4 月,周恩来在三门峡工程现场会上说,黄河流域与欧洲的德国、法国、意大利处于大抵相同的纬度;历史上汉唐长安柳暗花明,有许多地方像江南的样子。不管是从同一纬度的西方国家看,还是从我们历史上看,黄河流域都是可以改变面貌的。①

西部的一些地方是我国的一些少数民族集中居住的地方。西部的发展是实现国家富强、实现社会主义现代化整体目标不可缺少的组成部分,也为处理好民族关系实现各民族的共同发展、共同繁荣所必需。周恩来说:"在现在这个世界上,我们若不强大起来,不建成社会主义的现代化国家,就要受帝国主义的欺侮。"建设社会主义的现代化国家,"是任何民族都不能例外的。我们不能设想,只有汉族地区工业高度发展,让西藏长期落后下去,让维吾尔自治区长期落后下去,让内蒙古牧区长期落后下去,这样就不是社会主义国家了。我们社会主义国家,是要所有的兄弟民族地区、区域自治的地区都现代化。全中国的现代化一定要全面地发展起来。我们有这样一个气概,这是我们这个民族大家庭真正平等友爱的气概。我们不能使落后的地方永远落后下去,如果让落后的地方永远落后下去,这就是不平等,就是错误。"②

---

① 曹应旺:《周恩来与治水》,中央文献出版社 1991 年版,第 103—107 页。
② 《周恩来选集》下卷,人民出版社 1984 年版,第 251、266 页。

我国地大物博、人口众多。但西部与东部相比较而言,是西部地大物博、东部人口众多。西部发展的滞后,必定影响东部的发展。只有让西部的发展跟上东部的发展,才能优势互补、相得益彰。周恩来说:我国"汉族人口多,经济、文化比较发展,但是可开垦的土地已经不多,地下资源也不如兄弟民族地区丰富。兄弟民族地区的资源开发是祖国工业化的有力后盾。但是,兄弟民族地区的资源还没有开发,劳动力少,技术不够,没有各民族特别是汉族的帮助,也不可能单独发展。"他举例说:"要在新疆建立起包括克拉玛依油田和乌鲁木齐地区的将来的工业中心,如果没有新疆各民族和内地汉族的共同努力,就搞不成功。首先铁路就修不成。铁路通了,劳动力不够,资金不够,也没有办法来开发。这就必须用全国的力量去支援。"①

2. 基础论:西部的建设和发展要从基础做起

奠土为基,立柱用础,这是建筑工程第一步。合抱之木生于毫末,九层之台起于垒土,千里之行始于足下。万事万物的生长、发展都有其根基,基础决定上层建筑,根深才能叶茂,本固才能邦宁。周恩来早在14岁那年就说:"以将来如许之重负,基础于小学校三四年中"。到南开学校,他又说:"基础立于是,发达生乎斯。"②他总理国务抓国家建设,一直强调从基础做起。开国之初,他说:"我们所接收的旧中国满目疮痍,是一个破烂摊子。要在这个破烂摊子上进行建设,首先必须医治好战争的创伤,恢复被破坏了的工业和农业。我们决不能随随便便地在破烂摊子上建设高楼大厦,那是不稳固的,必须先打好基础才行。"③

---

① 《周恩来选集》下卷,人民出版社1984年版,第252—253页。
② 《周恩来早期文集》上卷,中央文献出版社、南开大学出版社1998年版,第2、9页。
③ 《周恩来选集》下卷,人民出版社1984年版,第23页。

从经济与政治、军事、文化等之间的关系看,周恩来提出:"经济是基础,其他都是上层建筑。"经济既指与一定社会生产力相适应的社会生产关系,又指生产和再生产的过程、规模、速度和效益,即指生产力、经济实力。从前一种意义上,周恩来说:"如果经济不得到改造,新中国的政治、军事、文化都立不住。"由此强调对农业、手工业、资本主义工商业社会主义改造的重要性。从后一种意义上,周恩来说:"我们的国家在政治上已经独立,但要做到完全独立,还必须实现国家工业化。如果工业不发展,已经独立了的国家甚至还有可能变成人家的附庸国。"由此强调实现国家工业化的重要性。将以上两个方面结合起来,周恩来指出:"经济是基础,经济改造是一切改造的基础,而国家工业化又是实现经济改造的关键。国家面貌的改变要从经济面貌的改变做起。"这实际上是把生产力看成基础的基础。所以,他说:"最主要的事情,就是我们人人都要关心提高我们国家的生产力。"①

从经济各部门之间的关系看,周恩来提出:农业是基础,工业是领导。经济恢复时期,他说:"农业的恢复是一切部门恢复的基础,没有饭吃,其他一切就都没有办法。"②第一个五年计划建设时期,他指出,农业是工业发展以至整个国民经济发展必不可少的条件。经济调整时期,他号召把一切工作转移到以农业为基础的轨道上来。"文化大革命"时期,他强调,农业稳定是全国稳定的基础。周恩来关于农业是基础的思想包括以下内容:第一,农业是粮食等基本生活必需品的来源。工业人口和其他城市人口所需要的粮食、油类和其他副食品都依靠农业。农业能够提供多少商品粮,不仅关系到城市人民生活的改善,而且直接影响到工业和其他事业的发展速度与规模。第二,农业是发展工

---

① 《周恩来经济文选》,中央文献出版社1993年版,第151—152、201页。

② 《周恩来选集》下卷,人民出版社1984年版,第5页。

业和其他事业所需劳动力的主要来源。只有农业劳动生产率提高了，才能从农业中抽出更多的劳动力输送到工业和国民经济的其他部门，才能扩大工业的发展规模。第三，农业是工业特别是轻工业所需原料的重要来源。如果没有棉花，纱锭就得停转。农业能够为工业提供多少原料，决定着工业的发展规模。第四，许多工业产品的主要市场是农村，只有提高农民的购买力，增加他们对工业品的需要，才能促进工业的发展。第五，中国土地辽阔，工业发展要看农业能够为工业提供多大的运输力。第六，农业的稳定与发展是巩固国家财政的基础。我国的财政收入有一部分直接来自农村的负担，有部分城市负担如盐税、货物税、屠宰税等还是要转嫁到农民身上。财政支出很大一部分用于积累，农业是国家资金积累的重要来源。第七，农业的稳定与发展是搞活流通的基础。农业生产提高了，农民就要求出售农产品换回工业品，城乡交流，呆货就少了。第八，农业是出口物资的重要来源。20世纪五六十年代，我国工业所需要进口的机器，大部分需要用出口农产品去交换。发展农业，增加农产品出口，是我们发展中外经济交流、引进先进的工业设备和技术的重要手段。

在各产业部门中，除农业之外，周恩来还把水利、交通、地质工作放在基础的位置上，强调其先行作用。开国之初，他指出，国家建设"不可能百废俱兴，要先从几件基本工作入手。"农业方面，配合土改，第一是兴修水利；第二是修筑铁路。工业方面，联系到动力问题，第一步是需要勘测燃料资源。他说：旧中国反动派"不让我们有机会勘测地下的富源，不让我们有机会记录中国人民在历史上的功绩。现在我们要进行建设，首先就要进行发掘、调查、统计和搜集材料的工作。这是准备工作，是建设新中国的重要基础工作。"①为什么要以治水为先？这

---

① 《周恩来选集》下卷，人民出版社1984年版，第24—25页。

是因为水利是农业的命脉,直接关系着全国人民的温饱问题。1951年7月21日,周恩来说,水利工作是密切关系着单位面积增产的,对水利部门特别注意,是因为它起着带头作用,并非偏爱。对于交通和地质,周恩来说:"所谓先行企业,就是动力、地质勘察、交通运输,它们是开路先锋。"①其所以如此,对地质工作来讲,一是各项建设首先需要地质资料,否则无从下手。二是工业建设有待于矿产资源的勘察、开发与利用。对交通运输工作来讲,它对巩固国防、发展经济、改善人民生活都有着重要意义。从经济上说,只有交通运输发展了,才能使城乡交流、内外交流发展起来,才能保证生产的恢复与发展,才能保证工业有大的发展。

从科学技术发展的内在联系看,周恩来重视处理理论科学与技术科学之间的关系,重视抓好基础以突破尖端。他认为"技术科学上的落后同理论科学基础的薄弱是分不开的。""没有一定的理论科学的研究作基础,技术上就不可能有根本性质的进步和革新。"他提出:"科学研究、尖端技术,要循序而进,不可能一步登天,要在一定的基础上逐步往上爬,要有步骤和秩序。登珠穆朗玛峰,也要分几个阶段,一个阶段、一个阶段地上去。""基础打不好,尖端也上不去,工作就是不到家。"②

周恩来在领导西部的建设与发展的工作实践中,十分重视从基础做起,处处体现了基础论思想。

1950年6月26日,在政务院第37次政务会议上讨论西北地区民族工作时,周恩来提出让少数民族同胞多得一些利益。对少数民族地区的贸易,不能剥削人家,也不能只做到平等互利,而要多支出一些,实行贸易补贴与物资支援等政策。在分配上减少税收,进行财政帮助。

① 《周恩来经济文选》,中央文献出版社1993年版,第162页。
② 《周恩来经济文选》,中央文献出版社1993年版,第493—495页。

更重要的是从帮助少数民族地区发展生产上解决问题,不仅要办一些工厂,而且要搞水利建设以发展农牧业。西部地区的发展问题首先是个经济问题,国家要从人力、物力、财力上帮助西部地区的经济发展。"以新疆来说,那里有石油资源,有各种有色金属资源,有可以开垦的农田,适宜种棉花,但这只是好的条件,不要忘记那里还有困难。新疆水利不够,要大大地改善水利系统,才能够开发。交通也很困难,不仅要修通从兰州到新疆的铁路,而且要修通北疆到南疆的铁路,才能开发。要开矿、垦田,可以用机械,但最根本的有两个问题:一是要有资金,一是要有人力。即使有了机械,也要有人力、财力才能得到发展。仅仅依靠新疆一个自治区的五百万人口,不可能积累多少资金,而且人力也不够。必须依靠全国的力量,国家的力量,中央的力量,把我们计划经济中能够积累的资金拿出一部分投资到新疆增加财力,从内地动员一部分人力到新疆增加劳动力,这样才能使新疆大发展。"①

周恩来对西部的林业、水利、铁路交通等基础建设倾注了大量心血。

历史上西北地区曾经是"山林川谷美,天材之利多"。后来由于砍伐过多,这个地方的森林被破坏了,以至形成严重的水土流失。周恩来强调要抓好西北黄土高原地区的造林。1966年2月,他说:"西北黄土高原搞了多少年造林啦?劳大功小,要很好总结经验。陕北防沙林带有人烟,地下水浅,就可以造林。靖边、定边高原上水位低,不容易成林。要有选择、有阵地地前进。面对黄河流域二十八万平方公里水土流失区,只要有雄心壮志,有愚公移山的精神,就能战胜它。""西北地区造林要集中在黄河泥沙主要来源地区,不要孤零零地分散搞。分散了,投资很大,功效很小,起不了多大作用。"他要求"西北局要搞一个

---

① 《周恩来选集》下卷,人民出版社1984年版,第260—261页。

领导小组,管农垦、水土保持。农林互助支援有好处。植树造林是百年大计,总得坚持到二十一世纪。"①他在西南视察中多次强调要搞好水土保持和森林保护。在贵州,他号召留水造林。在云南西双版纳,他看到有的陡坡上林木被砍光了,语重心长地说,西双版纳号称美丽富饶之乡,如果把森林破坏了,将来也会变成沙漠,我们共产党人就成了历史的罪人。

对于西部的水利,周恩来不仅重视黄河、长江上游的水土保持工作,而且重视其上游的开发。他视察长江、察勘三峡工程坝址,在重庆对以三峡为主体的长江流域规划提出了"统一规划,全面发展,适当分工,分期进行"的十六字方针。在狮子滩水电站视察时,他希望这个水电站"为综合利用四川水利资源树立榜样,为全面发展四川经济开辟道路。"他具体过问了黄河上游刘家峡水电站的修建,为调查研究具体情况,请了许多专家,其中还有苏联专家在西花厅开会,询问水库建成后实际的蓄水量是多少,从上游夹带下来的泥沙量是多少,如何解决,等等。1967 年,在"文化大革命"混乱中施工的刘家峡水电站出现了质量问题,周恩来亲自主持国务院业务小组会议,研究解决刘家峡水电站问题的办法。经过努力,最后完成了隧洞上下口的堵塞,保证了工程的建成。他多次提出要改善新疆的水利系统,并指示解放军某部给水工程团开赴新疆,查清新疆水文地质情况,解决严重干旱地区的农牧民饮水问题。他十分关心雅鲁藏布江的治理与开发。1970 年 4 月,他说,雅鲁藏布江从西藏转到印度的地方有个大拐弯,河流的落差相当大,我们要先搞清上游的水文情况,为治理作准备。这年 9 月,他提出,再过二十年,如果世界形势好一些的话,可以建两个大坝:一个是长江上的,一个是雅鲁藏布江上的。

---

① 《周恩来选集》下卷,人民出版社 1984 年版,第 447 页。

新中国成立伊始,周恩来就把西部的铁路交通建设放在政府工作的重要议程上。他说:"要发展西北,要帮助西北民族文化的发展,首先的问题是修铁路,最大的目标就是跟新疆通起来,并和内蒙古贯穿起来。"西南也是这样,"不但成渝铁路要修起来,汉东的两条铁路还要连起来,铁路要通过去,通到贵州、云南,另外还要通到湖南、广西,这样把西北、西南贯穿起来,西北、西南才能发展。"①三年经济恢复时期,他直接过问了成渝、天兰铁路的建设。成渝铁路是新中国成立后兴修的第一条铁路,周恩来亲自审查设计方案,1950 年 6 月 15 日开工,1952 年 7月 1 日全线通车。他为庆贺成渝铁路通车写下了"修建铁路,巩固国防,发展经济,改善人民生活"的重要题词。关于修建天兰铁路,1952年 1 月 7 日,他复电中财委:"同意一月五日送来的关于天兰铁路在一九五二年底铺轨通车的决定。"并指示"必须在一九五二年一月底以前做出天兰全线重点工程的技术设计。"天兰铁路于 1950 年 4 月 15 日开始施工,1952 年 10 月 1 日铺轨通车,1954 年 8 月交付正式运营。1950年初,他批示修建昆明至打洛公路。1954 年底,他批示修建西藏拉萨至日喀则公路。"文化大革命"期间,在他多次直接过问下,西部又建成了成昆铁路和湘黔铁路。

3. 关键论:西部的建设和发展要抓住关键

打蛇要打七寸,牵牛要牵牛鼻子。做任何工作,面临多种矛盾、处理多方面的关系时,一定要分清主次,抓住关键。周恩来在国家建设和经济工作中,经常谈到关键论的思想。

在处理生产力与生产关系、经济基础与上层建筑的关系时,周恩来认为关键是发展生产力。1953 年,他说:"经济是基础,经济改造是一切改造的基础,而国家工业化又是实现经济改造的关键。"1956 年,他

---

① 《周恩来经济文选》,中央文献出版社 1993 年版,第 60 页。

说:"生产是中心,三大改造也要以生产来推动。一切都要靠生产,生产是主要的环节。"①在"文化大革命"动乱中,他对余秋里、谷牧说:"经济基础不乱,局面还能维持。经济基础一乱,局面就没法收拾了。所以,经济工作一定要紧紧抓住,生产绝不能停。生产停了,国家怎么办? 不种田了,没有粮食吃,人民怎么能活下去? 还闹什么革命?"②

怎样发展生产力? 周恩来认为关键是振兴科学技术。1956 年 1 月,在关于知识分子问题会议上,周恩来联系社会主义本质,社会主义生产的目的,指出:"在社会主义时代,比以前任何时代都更加需要充分地提高生产技术,更加需要充分地发展科学和利用科学知识。"没有科学技术的发展,就不能实现国防现代化、提高我国的国防能力,就不能建设现代化的工业和农业,就不能提高各个经济部门的劳动生产率,就不能增强我们全民族创造物质财富和精神财富的能力。周恩来的结论是:"科学是关系我们的国防、经济和文化各方面的有决定性的因素。"20 世纪 50 年代末、60 年代初,当我国社会经济发展的战略目标由实现国家工业化转变为实现农业、工业、国防、科学技术四个方面的现代化之后,周恩来进一步指出:"我们要正确认识科学技术现代化在社会主义建设中的重大意义。"他说:"我国过去的科学基础很差。我们要实现农业现代化、工业现代化、国防现代化和科学技术现代化,把我们祖国建设成为一个社会主义强国,关键在于实现科学技术的现代化。"③

怎样振兴科学技术? 周恩来认为关键在于人才。1952 年 10 月,周恩来在政务院第 156 次会议上指出,我国要建设,人才就成为一个决定性因素。振兴科技,从抓基础性的科学理论研究到突破尖端,都需要

---

① 《周恩来经济文选》,中央文献出版社 1993 年版,第 152、253 页。
② 《我们的周总理》,中央文献出版社 1990 年版,第 43 页。
③ 《周恩来选集》下卷,人民出版社 1984 年版,第 159、181、412 页。

具备高深的科学知识和专业技能的专门人才。1959 年 12 月 24 日,周恩来说:"掌握尖端技术,关键在于人才。"怎样解决人才问题? 周恩来的办法是尊重人才、造就人才。尊重人才,就是要充分地动员和发挥现有科学技术专家、现有知识分子的力量,使其学有所用、有职有权、各尽其才。具体办法是:改善对于他们的使用和安排;给他们以应有的信任和支持;给他们以必要的工作条件和适当的待遇。把他们当作国家的宝贝,请他们办某些专门的事情。面对人才缺乏,还要下大力造就人才,大规模地培养新生力量来扩大科学技术专家队伍。第一个五年计划建设一开始,周恩来就提出:"培养技术人才是我们国家建设的关键。""培养大批的建设人才,是我们现在最中心的问题"。是摆在各级组织部门"面前的第一项任务,你们要搞社会主义就是搞这个东西,别的是空论,这是实际,你们做到了这一点,就是掌握了一切。"怎样造就人才? "要从各方面培养人才。除各种专门学校外,还要在工厂中培养技术工人,要使干部学习业务,学习技术。"十年树木,百年树人。造就人才需要加强教育工作。周恩来提出"抓好科学、教育这一环。""发展科学、教育,也是现在一个中心的任务。"①

　　西部的发展与建设的关键亦在于人才和科学技术。只要切实做到尊重人才、造就人才、留住人才、吸引到人才,运用最先进的科学技术于西部建设的各个方面,西部灿烂辉煌的前景就一定是可望而又可即的。周恩来任总理时,曾将一些重要院校迁到西部地区,并从上海等地动员有知识的人才到新疆、青海、西藏等地工作,对西部的发展产生了重要影响。在他主持下,西部地区是我国尖端科技研制与试验的重要基地。1966 年 6 月 30 日,他曾亲自到西北综合导弹试验基地,观看中近程地

---

① 《周恩来经济文选》,中央文献出版社 1993 年版,第 142、160—161、142、407 页。

地导弹发射试验,检查了两弹(导弹、原子弹)结合试验的有关准备情况。我国第一颗人造地球卫星——东方红一号卫星,第二颗人造地球卫星——实践一号卫星,都是由周恩来精心安排并直接指挥调度,在酒泉卫星发射中心发射成功的。我国"两弹一星"尖端技术的发展,带动了信息工程、系统工程、遥测、遥感、遥控、复合材料、精密加工、自动控制、仿真等高新技术的发展;带动了数学、物理学、化学等基础学科和力学、电子学、光学、声学、空气动力学、水动力学等技术科学的发展;促进了冶金、机械、能源、交通、化工、纺织、轻工等传统产业技术水平的提高,不仅全国受益,西部地区更是受益不浅。

4. 求真论:西部地区的建设与发展要从实际出发

周恩来从学生时代起就有求真务实、不慕虚名的特点。他留学日本时提出:"思想要自由,做事要实在,学问要真切。"他说:"我平生最烦急的是平常人立了志向不去行。"①他初到欧洲时,其"主要意旨,唯在求实学以谋自立,虔心考查以求了解彼邦社会真相暨解决诸道,而思所以应用之于吾民间者"。② 他求真的心极盛,对一切主义推求比较后,才最终选定共产主义的奋斗目标。

周恩来担任总理期间,组织领导国家建设始终坚持从实际情况出发,真抓实干,反对华而不实、好高骛远、急躁冒进。经济恢复时期,他提出:"道路是要我们一步一步去走的",反对离开经济恢复的基础、脱离实际在全国规模上进行建设。1956 年,针对社会主义改造和工业化建设中的急躁冒进倾向,他强调经济工作要实事求是,领导者头脑发热了的要用冷水洗洗。他警告:"现在有点急躁的苗头,这需要注意。社会主义积极性不可损害,但超过现实可能和没有根据的事,不要乱提,

---

① 《周恩来早期文集》上卷,中央文献出版社、南开大学出版社 1998 年版,第332、331 页。

② 《周恩来书信选集》,中央文献出版社 1988 年版,第 23—24 页。

不要乱加快,否则就很危险。"脱离实际的"大跃进"和人民公社化运动兴起后,给我国经济造成严重危害。1962年七千人大会上,周恩来批评了说假话、鼓假劲、造假做假的做法。他号召"说真话,鼓真劲,做真事,收实效。"他说:"说真话,鼓真劲,做实事,收实效。这四句话归纳起来就是实事求是。"①

周恩来对西部地区的建设与发展,同样强调从实际出发。这里举两个例子:第一个例子是,新中国成立之初如何对待西部少数民族地区的土地改革问题。他认为西部少数民族地区的"土地改革,可以推迟三五年再说,如果条件不成熟,那就十年八年以后再进行。""少数民族地区和汉族地区情况不同,不能照搬汉族地区的做法。"②第二个例子是,如何对待西北地区的造林工作。他提出,要选在地下水浅的地方;要集中在黄河泥沙主要来源地区。这就是从实际出发、讲求实效的思想。

周恩来的整体论、基础论、关键论、求真论思想,是他组织领导国家建设实践的结晶,许多具体内容论及西部的建设和发展。重温周恩来的这些思想,对于今天我们认识西部开发的战略地位,警醒我们在西部开发中少走弯路、少犯错误,无疑有着重要意义。

五、周恩来的中日关系观

2013年暑假到日本,我拜会过一位做了半个多世纪日中友好工作,年已88岁的日本老人石川士郎先生。此前,2006年至2009年,我和他也有过多次的交流。这次交流中,石川先生忧心忡忡地对我说:

---

① 《周恩来选集》下卷,人民出版社1984年版,第23、190、350页。

② 《周恩来统一战线文选》,人民出版社1984年版,第192页。

"最近的日中关系是中华人民共和国建国以来形势最严峻的时候。"中日两国是1972年9月日本首相田中角荣访问北京时恢复邦交正常化的。按照石川先生的话来思考,结论是:购岛事件后的中日关系,比邦交正常化之前的二十多年还要严峻。

在中日关系的严峻形势下,研究周恩来是怎样认识中日关系、怎样处理中日关系的,对破解当前中日关系所面临的问题,缓和中日关系的严峻形势,是会有借鉴作用和启发意义的。这就是为什么要讲"周恩来的中日关系观"。

1. 周恩来的日本经历

一个不熟悉中国、不熟悉日本、不熟悉中日关系的人,是难以形成中日关系观的。对中国人来说,要熟悉日本、熟悉中日关系,仅仅从书本上、媒体上、别人的介绍上,是很难做到的。必须要有在日本学习和生活的经历,并在此基础上经过一番调查研究,达到由此及彼、由表及里、去粗取精、去伪存真的认识,才能熟悉日本、熟悉中日关系,进而形成中日关系观。

近代中国许多引领潮流的人物都到日本学习、生活过。周恩来熟悉这方面的情况。1956年5月10日,他在中南海会见日本客人时说:在民主革命初期,我们很多人去日本学习过,在你们那里取过经。郭沫若院长就是在你们那里教育出来的;廖承志先生从小就在你们那里学的;赵安博先生也在日本学过;孙中山先生也去过日本,中山两个字就是用的日本的名字。当时改良派的康有为和梁启超也在日本住过,因此改良派和革命派都去过日本。中国共产党成立初期,很多人去过日本,如李大钊就去过。陈望道译《共产党宣言》是从日文译过来的。

周恩来多次向来访的日本客人介绍他在日本学习和生活的经历。1956年5月10日,他说:我也在日本学过一年半,但是个不成才的学生。1971年1月29日,周恩来在人民大会堂会见日本乒乓球协会会长后藤钾二等日本朋友时,比较详细地介绍了他在日本学习、生活的情况。他说:我是 1917 年 9 月到 1919 年 4 月在日本,有一年半时间。我住的地方比较多,换来换去。有人给我寄来书,他们是猜的(地址)。我去日本不久,刚好十月革命就发生了。我回到中国不久,就爆发1919 年 5 月 4 日的五四运动。正是从十月革命到五四运动这段时间中间,我在日本。关于十月革命的介绍,我在日本的报纸上看到一些。那里叫"过激党",把红军叫"赤军"。我离开日本时,是在神户上船,在京都住了一个月,正是樱花盛开之时。我经过山洞,坐船到琵琶湖。琵琶湖很美。①

当年周恩来在日记中记载了一些在日本的学习、生活和所思所想的情况。1918 年 2 月 4 日,他在日记中写道:"我自从来日本之后,觉得事事都可以用求学的眼光看,日本人的一举一动,一切的行事,我们留学的人都应该注意。我每天看报的时刻,总要用一点多钟。虽说是光阴可贵,然而他们的国情,总是应该知道的。"②

对日本人一举一动、一切行事的观察、学习,加深了周恩来对日本的认识。

第一,周恩来说:"我在日本生活,对日本的印象很深,日本有非常优美的文化。"③

第二,周恩来感到日本人民是勤劳的、勇敢的、智慧的。④

第三,周恩来在日本的学习观察,感到要另辟"新思想",求"新学

---

① 《周恩来外交活动大事记(1949—1975)》,世界知识出版社 1993 年版,第145—146、577—578 页。

② 《周恩来早期文集》上卷,中央文献出版社、南开大学出版社 1998 年版,第327 页。

③ 《周恩来外交文选》,中央文献出版社 1990 年版,第 90 页。

④ 《周恩来外交活动大事记(1949—1975)》,世界知识出版社 1993 年版,第88 页。

问",做"新事情"。他在 1918 年 2 月 11 日的日记中,把"想要想比现在还新的思想","做要做现在最新的事情","学要学离现在最近的学问",比作"三宝"。他在 2 月 16 日的日记中写道:"决不固持旧有的与新的抗,也不可惜旧有的去恋念它。"

第四,周恩来认为这个"新的"不是军国主义,军国主义是行不通的。他是带着"邃密群科济世穷"的救国之志去日本的。去日本前,他曾想"军国主义"可以救中国。到日本实地观察之后,他看到:"日本也是行军国主义的国。军国主义的第一个条件是'有强权无公理'的。两个军国主义的政策碰到一块儿,自然是要比比谁强谁弱了,而且军国主义必定是扩张领土为最要的事。"于是,他得出新的认识:"我从前所想的'军国'、'贤人政治'这两种主义可以救中国的,现在想想实在是大错了。"①

这个"新的"究竟是什么? 周恩来当时的认识是模糊的,不那么清晰的。正如 1919 年 4 月 5 日他在京都写的《雨中岚山》诗中所表达的那样:

潇潇雨,雾蒙浓;

一线阳光穿云出,愈觉姣妍。

人间的万象真理,愈求愈模糊;

——模糊中偶然见着一点光明,真愈觉姣妍。②

但是,正是这个"求新"志向对周恩来日后的人生道路产生了巨大影响。"求新"使他成为马克思主义者,使他为中国的现代化而奋斗终生。

---

① 《周恩来早期文集》上卷,中央文献出版社、南开大学出版社 1998 年版,第 331、335、337 页。

② 《周恩来早期文集》上卷,中央文献出版社、南开大学出版社 1998 年版,第 413 页。

　　周恩来回顾日本经历,曾说自己是不成才的学生。因为他在1918年3月和7月两次日文考试成绩都不理想,未能达到升学的目的。虽然日语考试成绩不理想,但他潜心研究日本,研究社会问题,想新的、学新的、干新的,三十年后终于成为开国总理、举世闻名的政治家。

　　2.“我们是‘同文同种’”

　　这是1954年10月11日周恩来会见日本国会议员访华团和日本学术文化访华团时,由日本客人提出来的。但周恩来赞成客人的观点。他说:“方才改进党的先生说,我们是‘同文同种’。所以我们要在这种友谊的基础上改善中日关系是完全可能的。”他还认为“这就是我们友好的种子。”①

　　“同文”,指中日两国在文字、文化、习俗上有许多相同之处。

　　文字上,中日两国都使用汉字。虽然日语的语法跟汉语不一样,日语中还有大量用片假名写的外来语,日语中的汉字也有音读和训读之别,但日语文字的主体是汉字。中国人在日本即使不懂日语,看电视台的节目,看了字幕,基本上能看懂节目的内容;看日文报纸、书籍也能明白大概的意思;店名、路标都用汉字写的,不会走错地方。不论在日本还是在中国,中日两国的人语言不通可以通过汉字进行手谈、笔谈。周恩来在日本虽然日语不好,但每天都看一个多小时的日文报纸,肯定也有不少手谈、笔谈的经历。

　　文化上,中国古代许多经典著作都传到日本,成为日本民族思想的重要源头。举例说“和为贵”,有些日本人知道是圣德太子说的,其实这是比圣德太子早得多的中国儒家经典《论语》提出来的。再举个例子,在日本的酒店里有一种清酒的名字叫“上善若水”,这“上善若水”出自中国道家经典《道德经》。还举个例子,日本东京地铁有一个站台

---

　　① 《周恩来外交文选》,中央文献出版社1990年版,第88、89页。

里用汉字并排写了二十四节气:立春、雨水、惊蛰、春分、清明、谷雨、立夏、小满、芒种、夏至、小暑、大暑、立秋、处暑、白露、秋分、寒露、霜降、立冬、小雪、大雪、冬至、小寒、大寒。无疑,这二十四节气是从中国传到日本并促进了日本的农业发展。周恩来在日本一年半时间的所见所闻,知晓中日间的这种文化联系。他说:"历史上,我们的文化彼此交流,互相影响。""历史上两国文化往来很频繁"。① 他还说,中日两国相互了解最深。在东方国家中,知道我们最深的是日本,我们也比较知道日本,但比起你们来差些。②

习俗上,中日两国也是相同点很多。中国的春节、端午节、中秋节,日本也照样是节日,只是内容上稍有不同,战后日本政府又将这些节日的时间从农历改到公历上了。中国的筷子、豆腐、酱油,也传到日本成了日本人的习好。日本的民族服装和服又叫唐服或吴服,叫唐服是说从唐朝传过来的,叫吴服是说从中国长江中下游的那个地方传过来的。周恩来在日本有过吃豆腐、用筷子等经历。1917年12月22日,他在致南开同学陈颂言的信中,谈到吃日本餐食鱼时写道:"弟则甘之如饴,大似吾家乡食鱼风味"。③

"同种",是指中日两国在人种上、血缘上有着密切的联系。

中国人和日本人都是有色人种,都是黄皮肤、黑眼睛的黄种人。中国人和日本人长相相近、举止相近,如果不开口讲话就分不清哪个是中国人,哪个是日本人。1955年10月15日下午,周恩来陪同毛泽东会见上林山荣吉率领的日本国会议员访华团,毛泽东说:"我们都属于有色

① 《周恩来外交文选》,中央文献出版社1990年版,第90页。
② 《周恩来外交活动大事记(1949—1975)》,世界知识出版社1993年版,第145页。
③ 《周恩来早期文集》上卷,中央文献出版社、南开大学出版社1998年版,第304页。

人种。有色人种是被人家看不起的,最大的'缺点'就是有色。有些人喜欢有色金属而不喜欢有色人种。据我看,有色人种相当像有色金属,有色金属是贵重的金属,有色人种至少与白色人种同等贵重。"①

　　周恩来认为中国和日本是亲戚,两国有血缘关系。相传,秦朝时徐福率三千童男童女到日本,今天日本肯定有不少徐福的后代。前首相羽田孜就说他的祖先是徐福,羽田这个姓氏就是秦始皇的"秦",日语中发声相同。不过,周恩来没有从"徐福东渡"的意义上说中日是亲戚关系,而是从现代中日两国之间的通婚说的。1956 年 11 月 6 日,周恩来会见日本客人时说,过去几年,我们曾经协助三四万日本侨民回国。他们在战后期间,给我们做了有益的事。我们很想念他们。目前也有不少日本妇女在中国和中国人结婚,但是家在日本,她们很想回家看望家人。我们两国已经是亲戚的国家了。② 这样的话,他讲过多次。1961 年 2 月 28 日,周恩来对来访的日本客人说:"中日两国经历了战争以后,出现了新的因素。不少日本人从中国回去,也有不少日本人留在中国。战争本来使人对立,但也增加了相互的接触和了解。诸位知道,五千多日本妇女同中国人结婚了,这是历史上少有的,两国已经有了亲戚关系。"③

3. 如何认识中日之间的历史

　　1972 年 9 月 25 日,在欢迎日本首相田中角荣的宴会上,周恩来说:"在我们两国的历史上,有着两千年的友好来往和文化交流,两国人民结成了深厚的友谊,值得我们珍视。"

　　这是周恩来一贯的观点。

　　周恩来认为与两千年友好的历史相比,1894 年以来几十年不好的

---

① 《毛泽东外交文选》,中央文献出版社、世界知识出版社 1994 年版,第 219 页。
② 《周恩来外交活动大事记（1949—1975）》,世界知识出版社 1993 年版,第 168 页。
③ 《周恩来外交文选》,中央文献出版社 1990 年版,第 305 页。

历史,毕竟是短暂的一刻。1954 年 10 月 11 日,周恩来会见日本客人时说:"从中日关系的历史看,我们两千多年来是和平共处的。你们国家在海上,几千年都是独立的。如果说历史上中国有一个民族侵略过日本,那是元朝蒙古族上层。但是,他们打了败仗回来了。六十年来,中日关系是不好的,但这已经过去。我们应该让它过去。历史不要再重演。我想这能够做到,因为在中日两国人民中存在着友谊。同几千年比较,六十年算不了什么。"

如何认识 1894 年以来中日关系的历史呢?

第一,周恩来指出:"自从一八九四年以来的半个世纪中,由于日本军国主义者侵略中国,使得中国人民遭受重大灾难,日本人民也深受其害。前事不忘,后事之师,这样的教训,我们应该牢牢记住。"①

第二,周恩来认为要把日本军国主义者同广大日本人民严格区别开来。1956 年 5 月 10 日,周恩来对日本客人说,日本帮助伪满,那是少数军国主义者做的坏事,多数日本人是做好事的。② 1961 年 2 月 28 日,周恩来会见山本熊一率领的日本经济友好访华代表团时指出:"日本军国主义曾经给中国人民造成灾难,同时也给日本人民造成了灾难。""日本在战争中遭到原子弹的破坏,损失很大,日本人民接受了教训,反对侵略战争的运动正在日益高涨。"1964 年 4 月 18 日,周恩来会见松村谦三等日本客人时指出:"战争的祸害是军国主义造成的。日本人民和中国人民都遭受了痛苦。但是军国主义的罪恶也教育了人民,使他们起来反对军国主义、反对侵略战争,反对把它强加在人民头上。"③

---

① 《周恩来外交文选》,中央文献出版社 1990 年版,第 494、87—93 页。
② 《周恩来外交活动大事记(1949—1975)》,世界知识出版社 1993 年版,第 146 页。
③ 《周恩来外交文选》,中央文献出版社 1990 年版,第 303、304、405 页。

第三,周恩来认为有不少日本人参加反战同盟,参加中国的解放战争,为中国革命的胜利作出了贡献。1954 年 10 月 11 日,周恩来会见日本朋友长谈了三个多小时,部分谈话内容收录在《周恩来外交文选》内,其中有这样一段话:

"一九四五年八月十五日以后,日本军队放下了武器。在那一天以前,我们打了十五年的战,可是,一旦放下武器,日本人就跟中国人友好起来,中国人也把日本人当做朋友,并没有记仇。最大的、最生动的一件事,就发生在东北。当时有许多日军放下武器之后,并没有回国,而是和一部分日本侨民一道参加了中国人民解放军,有的在医院当医生、护士,有的在工厂当工程师,有的在学校当教员。昨天还在打仗,今天就成了朋友。中国人民相信他们,没有记仇。大多数的日本朋友,工作很好,帮助了我们,我们很感谢他们。他们完全是自愿来的,不是我们把他们俘虏了强制他们来的。去年大多数都被送回国了,有两万六千多人。你们不信,可以回去问问他们。曾经打过仗的人,放下武器后就一起工作,而且互相信任。很多中国人受了伤,请日本医生动手术,病了请日本女护士看护,很信任他们。在工厂中,中国人信任日本工程师,一同把机器转动起来。在科学院,中国的科学工作者相信日本科学工作者的研究成果。这是友谊,可以说是真正的友谊,可靠的友谊。"①

第四,周恩来认为日本对中国的侵略,对中国人民起到了催醒的作用、反面教员的作用。鸦片战争以来,西方政治家把中国比作一头酣睡的狮子。她虽然是历史悠久的大国,却在酣睡中一次又一次任帝国主义欺侮。是九一八事变和七七事变日本对中国的侵略,才让中国苏醒过来。这期间产生的《义勇军进行曲》是中国苏醒过来的标志。这首歌惊呼:"中华民族到了最危险的时候,每个人被迫着发出最后的吼

① 《周恩来外交文选》,中央文献出版社 1990 年版,第 88 页。

声!"这首歌号召:"起来,不愿做奴隶的人们,把我们的血肉,筑成我们新的长城。""起来!起来!起来!我们万众一心,冒着敌人的炮火前进"。可以说中国打败日本军国主义,是在这首歌的感召下打败的。中华人民共和国成立后,把它定为国歌。周恩来曾说它是世界上最好的国歌。1971年3月13日,周恩来会见明贝昭二等日本客人时说,从1894年起一直到1945年共51年,对中国人民是很大的教育。如果仅仅是甲午战争、日俄战争,还不能教育中国人民。1972年4月21日,周恩来会见三木武夫及其随行人员时说,历史上就如你说的,一衣带水,关系那么久,中间只有半个世纪,50年,不单中国人民,而且日本人民,也受了日本军国主义的灾难。因为受了军国主义之害,中国人民觉悟起来了,团结起来了,所以才得到解放。你们,由于军国主义直接使你们的广大人民受害,战后才有越来越多的人民反对军国主义复活。所以我们两国人民都是军国主义这个反面教员使我们觉悟起来的。①

第五,周恩来认为要把近代以来日本的工业化同日本的军国主义区别开来。1954年10月11日,周恩来会见日本客人时说,近百年来日本在经济上、文化上都走在我们的前面,经过明治维新后,日本工业化起来了。中国过去很长时间,各方面都是落后的。大家都说中国的文化古老,那是在过去,历史上是有它的地位的,但近百年来中国的发展是落后的。周恩来认为,军国主义给日本造成了灾难,可是工业化对日本人民的经济发展还是有利的。过去日本人民把一个落后的国家变成一个工业的国家,这不仅对日本有好处,同时对亚洲和世界也是有贡献的。② 他还指出:"近八十年来,中国学西方文化,许多是通过你们那里

---

① 《周恩来外交活动大事记(1949—1975)》,世界知识出版社1993年版,第583、629页。
② 《周恩来外交活动大事记(1949—1975)》,世界知识出版社1993年版,第87、88页。

最早学来的。中国还活着的老一辈人,现在从事政治活动的,很多都在日本留过学。在座的郭沫若先生,就是留日生的重要代表人物,他曾经在你们的帝国大学学过医。日本文化给了我们这些好处,我们应该感谢。"①

4. 如何处理中日关系

中日两国是近邻,有着领海、领土、领空的联结。中日两国"同文同种",相互了解最深。中日两国有着密切的经济、政治、文化、生态环境的联系。中国发生沙尘暴、雾霾,会引起日本的关注。日本福岛核电站的核泄漏,也会引起中国的关注。因为对方好,自己会从中受益;对方遭殃,自己也不能独善其身。

周恩来认为中日关系是最为重要的国与国之间的关系。

1956 年 5 月 5 日,周恩来在中南海紫光阁会见日本工人代表团、日本五金机械产业工会访华代表团、日本机关报代表团时说:在远东,日本和中国的关系,对和平起着决定性的作用。我们两国友好,双方都有利;不友好,双方都不利。我们友好就能够共存共荣;不友好,存在和繁荣都要发生影响。同年 11 月 6 日,他会见日本客人时又说,中日两国人民多来往,关系密切了,双方就感到更加接近,更加友好,这对于远东和亚洲的和平是有帮助的。1957 年 4 月 20 日,周恩来在欢迎日本客人的酒会上指出:日中两国人民不仅要恢复历史上的友好传统,而且应该在新的基础上发展友好关系。②

如何发展中日友好关系?周恩来提出了一些重要原则。

一是坚持和平共处。

1953 年底,周恩来提出了互相尊重领土主权、互不侵犯、互不干涉

---

① 《周恩来外交文选》,中央文献出版社 1990 年版,第 90 页。
② 《周恩来外交活动大事记(1949—1975)》,世界知识出版社 1993 年版,第 144—145、168、201 页。

内政、平等互惠和和平共处的原则。1954年10月11日,他会见日本客人时指出中日关系的关键是和平共处。他说:"诸位先生可能会问,过去日本侵略中国,今天中国强大起来了,不会威胁日本吗? 这一点,我可以向诸位保证,我们的确是为世界和平而奋斗的。""所谓'同文同种'也好,'共存共荣'也好,不是为侵略别人,也不排斥别的国家,我们为的是和平共处。""和平共处,就是平等互利、互通有无,'共存共荣'。""按照正常的来往,中日的文化交流,有很大的发展前途,关键就是要和平共处,谁也不要存别的心思。"1972年9月25日,在欢迎日本首相田中角荣的宴会上,周恩来指出:"中日两国的社会制度不同,但这不应该成为我们两国平等友好相处的障碍。恢复中日邦交,在和平共处五项原则的基础上建立友好睦邻关系,将为进一步发展我们两国人民的友好往来,扩大两国经济和文化交流,开辟广阔的前景。中日友好不是排他的,它将为和缓亚洲紧张局势和维护世界和平作出贡献。"①

怎样坚持和平共处? 周恩来认为首先要讲诚信。学生时代的周恩来就写过《诚能动物论》的文章,认为"诚能动物"、"不诚无物"。担任总理的周恩来,对处理中日关系更加强调诚信。1957年2月27日,他会见日本客人时说:我们主张各国从事政治的人,应该增加来往,增进了解。尤其是中日两国,我们要求和平友好,共存共荣,需要多来往。我们要相见以诚,要怎么说就怎么做。我们决不搞阴谋。旧时代的阴谋诡计的办法行不通,用新的办法才能共存。1972年9月28日,周恩来与来访的田中首相会谈时说:我们重建邦交,首先要讲信义,这是最重要的。我们跟外国交往,一向是守信义的。我们总是说,我们说话是算数的。中国有句古话说,"言必行,行必果"。你们这次来表现了这

---

① 《周恩来外交文选》,中央文献出版社1990年版,第87—90、495页。

个精神。周恩来还把"言必行，行必果"写成中文交给田中。①

二是坚持求同存异。

中日"同文同种"，讲的是中日两国之间共同的一面。在国际关系中，这种共同的一面是有特殊性的，因为绝大多数国家之间是不同文、不同种的。中日间的"文"和"种"除了同的一面之外，差异也是显而易见的。周恩来在东京学习了半年多的日语，还是不能用日语交流，日文考试两次都没有过关，他知道日文和中文是有很大差别的。华裔日本学者陈舜臣在《中国人和日本人》这本书中对中日"文"和"种"的差异做过很深入的研究。当然，研究"异"的时候不能忽略"同"，否则容易陷入片面性。中日之间不仅"文"和"种"有同有异，两国的利益也是有同有异的。周恩来指导外交工作的一个重要原则是求同存异。这个外交方面的求同存异是周恩来1955年在包括日本官员高碕达之助参加的万隆会议上提出来的。他说："我们的会议应该求同存异"。1964年4月23日，周恩来会见日本关西经济访华代表团时说："我们两国都是亚非国家，九年前，我们两国都参加了万隆会议，我就是在那里认识了我们所尊敬的高碕达之助先生，他当时是日本政府代表团团长。"5天前，周恩来与松村谦三交谈时再次提到求同存异的原则。他认为亚非国家之间，"争端是会有的，但总的说来可以求同存异。为了民族独立、建设自己的国家、反对侵略战争、维护世界和平，这些国家总要进行友好合作。"在欢迎田中首相的宴会上，周恩来又说："我深信，经过我们双方的努力，充分协商，求大同，存小异，中日邦交正常化一定能够实现。"②

三是坚持礼尚往来、友好当先。

礼尚往来是中华民族的传统。中华人民共和国成立之初，周恩来

---

① 《周恩来外交活动大事记（1949—1975）》，世界知识出版社1993年版，第193、649页。

② 《周恩来外交文选》，中央文献出版社1990年版，第122、421、407、495页。

就将"礼尚往来"确定为外交工作的指导原则之一,指出:"你对我好,我也对你好;你对我不好,我也对你不好。针锋相对,来而不往非礼也。我们总是采取后发制人的办法,你来一手,我也来一手。"根据周恩来后来的阐述,"礼尚往来"基本包含四层意思:第一,"要等待,不要将己见强加于人"。第二,"决不开第一枪。人家可以先对我不好,我们决不会先对人家不好。"第三,"你对我不好,欺侮我,逼得我不得不有所准备,要进行还击。"第四,"'退避三舍'。这就是说,你来,我先退,给你警告。再来,再退,再给警告,但事不过三。"为发展中日友好关系,周恩来强调中日两国人民要多多来往。他同日本客人松村谦三谈话时,还提出了"友好当先"的原则。他说:"我们的政策是这样的:凡是对我们友好的国家,我们就以更友好的态度对待他们;如果敌视我们,我们就以同样的态度进行抵抗。也就是说,我们在推进友好方面是积极主动地以友好的态度求得同人家的友好相处的;如果敌视我们,我们将进行抵抗,但敌视不为人先,这是我们的原则。这些原则用两句话来说,就是友好当先,抵抗在后。"①

四是坚持向前看、以大局为重。

中日关系极为复杂,如果只向后看不向前看,只计小利不顾大局,就难以处理好中日关系。1956年6月28日,周恩来指出:"我们两国在历史上是友好的,中间只有很短的一段时间有过不愉快的情况,现在应该把这一段忘掉,发展我们长期友好的关系。这次中国政府主动地处理在押的日本战争罪犯的情况也证明了这一点。"1961年2月28日,周恩来对来访的山本熊一先生说:"山本先生说了一些告罪的话,事情已经过去了,我们不必再提,双方都应该向前看,中日两国人民要永远友好下去。""中日两国人民都应该以历史为鉴,努力消除几十年

① 《周恩来外交文选》,中央文献出版社1990年版,第51、327—328、406页。

来不愉快事情的影响,使中日两国几千年来的友好关系在新时代的基础上永远地发展下去。"1964 年 4 月 23 日,周恩来会见日本关西经济访华代表团时指出:中日两国真正友好相处、合作,"这对于我们两个民族和两个国家,都是一个远大的理想。""中日经济合作的问题,我们还应当把眼光放得更远些。""如果我们按照和平共处五项原则、万隆会议十项原则,在平等互利的基础上进行经济合作,那么,发展前途是无限的。"①1972 年 7 月 16 日,周恩来会见佐佐木更三,当客人说田中等人打算来华谢罪时,周恩来说,不要讲什么谢罪的话了。现在日本新政府离过去发动侵略的日本军国主义已经相当远了。现在我们应该向前看,而不应该向后看,要解决今后的问题。

发展中日友好关系,小局必须服从大局。在台湾尚未回归祖国的情况下,发展中日关系有个如何对待台湾的问题。1973 年 9 月 9 日,周恩来会见日本驻华大使小川平四郎时说:的确有台湾这个障碍,要承认这个事实。但是,这一点我们总是要解决的。中日两国不要因为这么一件事情就使大的方针受到妨碍。大的方针就是中日两国如何把和平友好条约签起来,这对改进远东形势有好处。我们希望中日两国不要因小失大。中日和平友好是大局,台湾是小局。不要因为台湾这个小局妨碍大局的前进。小局要服从大局,不能大局服从小局。要名正言顺。只有一个中国,不能有"两个中国"。一部分日本人一定要和台湾来往,这是题中必然出现的文章,我们并不重视这件事。但是有一条,如果是代表日本政府或国会去的,问题就大了,那就不行,那就等于承认"两个中国"。如果把台湾作为中国的一部分看待,那就是另外一个问题。②

---

① 《周恩来外交文选》,中央文献出版社 1990 年版,第 168—169、303、304、412、421 页。

② 《周恩来外交活动大事记(1949—1975)》,世界知识出版社 1993 年版,第 638、684 页。

五是警惕军国主义。

周恩来认为我们必须警惕军国主义,努力制止复活日本军国主义。1960年10月23日,他会见高碕达之助时说:日本虽然是战败国,战后已经15年了,一个独立的日本应该有它的自卫力量。这是我们一向所主张的。但周恩来认为这同复活日本军国主义是两回事,不能混淆。他表达了对日本有一部分人想复活日本军国主义的担心。1972年11月9日,他会见日本客人时指出,美化军国主义者东条英机对日本人民没有什么好处。在日本,政治家也好,知识分子也好,军人也好,如果不研究东条侵略失败的历史,而且还要美化他,将来还要重蹈覆辙。1974年4月22日,周恩来对日本客人说,到底是自卫还是扩张,这在日本思想界里还是一个问题。有一点自卫力量是应该的,但有的人借搞自卫武装恢复军国主义那一套。武士道、天皇制、靖国神社法案也搬出来了。这种人虽然不多,但能量很大。① 周恩来认为日本的发展前途存在着两条道路之争:"我们认为,广大日本人民是争取走和平、独立、中立、民主道路的,几年来国民运动的发展说明了这一点。但是,我们也看到另外有一小部分人想复活军国主义,走日本的老路。"他分析假如日本复活军国主义将会引起不可能解决的五个方面的矛盾,即:日本军国主义和日本人民的矛盾、和中国的矛盾、和亚洲其他国家的矛盾、和美国的矛盾、和日本经济界的矛盾。周恩来指出:"今天的中国是新中国,我们不侵略别人,对任何外来的侵略,我们一定要进行抵抗,坚决击退这种侵略。日本复活军国主义就会制造新的矛盾,同新中国不但不能友好,反而变成对立,这样对日本也不利。""日本一旦复活了军国主义,要么听美国的话,但日本人民不同意;要么不听,这样美国就要加紧

---

① 《周恩来外交活动大事记(1949—1975)》,世界知识出版社1993年版,第292—293、655、701页。

控制日本。"周恩来说:"作为友好邻邦我们愿意指出这一点,日本重走军国主义的老路是没有前途的。"①

六是正确对待中日关系的美国因素。

第二次世界大战抗击日本军国主义,中国和美国是相互支持的。中国是抗日的主战场,减轻了美国等同盟国其他战场的压力。美国对日决战和苏联宣战,加速了日本军国主义的失败。中、美、英三国的《开罗宣言》和《波茨坦公告》宣告:把日本侵占的中国领土如东北、台湾、澎湖列岛归还中国,日本军国主义必须永远铲除。周恩来说:"美国人民是伟大的人民。中国人民是伟大的人民。我们两国人民一向是友好的。"

"二战"之后,美国政府对中国共产党领导的中国采取孤立和敌视政策达 22 年之久,并片面对日媾和,扶持日本反共、反华的势力。日本政府受制于美国,有的甚至追随美国排华。此间,周恩来提出了促进中日关系的政治三原则和贸易三原则。政治三原则是对日本政府说的,即:"第一,日本政府不能敌视中国。因为中国政府并不敌视日本"。"第二,不能追随美国,搞'两个中国'的阴谋。""第三,不要阻碍中日两国关系向正常化方向发展。"贸易三原则是对经济界说的,即:"一、政府协定;二、民间合同;三、个别照顾。"②他还提出从民间做起,以民促官,以积累渐进的方式推进中日邦交。

田中访华,中日邦交正常化,是在尼克松访华、中美关系和好的背景下实现的,以民促官的积累则发挥了基础作用。尼克松访华最坐不住的国家是日本,而田中访华实现中日邦交正常化又走到了美国前面。对此,1975 年 1 月 20 日身患重病的周恩来在医院会见日本客人时说:

① 《周恩来外交文选》,中央文献出版社 1990 年版,第 306—308 页。
② 《周恩来外交文选》,中央文献出版社 1990 年版,第 492、290、289 页。

田中先生一上任就立即作出决断,恢复邦交,这是了不起的,值得称赞,他比尼克松勇敢。

周恩来没有看到东欧剧变、苏联解体,中国特色社会主义获得了前所未有的发展。但是,在美国重返亚太限制中国时,日本右翼走到美国前面,而且越走越远。这是周恩来所不愿看到的。

1972 年 4 月 21 日,周恩来会见日本前外相三木武夫时说:我们不是联合起来反对任何人,我们是反对任何国家发动战争,反对侵略。你不侵略,我们为什么要反对? 你不打仗,我们为什么要反对? 我们坚持和平、友好。太平洋总有一天要变成真正的太平洋。① 日本发挥和平的作用,太平洋才太平。这对美国有利,对中国有利,对日本也有利。这是周恩来所希望的。

---

① 《周恩来外交活动大事记(1949—1975)》,世界知识出版社 1993 年版,第629 页。

第三篇 学习周恩来的忠诚

一、与毛泽东协力同心共命

周恩来与毛泽东开始来往于北伐战争时期的广州,此后他们共事达50年。周恩来与毛泽东之间的关系,正如郭沫若在《怀念周总理》的词中所写:"光明磊落,与导师,协力、共心、共命。"

1.协力

周恩来时任黄埔军校政治部主任,参加了讨伐陈炯明的两次东征。毛泽东时任国民党中央宣传部代理部长。毛泽东主编的《政治周报》第三期刊登的《东征纪略》,曾对第二次东征周恩来主持的政治工作作过评价和介绍。其中写道:"此次东征,组织了伟大的政治宣传队,设立东征军总政治部为之统率,以第一军政治部主任周恩来为总政治部主任。"当时,毛泽东曾到黄埔军校演讲。1973年7月17日,毛泽东、周恩来会见杨振宁时,杨问:"周总理,您什么时候认识毛主席的?"周恩来说:"1925年认识的,1931年以后就同主席在一起工作了。"1926年3月,中山舰事件后,周恩来、毛泽东曾在李富春家中讨论反击问题。毛泽东在广州主办第六届农民运动讲习所,周恩来曾去作《农民运动与军事运动》的讲演。周恩来是党内最早从事军事工作、最早认识到军事工作重要性的领导人。他在黄埔军校创立的军队政治工作制度及重视政治工作的优良传统,对后来共产党领导的人民军队的发展、壮大产生了重大影响。1937 年 10 月,毛泽东总结大革命时期我们党在军队工作方面的经验时说:"那时中国共产党和国民党合作组织新制度的军队,在开始时候不过两个团,便已团结了许多军队在它的周围,取得第一次战胜陈炯明的胜利。往后扩大为一个军,影响更多的军队,于是才有北伐之役。那时军队有一种新气象,官兵之间和军民之间大体上是团结的,奋勇向前的革命精神充满了军队。那时军队设立了党代表和政治部,这种制度是中国历史上没有的,靠了这种制度军队一新其面目。一九二七年以后的红军以至今日的八路军,是继承了这种制度而加以发展的。"①

第一次大革命失败后,周恩来领导八一南昌起义,打响了武装反抗国民党反动派的第一枪;毛泽东领导秋收起义,相继走上武装反抗国民党反动派的道路。

1928 年 4 月,朱德、陈毅率领南昌起义保留下来的部队与毛泽东领导的秋收起义部队在井冈山会师,创建了工农红军第四军。在中共中央工作的周恩来对毛泽东、朱德领导的红四军给予了极大的关注。1929 年 3 月 17 日,周恩来向贺龙等介绍了朱毛红军中党支部建在连队上的经验。1929 年 6 月,红四军党的七大上,领导内部在建军思想和建军原则上存在着分歧,毛泽东的前委书记落选,红四军面临着危机。8 月 21 日,周恩来起草的中央给红四军前委的指示信指出:朱毛红军对全国的政治影响甚大,保存这部分实力更扩大之,便是对全国的政治影响的保存与扩大,热烈的精神,更应集中力量向着敌人。根据中央的指示,陈毅代表红四军来到上海,向中央报告工作。周恩来主持召

---

① 《毛泽东选集》第二卷,人民出版社 1991 年版,第 380 页。

开中央政治局临时会议,专门听取陈毅的汇报,并决定周恩来、陈毅、李立三组成委员会,由周恩来召集负责起草对红军工作的指示文件。周恩来对红四军党的七大和处置领导内部分歧问题的缺点提出了批评,并明确提出:朱、毛俩人仍留前委工作,毛仍应任前委书记,并须使红四军全体同志了解并接受。陈毅按照周恩来谈话精神,代中央起草了一封指示信,这就是著名的九月来信。这年底,根据中央九月来信精神召开的红四军古田会议,分清了是非,统一了思想,选举产生了以毛泽东为书记,朱德、陈毅等为委员的新的前委。红四军不仅胜利渡过了危机,并且进一步解决了以农民为主要成分的军队如何建成无产阶级的新型人民军队这一至关重要的问题,成为人民军队建设史上一个重要的里程碑。

1931 年 12 月,周恩来到达中央根据地,同毛泽东、朱德一起领导反"围剿"斗争。由于"左"倾路线在党中央的统治,1932 年 10 月宁都会议错误地对毛泽东进行了批评与斗争。尽管周恩来在会上指出:"泽东积年的经验多偏于作战,他的兴趣亦在主持战争","如在前方则可吸引他贡献不少意见,对战争有帮助",但会议还是削了毛泽东的兵权。1934 年 10 月,第五次反"围剿"失败,红军被迫走上长征的道路。长征路上周恩来最突出的贡献是 1935 年 1 月遵义会议上全力推举毛泽东领导红军的今后行动。毛泽东对红一师师长李聚奎谈遵义会议情况时说:"恩来同志起了重要作用。"①

遵义会议后的 40 多年中,周恩来处处维护毛泽东的地位,长期甘愿把自己放在"配角"的位置,常常有意识地让毛泽东扮演决策者的角色,思考战略性的和理论上的重大问题,而使自己主要扮演执行者的角色,具体进入实际操作之中。

---

① 　金冲及主编:《周恩来传》上,中央文献出版社 1998 年版,第 315、350 页。

　　抗日战争中,毛泽东与周恩来配合默契。周恩来不仅在处理西安事变,在五次谈判中屡建大功,而且在国民党统治区的心脏——武汉、重庆领导中共南方局,发展了统一战线,发展了党的组织,推进了战争动员,发展了青年和妇女工作,开展了工农运动,帮助了八路军、新四军与陕甘宁边区,成绩显著。1939 年 8 月中共中央政治局会议上,毛泽东充分肯定了南方局的工作,并具体指出:"这是在恩来领导下的成绩。"①1941 年 1 月上旬,蒋介石策划并发动了震惊中外的皖南事变。周恩来在恐慌气氛笼罩下的重庆同国民党顽固派作针锋相对的斗争,受到毛泽东称赞。解放战争中,周恩来协助毛泽东先是转战陕北,后在西柏坡指挥三大战役,出色地发挥了将原则具体化、战略步骤化的作用。当毛泽东、周恩来在世界上最小的司令部里指挥最大的人民解放战争时,毛泽东已是决策的中心,周恩来已是办事的中心。

　　新中国成立之初,有一次,一位曾在周恩来身边工作多年的同志问周恩来:你为什么不做些理论工作? 周恩来严肃地说,你怎么也讲这个话? 我们这么大的一个国家,有那么多具体的事,总要有人去管它的。我多管些这类事,就可以让毛主席有更多的时间去考虑一些更大的问题。他多次同经济部门的负责同志说,毛主席听汇报看文件只记几个大数就够了,我是办具体事的,要记一些具体数字。

　　1956 年,毛泽东三次畅游长江之后,写下了"更立西江石壁,截断巫山云雨,高峡出平湖"的诗句,表达了治理长江、开发长江、修建三峡水利枢纽工程的远大理想。周恩来具体过问三峡工程,立足于将理想与现实、目标与步骤、战略与战术沟通起来。他强调:毛主席有远大的理想,我们要很好地具体落实。他还说,毛泽东同志有首诗,其中有一

---

① 《周恩来年谱(1898—1949)》(修订本),中央文献出版社 1998 年版,第457 页。

句"高峡出平湖"。这理想总是要实现的,但是要经过一个历史时期,不能急,不能随便搞。周恩来赞成把三峡工程作为长江流域规划的主体工程并要求为这准备条件,积累经验。但当时他认为正式兴建三峡工程的条件尚不成熟,时机尚未到来。1958 年,周恩来主持的长江流域规划和三峡工程的讨论,作出了先上汉江丹江口工程的重大决策。1970 年,周恩来又支持了先上葛洲坝水利枢纽工程的重大决策,两度避免了贸然进军三峡的风险,同时又为三峡工程的建设作了实战准备,开辟了前进的道路。举此一例,我们不难看出周恩来作为执行者的作用和贡献。

中国古代的哲人老子曾说:"有无相生,难易相成,长短相形,高下相倾,音声相和,前后相随。"还有一位哲人晏婴说:"若以水济水,谁能食之? 若琴瑟之专一,谁能听之? 同之不可也如是。"(《左传·昭公二十年》)周恩来与毛泽东处事中的协力,是和而不同的协力,是差异互补的协力。这种协力的效果,不是按算术数增加的,而是按几何级数增长的。

2. 同心

周恩来几十年如一日,由衷地维护毛泽东在国家和意识形态领域中至高无上的地位,无论毛泽东怎样信任他,无论他在党内的威信有多高,从不居功自傲,从无个人野心。即使受到毛泽东严厉批评甚至不公正对待,他也从无二心,总是寻求共同点,维护团结的大局,多作自我批评。

毛泽东信任周恩来,许多大事都交给周恩来去办。

新中国成立后,毛泽东和周恩来分别担任党中央主席和共和国总理,一直到去世。"主席"和"总理"分别成为毛泽东和周恩来的代名词。周恩来维护"主席",毛泽东信任"总理"。周恩来对毛泽东总是亲切地称呼"主席"。毛泽东对周恩来,有时见面亲切地称呼"恩来";有时在急件上直呼"周";有时在书信中称呼"周总理";有时则信任而又尊重地称呼"总理"。毛泽东与他人交往中,直接而简便地呼姓或完全以职务代称是极少见的。"周"和"总理"这两种称呼方式,毛泽东只对周恩来使用过。这从一个细小的侧面反映着毛、周关系:信赖中透出自然,尊重中透出亲近。

由于周恩来处于辅佐毛泽东、总理国务的位置上,加上他"思考事物的周密有如水银泻地,处理问题的敏捷有如电火行空",党内外名人学者喜欢将他比之为西周时的大政治家周公旦,尊称为"周公"。并常常这样称颂周恩来:"周到,周到,周公一到,一切周到。"毛泽东也曾用"周公"尊称周恩来。1949 年 12 月 2 日,毛致柳亚子的信中写道:"周公确有吐握之劳。"无论这是毛的评价还是毛同意别人的评价,都体现了毛对周的信任及对其政绩的肯定。

功越高而心益下,名越尊而行益谦。周恩来在毛泽东的信任和赞扬面前,始终如此。

在党和国家的重大决策中,在周恩来和毛泽东数不清的单独会面中,凡是周恩来提出、被毛泽东采纳的正确意见,周恩来公开传达时总说是毛泽东的决定。

在历次公开的重大活动中,周恩来总是突出毛泽东的形象,把聚光灯的焦点对准毛泽东。即使在毛泽东不在场而只有周恩来出席的活动中,周恩来也毫无例外地突出毛泽东的领袖地位。1966 年邢台地震后,周恩来冒着余震的危险,亲临灾区视察,他每到一处总要说:"主席让我来看望大家,慰问大家。"他用自己的实际行动把毛主席的关怀送到灾民的心上。

1962 年 6 月,周恩来视察延边,在宾馆前接见各族群众时,群情激动,欢腾雀跃。周恩来身旁的一位同志脱口说:"各族人民群众是多么热爱总理啊!"周恩来立即纠正道:"这是毛主席的威望,党的威望。"

"文化大革命"中,局势越是复杂、动荡,毛泽东越是感到周恩来处理危机和维持社会正常秩序的特殊作用。周恩来以"我不入地狱谁入地狱","我不入虎穴谁入虎穴","我不入苦海谁入苦海"的精神,忘我工作,尽可能地减轻动乱造成的破坏。邓小平说:"周总理是一生勤勤恳恳、任劳任怨工作的人。""'文化大革命'时,我们这些人都下去了,幸好保住了他。"①"文化大革命"动乱,如果周恩来不能在其中起中和作用,起减少损失的作用,其后果将不堪想象。

九一三事件后,毛泽东一度病情严重。此时此刻,周恩来在苦撑危局中仍然说,请主席放心,还是在主席领导下工作。

也许,毛泽东有感于司马迁为汲黯、郑庄列传所写的那段人际关系评语。也许,汲黯对汉武帝说的"陛下用群臣如积薪耳,后来者居上"这句话震撼了毛泽东的心。也许,毛泽东赞佩汲黯不谋权位、无意升迁、忠心为国的高尚品德。也许……毛泽东把周恩来比作汲黯,并要他读《史记·汲黯郑庄列传》。为此,1973年3月26日5时,周恩来致信毛泽东:"凌晨读史记汲黯、郑庄列传及太史公曰云云,深有所感,愧未能及。"他总是这样谦虚居下。事实上,周恩来"忠诚与日同辉耀","盛德在民长不没",何止于历史上的汲黯!

周与毛之间一直没有过正面的尖锐冲突,在为人民服务的宗旨上,在对中国革命和建设的大目标上,他们是根本一致的。但是,"谋事"与"成事"、务虚与务实、战略目标考虑问题与战术步骤考虑问题,有时也会出现差别。在社会主义改造和社会主义建设的速度即反冒进问题上,毛、周之间有过分歧。从1953年到1957年,特别是1956年,周恩来多次批评急躁冒进。他认为热火朝天当然很好,但要小心谨慎,领导者头脑热了的要用冷水洗洗。1958年1月至3月,中共中央召开杭州

---

① 《邓小平文选》第二卷,人民出版社1994年版,第348页。

会议、南宁会议和成都会议，毛泽东严厉批评反冒进，说反冒进是泄了六亿人民的气，犯了政治方向的错误。周恩来对毛泽东措辞尖锐的批评尽管有想不通的地方，但总的是接受的。他在检讨里第一句话就是：主席是从战略上看问题的，而我往往从战术上看问题。批评反冒进带来了"大跃进"。"大跃进"的主观蛮干，带来了国民经济失调、生产力破坏、人民生活困难的严重后果，国民经济不得不进行调整。实践证明批评反冒进是错误的。然而，在经济调整时期，周恩来多次以国务院总理的身份检讨大办钢铁的错误，承担责任。这样顾全大局，代人受过，使许多部长们为之感动。这就是周恩来的高尚品德：把功劳归于毛泽东，而把失误揽到自己头上。

3. 共命

周恩来全力维护毛泽东的领袖地位是从民族的命运、国家的命运出发的。1943年7月，周恩来从重庆回到延安，以亲身的感受赞扬毛泽东："过去一切反对过、怀疑过毛泽东同志领导或其意见的，现在彻头彻尾地证明其为错误了。我们党二十二年的历史证明：毛泽东同志的意见，是贯串着整个党的历史时期，发展成为一条马列主义中国化，也就是中国共产主义的路线！毛泽东同志的方向，就是中国共产党的方向！"①

遵义会议以来，周恩来坚定地与毛泽东站在一起，走中国自己的革命道路，终于迎来了民族的独立、人民的解放。

1949年9月30日，周恩来在人民英雄纪念碑破土奠基仪式上讲话，毛泽东、宋庆龄、朱德和各界领导人一同见证这个庄严的时刻。这个纪念碑破土奠基标志着一个旧时代的结束和一个新时代的开始。人民英雄纪念碑的碑名由毛泽东手书，碑文由毛泽东撰文、周恩来手书。

---

① 金冲及主编：《周恩来传》上，中央文献出版社1998年版，第680—681页。

毛泽东的手书龙飞凤舞、不拘一格、挥洒自如；周恩来的手书藏锋守锷、内方外圆、井然有序。瞻仰者无不为两种手书各尽其长，结合得天衣无缝而叹为观止；也无不为毛泽东、周恩来合作共事互为表里，共同缔造了中华人民共和国而无限感佩。这座纪念碑是毛、周合作共事、同心共命的一个象征。

1964年赫鲁晓夫下台，毛泽东决定借庆祝十月革命47周年的机会派周恩来率团去莫斯科作"战略侦察"，既要看看赫鲁晓夫是怎样下台的，更要看看勃列日涅夫等苏共新领导今后会推行什么路线。在莫斯科，苏联元帅马利诺夫斯基粗野地说："我们可把赫鲁晓夫搞掉了，你们的毛泽东呢？苏中关系不好就是他们两个人搞的！"周恩来就此事向苏方提出抗议，指出这是苏方在挑衅，同时马上报告了毛泽东。民族和国家的命运，把毛泽东和周恩来紧紧联结在一起。在周恩来面前，任何损害毛泽东领袖地位的图谋都是绝对不能容忍的。

无论在炮火纷飞的战场上，还是在深入虎穴的谈判斗争中，周恩来都把毛泽东的生命安全看得比自己更重要。他常说：主席的一举一动，都关系到党的事业，关系到全中国人民的利益，一定要绝对保证主席的安全。

1945年重庆谈判期间，周恩来为保证毛泽东的生命安全，倾注了大量心血，连毛泽东的饮食起居都一一亲自负责。毛泽东登机前，周恩来亲自检查毛泽东的座位和安全带。毛泽东外出时，周恩来都随车陪同。有一次，应蒋介石的邀请，毛泽东在原国民政府主席林森的公馆里住了一天。一到那里，周恩来先嘱咐警卫人员：要仔细检查，每个角落都要查到，看有没有爆炸品和燃烧品等。警卫人员检查后，他又亲自检查一遍，床上、床下、枕头都看过，在椅子上也先坐一坐，然后才让毛泽东进去。在宴会上，人们拥上来，争着向毛泽东敬酒。周恩来都接过来，替毛泽东喝完一杯又一杯……

在解放战争和后来的抗美援朝战争中,许多作战方案都是由周恩来先拟好,再送给毛泽东看,由毛泽东批;或者周恩来先找毛泽东请示,谈好后,周恩来再来贯彻。转战陕北时,周恩来总是起得最早、睡得最晚,以自己的劳累减轻毛泽东的劳累。为了保证毛泽东的绝对安全,就连行军途中住窑洞,周恩来都要让毛泽东住在里面,自己住在过道里。

毛泽东喜欢游泳,尤其喜欢到大江大河大海的大风大浪中去锻炼。为了保证毛泽东的安全,周恩来或强调加强保卫,或相机予以劝阻。有一年夏秋,毛泽东、周恩来都在北戴河办公。一天,毛泽东游兴大发,硬是不顾卫士们的劝阻冒雨迎风下海游泳去了。周恩来接到报告后,马上把笔一扔,跑到海边大声呼喊:"主席,风浪太大,快上来吧!"为了让毛泽东听见喊声,他还组织岸上人一起呼喊:"主席,上来吧!""总理请主席上岸!"毛泽东听到喊声却边游边说:"不要紧,浪大尽兴。"还是周恩来会想办法,他趁一道浪头退下的机会忙喊:"主席游泳不要紧,岸上同志时间久了会冻出毛病!"这种转移矛盾的劝法很有效,毛泽东听了,恋恋不舍地逐浪靠岸,终于在卫士们的簇拥下走上沙滩。

毛泽东还萌发过到长江三峡游泳的想法。1957 年 7 月 7 日,毛泽东致电中央并转公安部部长罗瑞卿、湖北省委第一书记王任重:"我拟七月二十四日到重庆,二十五日乘船东下,看三峡。如峡间确能下水,则下水过三峡,或只游三峡间有把握之一个峡。如不可能,则于船出峡口时下水到宜昌,或径到沙市。然后乘船到武汉。此事,已与瑞卿谈过。请中央考虑批准。"①周恩来等中央政治局常委当天复电毛泽东:关于在三峡游泳一事,常委提出先派人调查和试水,然后再作决定。后来,根据试水情况,周恩来等中央常委没有同意。

1972 年 5 月,周恩来在查体时,发现了膀胱癌,11 月出现了比较重

---

① 《建国以来毛泽东文稿》第 6 册,中央文献出版社 1992 年版,第 535 页。

的心脏病,1973 年初又出现了大量便血。1974 年 6 月,患癌症两年坚持未住院的周恩来再也支持不住了,他被迫离开中南海西花厅,住进了 305 医院。周恩来身患绝症,仍旧处处为毛泽东着想,特别是对毛泽东的病情,他关心得入细入微。1974 年春,毛泽东患"老年性白内障",视力下降。周恩来除了及时了解病情和指导眼科专家会诊外,还将自己使用多年的一副眼镜送给了毛泽东。他在写给毛泽东身边工作人员的一封信里说:"这副眼镜是我戴了多年,较为合适的一副。送给主席试戴,如果不合适,告诉我,给主席重配。"1975 年 8 月,医生为毛泽东做白内障摘除手术。这虽是一般性小手术,但在周恩来心中的分量却重似千钧。尽管他当时的病情已经很重,却坚持要到手术现场,等毛泽东手术做完之后才离去。

1976 年 1 月 8 日,周恩来耗尽了生命的最后一丝精力,离开了人世。然而,他对祖国和人民的忠诚、对毛泽东的忠诚与天地同在、同日月齐辉。

二、经济运筹中与陈云是一对好搭档

经济运筹中周恩来和陈云是一对好搭档。周恩来充分信任陈云,对陈云提出的一些重大经济主张和重要经济观点,总是全力予以支持。与中央最高决策层其他领导人的经济思想相比,周恩来经济思想与陈云经济思想之间有着更多的共同点。由于工作分工的不同,个人经历的不同,思考问题的着眼点和侧重点的不同,两人的经济思想也有着一定的区别。

周恩来与陈云相识于 1927 年上海工人第三次武装起义中。1948 年 5 月,周恩来曾提议:"陈云同志主要工作目前应主持东北的,在将来则是全国的工业建设。"七届二中全会之前,在党中央思考工作重心由乡村向城市转变,财经工作任务越来越紧迫时,周恩来向毛泽东推荐由陈云主管财政经济工作,并召陈云到西柏坡与毛泽东等面商。陈云回东北后,周恩来数电东北局,催陈云速来中央工作。1949 年 5 月,陈云到北平参加筹组并主持中央财政经济委员会的工作。新中国成立后,中南海西花厅是周恩来总理办公的地方。与西花厅相对应的东花厅曾经是副总理兼财政经济委员会主任陈云的办公室。就像西花厅与东花厅的建筑互为掎角之势一样,在经济运筹中周恩来和陈云一直是一对好搭档。他们密切配合,共同领导了新中国成立初期经济战线的三大"战役",负责了第一个五年计划的制定与实施。在 1956—1957 年的反冒进中,周、陈互相支持,是挑大梁的两位主将。在 20 世纪 60 年代国民经济调整中,周、陈是主要的决策者与领导者。在"文化大革命"动乱中,周恩来设法保护陈云,九一三事件之后,周委托陈云研究国际经济形势和我国发展对外贸易问题,继续发挥陈云在经济运筹中的重要作用。

1. 在财经工作上周恩来对陈云的信赖和支持

陈云主管全国财经工作,处在第一线。一些重大的经济主张和重要的经济思想,首先是由陈云提出来的。周恩来充分信任陈云,对陈云提出的如统一财政、调整工商业、粮油棉统购统销等政策主张总是予以全力支持。凡陈云确定了的方案,周恩来反对轻易变动。如1956 年 9 月初,周恩来在阅改八大政治报告稿时,将别人改动后的"到 1962 年粮食生产 5200 亿斤,棉花 5200 万担",更正为"到 1962年要求粮食生产 5000 亿斤左右,棉花 4800 万担左右",并写下旁注:"粮棉产量是经过多次商议并与陈云同志谈过的"。凡陈云不在场而又需要作出重大经济决策时,周恩来总要派人或致电、致函去征求陈云意见。如 1953 年全国财经会议期间,需要对粮食管理问题作出决策时,周恩来打电报给浙江省委谭启龙即转在浙江莫干山养病的陈云,征得陈云意见后再作出决定。又如 1962 年七千人大会后,需要对怎样进行经济调整作具体决策时,陈云因病在杭州休养,周恩来主持起草的《中央财经小组关于讨论 1962 年调整计划的报告》,派专人带草案到杭州征求陈云意见后,再交中央政治局常委工作会议讨论通过。

对陈云提出的一些重要经济观点,周恩来站在总理的角度,或予以支持和扩大宣传,或予以阐释和发挥,或予以归纳和延伸。

新中国成立伊始,鉴于物价猛涨的局面,陈云认为稳定物价是稳定人心的关键。1950 年 3 月采取统一财政经济工作等项措施后,物价开始下落,但陈云仍然担心金融物价的波动。周恩来写道:"关内收支平衡、物价稳定的基础尚不巩固,陈云所顾虑的再次波动不是完全没有根据的。"[①]

1955 年冬,陈云根据当时的形势对资本主义工商业的社会主义改造提出了实行全行业公私合营的六点意见,即:要对各行各业的生产进行全国范围的统筹安排;各个行业内部必须有或大或小的改组;实行全行业的公私合营;推广定息的办法;组织专业公司;全面规划,加强领导。这是对资本主义工商业实行限制、利用、改造政策的具体化。周恩来说:"陈云同志提出的六点意见,就是要有步骤有秩序地对资本主义工商业进行社会主义改造。""陈云同志提出的实行全行业公私合营的规划是一个很大的计划。我们要全党动员,特别是省、市党委和各有关部门要用很大的力量来做。"[②]

在领导新中国第一个五年计划建设时,最高决策层中,陈云是最早也是最系统地论述按比例发展和综合平衡问题的理论家。1954 年 6 月

[①]　《周恩来经济文选》,中央文献出版社 1993 年版,第 37 页。
[②]　《周恩来经济文选》,中央文献出版社 1993 年版,第 227、230 页。

30 日,陈云向中共中央汇报第一个五年计划编制情况时提出:"按比例发展的法则是必须遵守的。"各生产部门之间"合比例就是平衡的;平衡了,大体上也会是合比例的。"①1956 年反冒进中,陈云进一步阐明这一思想,并得到周恩来的大力支持和称赞。2 月 28 日,国务院常务会议上陈云针对冒进倾向批评道:"过去吵财力,现在进到吵物力了。大家争钢材,表明我们的计划是很紧张的。"周恩来支持道:"陈云同志说得好,过去吵财力,现在进到吵物力,我看以后还要吵人力。"4 月 10 日的国务院常务会议讨论 1956 年基本建设和物资平衡问题时,陈云说:"计划应该按比例发展,而基建和生产的比例是最重要的,如基建超过了生产就不行。以后订计划应该首先进行物资平衡,再进行财力平衡。"听了陈云的发言之后,周恩来高兴地说:"陈云同志已经把结论做了。"他赞成陈云的观点并发挥道:"生产是中心","生产是主要环节",在生产与基建的关系上"首先就要进行很多平衡工作。""一定要为平衡而奋斗。"②

三年"大跃进"之后,国民经济严重失衡。1962 年 3 月 7 日,周恩来主持召开中央财经小组会议,讨论 1962 年经济调整问题,陈云作长篇发言时,周恩来多次插话。当陈云说:"我看今年的年度计划要做相当大的调整。要准备对重工业、基本建设的指标'伤筋动骨'。重点是'伤筋动骨'这四个字。要痛痛快快地下来,不要拒绝'伤筋动骨'。现在再不能犹豫了。"周恩来插话:"可以写一副对联,上联是先抓吃穿用,下联是实现农轻重,横批是综合平衡。"③

2. 周恩来与陈云经济思想的共同点

与中央最高决策层其他领导人的经济思想相比较,周恩来经济思想与陈云经济思想之间有着更多的共同点。

---

① 《陈云文选》第 2 卷,人民出版社 1995 年版,第 241、242 页。
② 《周恩来经济文选》,中央文献出版社 1993 年版,第 253 页。
③ 《陈云文选》第 3 卷,人民出版社 1995 年版,第 210 页。

　　在社会经济制度方面,周恩来和陈云坚持生产力决定生产关系,生产关系一定要适合生产力发展要求的历史唯物主义的根本观点,正确认识对农业、手工业、资本主义工商业生产资料所有制的改造,与发展生产、实现国家工业化之间的关系,冷静地分析三大改造的高潮,大胆地纠正生产关系超越生产力发展水平急躁冒进的错误认识;"大跃进"、人民公社化运动之后,果断地纠正"共产风",调整所有制关系与分配关系,调动农民的生产积极性,以求尽快恢复农业。

　　1955年下半年,由于激烈地批评"小脚女人",反对右倾保守倾向,掀起了农业社会主义改造的高潮,接着,全国手工业的合作化和资本主义工商业的全行业公私合营也跟着进到了高潮。周恩来和陈云经过冷静分析和缜密思考,对三大改造的过急过热提出了批评。在周恩来支持下,陈云主持起草的国务院《关于目前私营工商业和手工业的社会主义改造中若干事项的决定(草案)》(以下简称《决定(草案)》),对私营工商业和手工业社会主义改造中的急躁冒进采取了适当限制的措施。1956年2月8日,国务院第24次全体会议讨论《决定(草案)》时,周恩来说:"商业部、手工业合作总社、供销合作总社等单位应重视私营工商业和手工业的改造工作。不要光看到热火朝天的一面。热火朝天很好,但应小心谨慎。""社会主义积极性不可损害,但超过现实可能和没有根据的事,不要乱提,不要乱加快,否则就很危险。"社会主义不仅表现在生产关系上,更重要的是表现在生产力上。"要真正巩固农业、手工业和资本主义工商改造的成果,必须实现工业化才行。如果没有工业化,农业即使合作化了也不巩固。手工业也是如此。"这次会议后的另一次会议上,周恩来又指出:"生产是中心,三大改造也要以生产来推动。一切都要靠生产,生产是主要的环节。"①1956年6月18

---

　　①　《周恩来经济文选》,中央文献出版社1993年版,第251、252、253页。

日,陈云在一届人大三次会议上的发言,高度评价了2月8日国务院第24次全体会议及其决定。针对改造中出现的问题,陈云说:"在敲锣打鼓的那些日子,许多地方有不少的工厂、手工作坊、商店纷纷合并,有些不应合并的合并了,有些可以合并的也合并得太大了。总之,是并得过多,统一计算盈亏的单位太大。国务院二月八日的决定,停止了这种盲目合并的趋势。"陈云指出:"对于合并错了的企业,则应该有准备地逐步进行调整。"①

在上述探索和认识的基础上,1956年9月20日,陈云在党的八大会议上分析社会主义改造基本完成后的新问题,提出了三个"主体"、三个"补充"的经济体制的构想,即国家经营和集体经营是工商业的主体,一定数量的个体经营是它们的补充;计划生产是工农业生产的主体,按照市场变化而在国家计划许可范围内的自由生产是其补充;在社会主义的统一市场里,国家市场是主体,一定范围内国家领导的自由市场是它的补充。与陈云这一富有创见的构想相呼应,周恩来在国务院第44次、46次全体会议上指出:"在社会主义建设中,搞一点私营的,活一点有好处。""主流是社会主义,小的给些自由,这样可以帮助社会主义的发展。""太死了不行。"20世纪60年代初针对"共产风"的问题,周恩来提出要调整关系,明确所有制。他说:"农村有'共产风'","主要表现为:大集体共小集体,集体共个人","把所有制搞乱了"。②对此,必须进行检查与纠正。1962年1月20日,周恩来建议刘少奇在七千人大会上的报告,把所有制的改变要根据生产力发展水平和农民觉悟程度来决定的意思补写进去。陈云同周恩来的思路完全一致。他认为要渡过困难就要放宽政策,包括对所有制关系和分配关系的调整。

---

① 《陈云文选》第2卷,人民出版社1995年版,第318、319页。
② 《周恩来经济文选》,中央文献出版社1993年版,第350、351、415页。

"放宽一些,东西反而会多起来。"①他通过在青浦的调查研究,提出农民的自留地应该多留一些;私养母猪养得好,必须把母猪下放给社员私养。遗憾的是:1962年中央北戴河会议之前,陈云向毛泽东进言,要求进一步放宽政策,在农村实行包产到户,受到了不公正的冷遇。

在国家建设与人民生活的关系方面,周恩来和陈云都以"真正为人民谋福利"作为处理二者关系的出发点和归宿;他们坚持马克思主义的再生产理论,遵守社会生产两大部类和国民经济按比例发展的法则,高度重视搞好国民经济的综合平衡,纠正国家建设中不顾人民生活、不按比例、不求平衡、急躁冒进的错误认识。

周恩来在一届人大一次会议上开宗明义地指出:革命和建设的根本目的是为了"提高人民的物质生活和文化生活水平,并且巩固我们国家的独立和安全。""逐步改善人民的物质生活和文化生活,是我们的经常性和根本性的任务。""最主要的事情,就是我们人人都要关心提高我们国家的生产力。"一年多后,他在全国知识分子会议上又指出:"我们所以要建设社会主义经济,归根到底,是为了最大限度地满足整个社会经常增长的物质和文化的需要,而为了达到这个目的,就必须不断地发展社会生产力,不断地提高劳动生产率,就必须在高度技术的基础上,使社会主义生产不断地增长,不断地改善。"②

陈云主持全国财经工作,一再要求财经工作者牢固树立为人民服务的观点。新中国成立初期,他认为城乡交流是解决中国经济问题的钥匙,关乎经济的死活和人民的根本利益。如果不搞好城乡交流,"单去搞收支平衡,那么老百姓虽然也喊'万岁',但因与他们的实际关系不大,就会喊得不起劲。""城乡交流是一件大事,要动员全党的力量去

---

① 《陈云文选》第3卷,人民出版社1995年版,第155页。
② 《周恩来选集》下卷,人民出版社1984年版,第132、144、159页。

做。解决这些实际问题就是为人民服务,不解决实际问题谈为人民服务,则是空话一句。"①在党的八大会议上,陈云针对社会主义改造基本完成以后的新问题,提出把我国经济改造成为一种"有利于人民的社会主义经济。"他兼任商业部长后对商业干部说:"商业工作天天同人民群众打交道,管吃、穿、用,管油、盐、柴、米。不要看不起这些,这是人民的大事。我们共产党必须天天关心人民群众的切身利益。"他所谈的是商业工作的根本目的,也是整个经济工作的根本目的。"大跃进"之后的经济调整中,陈云再次强调人民的吃饭问题是国家大事,"人民群众要看共产党对他们到底关心不关心,有没有办法解决生活的问题。这是政治问题。"②

在人民的利益中存在着整体利益与局部利益、长远利益与当前利益的矛盾;在人民的需要中也存在着多种需要之间的矛盾。对此,周恩来、陈云都重视统筹兼顾、按比例发展。他们反对只顾当前生活吃光用光的高消费,也反对不顾人民当前需要束紧裤带搞建设。

周恩来说:"在分配和再分配国民收入的时候,必须使消费部分和积累部分保持适当的比例。消费部分所占比重小了,就会妨碍人民生活的改善;积累部分所占比重小了,就会降低社会扩大再生产的速度。这两种情况都是对人民不利的。"针对过分突出重工业,只顾建设,忽视人民生活的冒进倾向,周恩来指出:"直接与人民利益关系最大的是轻工业、农业,轻视这两者就会带来不好的后果,就会发生经济发展上的严重不平衡。""如果不关心人民的当前利益,要求人民过分地束紧裤带,他们的生活不能改善甚至还要降低水平,他们要购买的物品不能供应,那么人民群体的积极性就不能很好地发挥,资金也不能积累,即

---

① 《陈云文选》第 2 卷,人民出版社 1995 年版,第 128 页。

② 《陈云文选》第 3 卷,人民出版社 1995 年版,第 12、33、209—210 页。

使重工业发展起来也还得停下来。"①

　　陈云认为国家建设规模应该有所根据,不能想多少就多少。他提出:"应该是在照顾必须的最低限度的民生的条件下来搞建设。在物资的分配上,首先应该照顾到必须的民生的生产,保证必须民生(当然不是大吃大喝),有余再搞建设。"②他认为应该注意财政收支和银行信贷都必须平衡,而且应该略有结余;基本建设和财力物力之间的平衡,不单要看当年,而且必须瞻前顾后。

　　针对"大跃进"造成的农轻重之间的不平衡、重工业内部的不平衡、基本建设与工农业生产的不平衡,周恩来和陈云进一步分析按比例发展、综合平衡是客观规律,阐明了怎样搞综合平衡的问题。1962 年 3 月 7 日,陈云在中央财经小组会议上指出:"搞经济不讲综合平衡,就寸步难行。"怎样搞综合平衡? 他提出要弄清楚两点:"一点是,从什么时候开始搞综合平衡? 一点是,从什么'线'出发搞综合平衡?"他不赞成"现在不能搞综合平衡,因为没有条件"的观点,认为"综合平衡必须从现在开始,今年的年度计划就要搞综合平衡,开步走就要搞综合平衡。不能说在达到了多少万吨钢以后再去搞平衡。"对于第二点,陈云说:"按什么'线'搞综合平衡,无非是长线、短线。过去几年,基本上是按长线搞平衡。这样做,最大的教训就是不能平衡。结果,建设项目长期拖延,工厂半成品大量积压,造成严重浪费。在这方面,这几年的教训已经够多了。按短线搞综合平衡,才能有真正的平衡。所谓按短线平衡,就是当年能够生产的东西,加上动用必要的库存,再加上切实可靠的进口,使供求相适应。"③第二天周恩来讲话,对从什么时候开始搞综合平衡,从什么"线"出发搞综合平衡,周恩来赞成陈云的看法。其一,

---

①　《周恩来经济文选》,中央文献出版社 1993 年版,第 293、336 页。

②　国务院全体会议第 41 次会议记录,1956 年 12 月 18 日。

③　《陈云文选》第 3 卷,人民出版社 1995 年版,第 210—211 页。

周恩来说："从现在起就要搞综合平衡。国家计委要搞综合平衡,各个部门、各个地方都要搞综合平衡。"其二,周恩来说:"工业要按短线安排生产,使生产的东西配套,再不容许出半成品。"①

在对国民经济各部门的认识方面,周恩来、陈云对工业、农业、商业、水利、地质、交通等部门的地位、作用及其相互关系有着基本一致的看法。

新中国成立之初,周恩来指出:"没有农业基础,工业不能前进;没有工业领导,农业就无法发展。"②陈云说:发展农业是头等大事"农业发展不起来,工业就很难发展。"他还从投资的角度指出:"中国是个农业国,工业化的投资不能不从农业上打主意。搞工业要投资,必须拿出一批资金来,不从农业打主意,这批资金转不过来。但是,也决不能不照顾农业,把占国民经济百分之九十以上的农业放下来不管,专门去搞工业。"③他们的上述观点是农业为基础、工业为主导思想的雏形。

对于商业,周恩来说:"商业作为联系生产和消费、工业生产和农业生产的纽带,不仅担负着满足居民生活需要和一部分生产需要的任务,担负着为国家积累资金的任务,而且也担负着促进工农业生产发展的任务。"④陈云认为商业工作的好坏是能否搞好城乡交流的关键。他说:"商业工作的好坏,直接关系到六万万人民群众的切身利益,关系到广大的城乡人民对我们是否满意。"商业"担负着调节生产和需要、组织供需平衡的责任。""搞好商业,稳定人民经济生活,有利于建设社会主义。"⑤

---

① 《周恩来经济文选》,中央文献出版社 1993 年版,第 459—460 页。

② 《周恩来经济文选》,中央文献出版社 1993 年版,第 30 页。

③ 《陈云文选》第 2 卷,人民出版社 1995 年版,第 143、97 页。

④ 《周恩来经济文选》,中央文献出版社 1993 年版,第 309 页。

⑤ 《陈云文选》第 3 卷,人民出版社 1995 年版,第 44、29、33 页。

对于水利,周恩来和陈云认为它是恢复和发展经济的基础,特别是恢复和发展农业的基础,是起带头作用的。周恩来说:水利部的工作和各方面都有关系,必须要搞好。水利是大事,是中华民族的大事。"我们今天必须用大力来治水。"①陈云说:"水在农业里头非常重要","泄水防涝,蓄水防旱,这两件事都是大事,在我们进行经济建设时,每一年都要有很大一批钱用在这方面。水利建设是治本的工作,是百年大计。"

对于地质工作,周恩来、陈云都强调其先行地位。1950 年 8 月,周恩来说:"我们要进行建设,首先就要进行发掘、调查、统计和搜集材料的工作。"1951 年 4 月,陈云提出:"要有地质勘察的组织,必须大体上知道金、银、铜、铁、锡在什么地方。"他还讲了这样一段话:"解放前,我们在太行山区修过铁路,事先没有勘察设计好,从两头修起,修到中间碰到一座大山,过不去,后来又拆掉了。有的地方开煤矿,上边的房子、机器都弄好了,但最后发现煤层很薄,只好停止开采。再如开运河,运河挖好后,放水的时候,中间的一个地方是沙底子,水漏掉了。解放后,天津盖仓库,和打仗一样,一看地形,说这个地方好,就在这里盖房子,一下雨,仓库塌下去了。"②在《周恩来经济文选》第 57—58 页也有一段对以上事例大致相同的描述和分析。这不是巧合,而是表明了周恩来和陈云对建设必须首先掌握地质资料的共同认识。

对于交通运输,1949 年 8 月,陈云在上海财经会议上几次强调它的先行地位。他说:"运输是一件大事,这个问题不解决,上海煤、粮、棉的供应都会很困难。"又说:"运输是全国经济的杠杆。我们要重视水路运输,支援铁路运输的恢复和发展。"③周恩来在经济恢复时期表

① 《周恩来经济文选》,中央文献出版社 1993 年版,第 44 页。
② 《陈云文选》第 2 卷,人民出版社 1995 年版,第 141、137、131—132 页。
③ 《陈云文选》第 2 卷,人民出版社 1995 年版,第 5、17 页。

明了同样的看法。在"一五"计划建设时期,周恩来说:"交通运输是建设中一种先行部门,不发展交通运输业,工业也无法有大的发展。"①除上述所列之外,还可以举出一些周恩来、陈云对国民经济其他部门基本相同的看法。

在经济效益方面,周恩来和陈云都强调节省原则,重视以尽可能小的耗费取得尽可能大的效益。

周恩来多次从效益的角度,从投入与产出的比较上使用"经济"这个概念。1955年2月3日,周恩来指出:我们现在讲建设,第一是适用,第二是经济,第三是在可能的条件下照顾美观。1970年12月,周恩来提出我国发展核电站的方针是:"安全、适用、经济、自力更生"。在20世纪60年代的经济调整中,周恩来认为"大跃进"的教训之一是:注意了多、快,忽视了好、省。1962年12月24日,周恩来说:"这几年贪多、贪大,不算经济效果。这不是社会主义建设的原则。"他多次强调要加强经济核算,讲求经济效果。周恩来重视算账。他总理国务,心里总是有一本大账。

陈云主管财经工作,心里不仅有一本大账,而且还有逐条逐项的明细账。他说:"做经济工作要有战略眼光,要算大账。同时,也要算小账。"②他重视宏观经济效益,要求大的方面合理;同时也重视微观经济效益,要求小的方面也要合理。他针对计划经济体制下出现的"大范围合理,小范围不合理"的弊端,最早提出了经济体制改革的设想。他强调"必须学会经济核算,算一算账,力求省一点。要计算成本,出一个成品要多少工,市场上是什么价格,等等,都要计算好。"他认为我们"要搞的是经济,不要搞'政治经济'。"他批评:"货物从上海出厂,转到

---

① 《周恩来经济文选》,中央文献出版社1993年版,第142页。
② 《陈云文选》第3卷,人民出版社1995年版,第158页。

天津、北京再到保定,然后再到石家庄,这个路线不是按经济原则,是按着政治系统,像这样做买卖怎么能不赔账呢? 这叫货物旅行。"他指出:基本建设也要按经济原则办事,不能浪费。"钱是老百姓的,我们不能拿老百姓的钱开玩笑。"①

此外,在经济思想方法方面,周恩来、陈云常常是不谋而合。他们思考经济问题、指导经济工作的根本方法是实事求是。在1956年反冒进中,周恩来多次指出:经济工作要实事求是。"请大家注意实事求是"。"搞计划必须注意实事求是","各部门订计划,不管是十二年远景计划,还是今明两年的年度计划,都要实事求是。"在"大跃进"之后的经济调整中,周恩来针对"假"和"空",提出"说真话,鼓真劲,做实事,收实效。"②陈云把实事求是具体化为十五字原则,即:"不唯上,不唯书,只唯实";"交换,比较,反复"。1956年11月19日,陈云说:"我们做工作,要用百分之九十以上的时间研究情况,用不到百分之十的时间决定政策。所有正确的政策,都是根据实际情况的科学分析而来的。""片面性总是来自忙于决定政策而不研究实际情况。"1962年2月3日,陈云指出:"实事,就是要弄清楚实际情况;求是,就是要求根据研究所得的结果,拿出正确的政策。""用什么办法来弄清情况呢? 办法之一,就是多和别人交换意见。"其次,"要把各种方案拿来比较。"再次,"作了比较以后,不要马上决定问题,还要进行反复考虑。"③

围绕着实事求是,周恩来、陈云经济思想方法还有以下几个共同特点:

一是整体论。周恩来说:"每个单位必须有整体观念,要在总的财经计划中找到自己的位置,认识自己的方向"。没有整体观念,"你们

---

① 《陈云文选》第2卷,人民出版社1995年版,第132、131、132页。

② 《周恩来经济文选》,中央文献出版社1993年版,第251—253、437页。

③ 《陈云文选》第3卷,人民出版社1995年版,第34、188—189页。

业务的进行就会是孤立的、迷失方向的,成为盲目的工作。"①陈云认为财经工作者一天到晚打算盘搞数字,容易陷于局部观点和本位主义之中。他提醒大家:"要把自己的工作放在全国大范围来看","认识局部服从全体、目前服从长远的原则,树立整体思想,避免陷入局部观念和本位主义。"②

二是基础论。周恩来、陈云认为经济与政治、军事、文化之间的关系,经济是基础;生产力与生产关系之间的关系,生产力是基础;工业与农业之间的关系,农业是基础。在各产业部门中,除农业之外,他们还把水利、交通、地质工作放在基础的位置上,强调其先行作用。他们认为国家建设必须从基础做起。周恩来说:"我们所接受的旧中国满目疮痍,是一个破烂摊子。要在这个破烂摊子上进行建设,首先必须医治好战争的创伤,恢复被破坏了的工业和农业。我们决不能随随便便地在破烂摊子上建设高楼大厦,那是不稳固的,必须先打好基础才行。"③陈云对建设要从打基础开始打了一个生动的比喻:"沙漠里头就不能有喜马拉雅山,一定要有西藏高原才行。"④

三是稳当论。周恩来对社会主义改造和社会主义建设经常说的一句话是:要稳步前进。他反对急躁冒进,主张按一定步骤扎扎实实地前进。他说:"工作中,失去了步骤,失去了联系和配合,是不易做好的。"⑤为什么要求稳?1956年周恩来说:"在我们这样一个地区广阔、情况复杂并且经济上正在剧烈变革的国家里,任何疏忽大意,都可能发生重大的错误,造成重大的损失。"1962年,他又说:"我们这样一个人

---

① 《周恩来选集》下卷,人民出版社1984年版,第7、1页。
② 《陈云文选》第2卷,人民出版社1995年版,第61页。
③ 《周恩来选集》下卷,人民出版社1984年版,第23页。
④ 陈云在中国共产党第一次全国宣传工作会议上的讲话,1951年5月16日。
⑤ 《周恩来经济文选》,中央文献出版社1993年版,第87页。

口多、经济落后的国家要在经济上翻身,这是一个艰巨的任务。我们应该有临事而惧的精神。这不是后退,不是泄气,而是戒慎恐惧。建设时期丝毫骄傲自满不得,丝毫大意不得。"①陈云在新中国成立初期就指出:"搞急了是要出毛病的。毛毛草草而发生错误和稳稳当当而慢一点相比较,我们宁可采取后者。尤其是处理全国经济问题,更须注意这点。"②"大跃进"之后的经济调整中,陈云再次指出:"我们的工作部署,要反复考虑,看得很准,典型试验,逐步推广,稳扎稳打。慎重一点,看得准一点,解决得好一点,比轻举妄动、早动乱动好得多。"③

3. 周恩来与陈云经济思想的区别

由于周恩来和陈云工作分工的不同,个人经历的不同,思考问题的着眼点和侧重点的不同,两人的经济思想不是也不可能是完全同一的。

周恩来是国家总理、政府首脑。他的工作一会儿经济,一会儿外交,一会儿统战,一会儿国防,一会儿文化……他是总管一切的。尽管经济工作在他的工作日程上常常处于中心的和首要的位置上,但他不是专抓经济工作的专门家。他在处理方方面面的关系时,自然而然地要注意处理经济与政治、经济与国防、经济与文化、经济与外交等方面的关系,并留下了许多关于经济与政治、国防、文化、外交关系的重要论述。

对于经济与政治,周恩来认为经济是基础,政治是上层建筑,是经济的集中表现。他重视讲政治,肯定新中国成立以来所开展的土地改革、抗美援朝、镇压反革命以及"三反""五反"等政治运动对巩固新生的人民政权、提高全国人民的政治觉悟、促进国民经济的恢复,起到了积极作用。但是,他反对空头政治,不赞成把政治运动放在经济建设这

---

① 《周恩来选集》下卷,人民出版社 1984 年版,第 224、409—410 页。
② 《陈云文选》第 2 卷,人民出版社 1995 年版,第 152 页。
③ 《陈云文选》第 3 卷,人民出版社 1995 年版,第 206 页。

个中心之上。1953年9月,周恩来说:"我们的国家在政治上已经独立,但要做到完全独立,还必须实现国家工业化。如果工业不发展,已经独立了的国家甚至还有可能变成人家的附庸国。""我们今天要搞建设,光是政治觉悟高就不够了,还必须要有较高的文化、技术水平,这样才能使用机器来发展工业生产。"

对于经济与国防,周恩来认为国防是保障。我们搞经济建设、搞社会主义,需要国防力量的保护,这是肯定的。但是,国防建设是为经济建设服务的,国防建设不能挤占经济建设的人力、物力。他说:"把器材、资金统统集中搞国防工业,别的生产少了,人民的生活也不能改善,各方面紧张,而武器制造出来,仗又不打,炮不能吃,枪也不能吃,子弹生产多了还不利。"①

对于经济与文化,周恩来说:"经济建设和文化建设,好像一辆车子的两个轮子,相辅而行。""要进行经济建设,文教工作就必须加强,决不能削弱。"②

对于经济与外交,周恩来在万隆会议上说:"正像其他的亚洲国家一样,我们迫切地需要一个和平的国际环境,来发展我国独立自主的经济。"他认为只有在和平的环境下才能允许我们把完整的工业体系建设起来,才能减少军费,增加经济建设费。周恩来外交活动的首要目标就是为新中国的建设争取国际的和平环境。由周恩来出席并发挥突出作用的日内瓦会议和万隆会议起到了这样的作用。1956年11月10日,周恩来说:"直到日内瓦会议、万隆会议以后,到去年年终和今年年初,才慢慢感到国际局势是缓和下来了。在这样的情况下,我们才设想今年、明年把国防工业步子放慢","重点加强冶金工业、机械工业和化

---

① 《周恩来经济文选》,中央文献出版社1993年版,第151、160、344页。

② 《周恩来教育文选》,教育科学出版社1984年版,第71、72页。

学工业,把底子打好。"①周恩来外交另一重要内容是促进与发展中外经济交流。新中国成立前夜,他说:"国际贸易要开展,这是于双方都有利的。"②20世纪70年代初,他根据我国国际环境的变化和外交关系的发展,提出"外交发展了,外贸也要发展。"

陈云是国家副总理,先后兼任政务院财政经济委员会主任、中央经济工作五人小组组长、中央财经小组组长,是主管财经工作的头头,也是财经管理的专门家。陈云也常常涉及处理经济与政治、国防、文化、外交等各方面的关系,论及经济与政治、国防、文化、外交等关系问题。比如经济与政治的关系问题,陈云认为政治局势不稳,经济工作就做不好。指出:"在经济工作人员中进行政治教育十分重要。"③经济工作者"一天到晚忙于非常具体的经济工作,对思想政治工作注意不够,这样就很容易产生事务主义。"为此,他"建议提出'七分经济,三分政治'的口号。"他又认为,"三分经济,七分政治"也是不行的。④ 但是,与周恩来相比,陈云集中处理和集中论述的是经济工作内部的问题。他所处理和论述的经济与政治、国防、文化、外交等方面的关系问题,也是从经济管理的视角上去思考和处理的。

在经济社会发展的长期目标、中期目标和当前目标上,周恩来与陈云思考和工作的着重点有着明显的不同。

周恩来密切关注当前的财经问题,有的由他直接处理,但更多的是倚重与支持财经工作第一线的陈云运筹与处理当前的财经问题。周恩来思考和工作的着重点是经济社会中、长期战略目标的制定,特别是如何将战略目标步骤化、原则具体化的问题。20世纪50年代中期以前,

---

① 《周恩来选集》下卷,人民出版社1984年版,第149、236页。
② 《周恩来选集》上卷,人民出版社1980年版,第324页。
③ 《陈云文选》第2卷,人民出版社1995年版,第318页。
④ 《陈云文选》第3卷,人民出版社1995年版,第45页。

毛泽东、周恩来等确定的经济社会发展的战略目标,是要把中国由一个农业国变为工业国,实现国家工业化。在为这一目标而奋斗时,开国之初,面对战争创伤和财政经济的困难,周恩来把恢复工业和农业作为第一步骤,以争取财政经济状况的基本好转作为几年之内的具体目标,将水利、纺织、铁路交通作为经济恢复的三大重点部门。第一个五年计划建设开始后,周恩来论述了为什么要"首先集中主要力量发展重工业"的问题。他说:"重工业是国家工业化的基础。"党的八大前后,周恩来又将工业化的战略目标具体化为"就是要使自己有一个独立的完整的工业体系。"①20世纪60年代初,毛泽东、周恩来等鉴于苏联和中国自己片面发展重工业的经验教训,将经济社会发展的战略目标确定为实现农业、工业、国防和科学技术的现代化。周恩来指出,四个方面的现代化要同时并进,互相促进,不能等到工业现代化之后再来进行农业现代化、国防现代化和科学技术现代化。他提出了实现四个现代化的两个步骤:第一步,建立一个独立的比较完整的工业体系和国民经济体系;第二步,实现四个现代化。

陈云十分关心工业化和四个现代化的历史进程,但较少论述经济社会发展的长期和中期的战略目标。他思考和工作的着重点是处理当前财政经济中最紧迫的问题。1949年至1950年初,由于军费开支浩大、财政赤字严重、纸币发行过多,再加上投机资本家的兴风作浪,以上海、天津、武汉等大城市为先导和中心,全国几次出现物价暴涨、人心浮动的严重局面。这时陈云思考和处理问题的中心是如何稳定物价。他通过抓住粮食、棉花、煤炭适时抛售,通过征收公粮、发行公债、增加税收,通过统一全国财政经济工作等标本兼治的办法,稳定了物价,并由此阐述了财政、信贷、物资平衡和反对走通货膨胀道路的思想。稳定物

---

① 《周恩来经济文选》,中央文献出版社1993年版,第141、338页。

价、统一财经之后,出现了商品滞销和部分私人工商业倒闭的问题。陈云又运用收购土产、加工订货的办法调整工商业,搞活经济,并由此阐述了城乡交流是解决中国经济问题钥匙的思想。抗美援朝战争开始后,陈云领导制定了"国防第一,稳定市场第二,其他第三"的财经工作方针,解决了最急需的军费问题;当战局稍有缓和,他又及时提出边抗、边稳、边建的方针,保证了经济建设准备工作的正常进行。为开展第一个五年计划的建设,他主持制定了第一个五年计划,并论述了综合平衡和按比例发展的思想。当大规模建设开始后,生活消费品不足、粮食紧张时,他领导制定了粮、油、棉统购统销的政策。此后,针对急躁冒进的倾向,他分析国家建设和人民生活之间的关系,提出了建设要和国力相适应的思想。陈云被称为"危难经济家"。他不仅善于解决最紧迫的问题,而且善于在危难中找出克服困难的办法。"大跃进"之后的严重困难中,他提出的先恢复后发展、减少城市人口、把一切可能的力量用于农业生产、按照短线进行综合平衡等办法,对全国人民渡过困难产生了重大的影响。

对国民经济各部门相比较而言,周恩来关注的最多的是水利和尖端科技,对水利和尖端科技的论述亦比其他经济部门突出;陈云关注的最多的是财政、金融、商业,他对国民经济各部门的论述更多地集中在这几个部门上。

周恩来对水利和尖端科技的特别关注,有他自己的话作证:"二十年来我关心两件事,一个上天,一个水利。这是关系人民生命的大事,我虽是外行,也要抓。"

他在水利建设和科技发展的决策与实践活动中,给时人和后人留下了一笔宝贵的精神财富。对于水利建设,他论述了百废待举,治水为先;分清缓急,标本兼治;蓄泄兼筹,瞻前顾后;综合利用,除害兴利;分工合作,同福同难;依靠群众,尊重专家;统一规划,集中领导;百家争鸣,博采众长;审时度势,积极慎重;反对极端,实事求是等一系列问题。这些论述不仅探讨了人类和自然界的关系,探讨了发展生产力的问题,而且探讨了国民经济各部门、各地区之间的生产关系,还探讨了领导治水的方法,内容全面而丰富,周到而深刻。中国农业落后,水旱灾害严重。治水是为了从根本上改变农业落后的面貌,实现农业现代化;也是为了防灾、减灾,保护生产力,保障人民生命财产的安全。治水必须治山,植树造林,保持水土。在这方面,周恩来论述了戒慎恐惧对待林业的问题。周恩来对治水的论述也包含和反映了他关于农业、林业、防灾救灾的思想。

对于科学技术,周恩来认为它是实现国家富强最关键的因素和最根本的途径。他说:"科学是关系我们的国防、经济和文化各方面的有决定性的因素。""我们要正确认识科学技术现代化在社会主义建设中的重大意义。"①周恩来是新中国科技建设的决策者、组织者和指挥者,对在中国的国情下怎样振兴科技(特别是尖端科技)进行了艰辛的探索,形成了一系列重要的思想。其中包括:制定规划,确立目标;抓好基础,突破尖端;尊重人才,造就人才;引进与创新相结合;大力协同,集智攻关;一次实验,全面收效;面向生产,积极转化;周到细致,稳妥可靠;循序而进,逐步实现;搞好宣传,加强领导;等等。发展科学技术需要具备科学知识和专业技能的专门人才。周恩来说:"掌握尖端技术,关键在于人才。"培养和造就人才,需要发展教育。正因为如此,周恩来在论科学技术的同时,充分地论述了发挥知识分子积极性的重要性,提出"抓好科学、教育这一环","发展科学、教育,也是现在一个中心的任务。"②

财政、金融、商业是经济的塔尖部分。塔尖部分受基础部分影响并

① 《周恩来选集》下卷,人民出版社1984年版,第181、412页。
② 《周恩来经济文选》,中央文献出版社1993年版,第405、407页。

由基础部分决定。另一方面,"物之所生不若其所聚",财政、金融部门虽不直接生产财富,却决定着财富的聚、散,给社会经济运转、资源配置以重大影响。国民经济的宏观管理,首先和最重要的是要管理好财政和金融。正因为如此,陈云主持全国财政经济工作,在国民经济各部门之间,他将主要精力放在财政、金融和商业的管理上。陈云关于财政平衡、信贷平衡、物资平衡和进出口平衡的思想;关于统一财政经济、稳定金融物价、制止通货膨胀的思想;关于财力的分配要将"迟用、早用,多用、少用,先用、后用,缓用、急用的问题解决得好"的思想;关于"对支出用'削萝卜'的办法,对收入用'挤牛奶'的办法"的增收节支、开源节流的思想;关于加工订货、收购土产、城乡交流和粮油棉统购统销的论述;关于建设和民生兼顾,建设的规模要和国力相适应的论述;关于克服统购包销的弊病,实行计划经济许可范围内的自由市场,以实现大范围合理,小范围也合理的目标的论述;等等。这些处处体现了他宏观经济管理的卓越智慧,也体现了他对财政、金融、商业问题的深刻见解。

必须指出,周恩来与陈云经济思想的上述三点区别是相比较而言的。周恩来对经济与政治、国防、文化、外交等方面关系的分析比陈云要多,但并不缺少对经济问题本身的分析和论述;陈云侧重于分析和处理经济内部的问题,但也涉及对经济与政治、国防、文化、外交等方面关系的分析。在经济社会发展的长期、中期和当前目标上,周恩来思考和工作的着重点是中、长期战略目标的制定及其步骤化和具体化,但并不是不关注当前最紧迫的财经问题;陈云思考和工作的着重点是处理当前财政经济中最紧迫的问题,也考虑中、长期的发展目标问题。周恩来对水利、农业、林业、防灾救灾,对科学技术、知识分子、教育等部门的论述比较突出,陈云对财政、金融、商业的论述比较突出,但周恩来对财政、金融、商业,陈云对水利、农业、科技、教育也有一些重要论述。通过上述三点比较,可以看出,即使是周恩来、陈云之间,他们的经济思想也是有各自特点的。

三、政务院工作中放手让邓小平挑大梁

周恩来与邓小平之间的兄弟爱、战友情,人们比较熟知的是他们法兰西岁月和"文化大革命"困境中的事。对政务院工作中的周恩来与邓小平的往来,则知之甚少。然而,他们自海外归国后的战争岁月里,基本上是分多聚少;新中国成立后,邓小平主政大西南时,也只有到北京开会才有与周恩来短暂相聚的机会,他们在一起共事是从政务院工作开始的。政务院工作中周恩来与邓小平的关系,是上承法兰西岁月,下启"文化大革命"岁月的一个重要中间环节。

1. 推荐邓小平到政务院

新中国成立后,邓小平是六个大区之一的西南大区的主要负责人。他在西南的职务是中共中央西南局第一书记、西南军政委员会副主席、西南军区政委。但邓小平给自己排序为"三号首长",西南军政委员会主席刘伯承排序为"一号首长",西南军区司令员贺龙排序为"二号首长"。

当时,中共中央东北局第一书记高岗,同时是东北人民政府主席、东北军区司令员兼政治委员。这位"高人"唯恐任何一个职务落在别人后面。中共中央华东局第一书记饶漱石,同时是华东军政委员会主席、华东军区政治委员。此人只差点没把华东军区司令员的位子抢过去,而华东军政委员会主席的位子是从陈毅手上抢过去的。后来,饶漱石落了个"伸手必被捉"的笑柄。中共中央中南局第一书记林彪,同时是中南军政委员会主席、中南军区司令员。但林因病休养,中南党、政、军工作实际由第二书记邓子恢主持。中共中央西北局第一书记彭德怀,同时是西北军政委员会主席、西北军区司令员。但不久彭担任中国

人民志愿军司令员去朝鲜前线,西北党、政、军工作实际由第二书记习仲勋主持。中共中央华北局第一书记薄一波,同时是政务院财政经济委员会主持日常工作的副主任兼财政部部长,其主要工作在后一方面;华北局机关驻北京市,华北大区的行政管理由政务院华北事务部负责,这是当时华北与其他五个大区不同之处。

六个大区的情况各不相同,但在五个有政府机构的大区,只有邓小平这个第一书记不是"一号首长",也只有邓小平这个第一书记是在政府机构任副职的。

周恩来十分赞赏邓小平的境界和人品。有一件事很耐人寻味。1950 年 4 月 11 日,在毛泽东主席主持的中央人民政府委员会第六次会议上,邓小平和林彪作各自大区的工作情况报告。周恩来在邓小平的报告稿上写了个标题:"邓小平委员关于西南工作情况报告"。《人民日报》发表消息介绍的是:中南军政委员会主席林彪关于中南工作情况报告;中央人民政府委员会委员邓小平关于西南工作情况报告。这是有意识地不提邓小平在西南大区政府中的副职。这也表明,邓小平在周恩来心中的位置是西南大区的主要负责人。

经济恢复工作基本完成、迎接全国计划经济建设到来时,中共中央在 1952 年六七月间开始酝酿调各中央局主要负责人到中央工作,加强中央机构,逐步缩小各中央局和各大区政府的机构与职权。此后,主持西北局、西北军政委员会工作的习仲勋调任中共中央宣传部部长、政务院文化教育委员会副主任,主持中南局、中南军政委员会工作的邓子恢调任中共中央农村工作部部长,华东局第一书记、华东军政委员会主席饶漱石调任中共中央组织部部长,东北局第一书记、东北人民政府主席高岗调任中央人民政府国家计划委员会主席,西南局第一书记邓小平由周恩来推荐到政务院担任副总理。

这期间周恩来考虑他和陈云 8 月中旬将出访苏联,征求苏联政府对我国第一个五年建设计划的意见,并商谈有关援助问题,政务院迫切需要得力领导者主持工作。7月10日,周恩来致信毛泽东并刘少奇,提出政务院日常工作的处理存在着若干困难,"如能于七月下旬与邓小平同志商好,先发表他为政务院副总理,并于八月起来京主持一个时期,这是最理想办法。"①三天后,刘少奇为中央起草的致邓小平的电报,希望小平将西南工作布置后即来中央。毛泽东在这封电报上加写道:"在中央先行工作两三个月。何日可以动身,盼告。"②

1952年7月底,邓小平离渝到京。8月7日,朱德副主席主持召开中央人民政府委员会第十七次会议,任命邓小平为政务院副总理。会上,周恩来指出:根据国家建设任务的需要,中央人民政府的机构亟须加强,并逐渐把各大行政区的负责人员集中到中央工作。为了加强政务院的领导,任命邓小平为副总理。

8月17日至9月24日,周恩来率中国政府代表团访问苏联。行前,8月10日,周恩来以政务院党组干事会书记名义向毛泽东并中共中央书记处报告,拟改组、扩大原政务院党组,并更名为中央人民政府党组干事会,拟以周恩来任政府党组书记,陈云、邓小平分任第一、第二副书记。8月13日,毛泽东批示同意这个报告。同日,周恩来和邓小平谈政务院工作,接着在邓小平主持召开的政务院第一百四十八次会议上宣布:在我奉毛泽东主席之命赴苏联访问期间,由邓小平代理总理职务。③

邓小平一到北京,就担任政务院主持日常工作的副总理,在总理离京时代理总理职务,这表明周恩来对他是何等的信任、何等的器重。必须指出,周恩来对邓小平的这种信任和器重,是得到以毛泽东为核心的

---

① 周恩来给毛泽东并刘少奇的信,1952年7月10日。
② 中央致邓小平电,1952年7月13日。
③ 《周恩来年谱(1949—1976)》上卷,中央文献出版社1997年版,第255页。

最高决策层的一致赞成和支持的。

2. 放手让邓小平挑大梁

邓小平代理总理职务一个多月后,周恩来出访回京。这时,邓小平不再代理总理职务,但在毛泽东、周恩来支持下,邓小平是政务院里挑大梁最为突出、职权最大、同周恩来总理一起负责全面工作的副总理。

政务院初成立时有四位副总理,依次是董必武、陈云、郭沫若、黄炎培。董必武和陈云都是中共中央政治局委员,到1950年秋中共中央书记处书记任弼时去世,陈云递补任弼时,成为中共中央五大书记之一,在中央的位置已高于董必武。但是,他们都是在政务院分管某一方面的工作。董必武兼任政务院政治法律委员会主任,分管政法工作。陈云兼任政务院财政经济委员会主任,分管财经工作。郭沫若兼任政务院文化教育委员会主任,分管文教工作。黄炎培兼任轻工业部部长,分管轻工业部的工作。邓小平与前四位副总理相比,从任职的先后看,是最后一位担任政务院副总理的,但从职权上看却是管全局性战略决策,和周恩来总理一起负责政务院全面工作的副总理。

凭什么说邓小平在政务院是管全局性战略决策的副总理?

第一,邓小平一到中央,经常性的工作是代中央给各地、各部门起草文电、发布指示,处理中央日常事务。这些文电大部分请毛泽东、刘少奇,或毛泽东、周恩来,或毛泽东、周恩来、陈云,或刘少奇,或周恩来审阅批发。

第二,1953年春,毛泽东指定:"凡政府方面要经中央批准的事件,请小平多管一些。"①

第三,1953年2月19日,周恩来召集邓小平、李维汉、董必武、彭真、刘景范、薄一波、曾山、贾拓夫、安子文、习仲勋、钱俊瑞、齐燕铭、孙

---

① 《建国以来毛泽东文稿》第4册,中央文献出版社1990年版,第72页。

志远开会座谈关于加强政府系统各部门向中央请示报告制度及分工问题。座谈会指出："根据政府工作直接受中央政治局领导的原则,今后政务院各委和不属于各委的其他政府各部门一切主要的和重要的工作均应直接向中央(政治局)请示报告。如系主席直接交办的事项,应直接向主席请示报告。"座谈会决定："今后各部委直接提请政务院批示或办理的事项,除例行事务外,凡属涉及方针、政策、计划的事项,应限于在中央政治局已经讨论过决定了的问题,或是在中央已经批准的计划或批准的原则范围之内的问题,此类事项,原则上一般由邓小平同志处理,其中属于仍须经过周恩来同志处理者,亦由邓小平同志提出。在处理过程中,如周恩来、邓小平两同志发现有必须向中央请示报告的,即再直接提向中央。"[①]

凭什么说邓小平是和周恩来一起负责政务院全面工作的副总理?

首先,有周恩来的一段话为证。1953 年 5 月 14 日,周恩来在中央政府各部门负责人会议上讲话中指出："各部送到总理办公室的东西,我和邓副总理只决定要不要办,决定得对不对由我和邓副总理负责,至于办得好不好,就应由各主管部负责,职权应该分清。"[②]

其次,邓小平分管的工作在政务院领导人中是最多的。1953 年 3月 10 日,周恩来主持起草的《中共中央关于加强中央人民政府系统各部门向中央请示报告制度及加强中央对于政府工作领导的决定(草案)》下发。文件明确规定政府工作领导的分工："国家计划工作,由高岗负责;政法工作(包括公安、检察和法院工作),由董必武、彭真、罗瑞卿负责;财经工作,由陈云、薄一波、邓子恢、李富春、曾山、贾拓夫、叶季壮负责;文教工作,由习仲勋负责;外交工作(包括对外贸易、对外经

---

① 关于加强政府系统各部门向中央请示报告制度及分工问题的座谈会记录,1953 年 2 月 19 日。

② 周恩来在中央政府各部门负责人会议上的讲话记录,1953 年 5 月 14 日。

济、文化联络和侨务工作），由周恩来负责；其他不属于前五个范围的工作（包括监察、民族、人事工作等），由邓小平负责。"①这是第一次明确规定邓小平直接分管监察、民族、人事工作，而人民监察委员会是政务院中四个分院之一。第二次，4月28日，中共中央通过《关于加强对中央人民政府财政经济部门工作领导的决定》，决定调整政务院所属各财政经济部门的领导隶属关系：八个工业部即重工业部、第一机械工业部、第二机械工业部、燃料工业部、建筑工程部、地质部、轻工业部和纺织工业部，由高岗领导。铁道、交通、邮电三个部由邓小平领导。农业、林业、水利三个部，由邓子恢领导。劳动部由饶漱石领导。财政部、粮食部、商业部、对外贸易部和人民银行，仍由陈云领导，在陈云休养期间由薄一波代理。5月14日，周恩来主持召开中央政府各部门负责人会议，对调整政务院所属各财政经济部门的领导隶属关系作说明时指出："因为邓小平同志还管政务院的工作，所以在财经方面就少管了些。"这次明确规定了邓小平在财经方面直接分管铁道、交通、邮电三个部。第三次，全国财经会议之后，8月17日，中央政治局决定"以中央人民政府政务院副总理邓小平同志兼中财委（财）第一副主任，并兼中央人民政府财政部部长。"②至此，邓小平在主持政务院日常工作，分管监察、民族、人事、铁道、交通、邮电工作的同时，肩上又增加了一副担子——主持财政部的工作。

再次，政务院中的许多部门，邓小平虽不具体分管，但作为主持政务院日常工作的副总理，花了很大的精力关注和处理这些部门的问题。国家大规模建设开始后，邓小平非常重视加强文化教育和科学工作，把这些部门的建设看成是基本建设。他曾9次主持政务院政务会议讨论

①　《建国以来重要文献选编》第4册，中央文献出版社1993年版，第70页。

②　中共中央致各中央局、分局并转各省市委、党中央各部委、中央人民政府各委部署行党组、军委各部及各特种兵司令部电，1953年8月19日。

研究文化、教育、出版工作。邓小平高度重视救灾防灾工作,将其看成关系人民生命财产安全、治国安邦、顺利地进行国家建设的一个重要因素。他曾 3 次主持政务院政务会议,部署救灾防灾工作。邓小平还是国家政治建设的重要领导人之一,不仅担任以毛泽东为主席的中华人民共和国宪法起草委员会委员,参与宪法的起草工作;而且担任以周恩来为主席的中华人民共和国选举法起草委员会委员,具体负责选举法的起草工作;选举法起草并公布之后,邓小平又担任以刘少奇为主席的中央选举委员会委员兼秘书长,具体负责全国选举工作。

最后,从 1952 年 8 月 13 日邓小平主持政务院第一百四十八次政务会议(这是他担任政务院副总理后第一次主持政务会议),至 1954 年 9 月 9 日陈云主持政务院第二百二十四次政务会议(这是成立国务院之前政务院召开的最后一次政务会议),政务院共召开了 77 次政务会议。其中,有 37 次是由邓小平主持的,加上邓小平同周恩来联合主持的第一百八十四次政务会议,再加上由邓小平作报告、刘少奇主持的中央选举委员会第四次会议和政务院第二百一十三次政务会议联合会议,占总数一半以上。

邓小平任政务院副总理后政务院 77 次政务会议目次及主持人表

政务会议次序	时间	解决问题类别	主持人
第 148 次	1952.8.13	司法工作	邓小平
第 149 次	1952.9.5	教育、文化工作	邓小平
第 150 次	1952.9.12	科学工作	邓小平
第 151 次	1952.9.19	卫生工作	邓小平
第 152 次	1952.9.26	出版工作	邓小平
第 153 次	1952.10.3	外交、禁毒工作	邓小平
第 154 次	1952.10.10	财经工作	周恩来
第 155 次	1952.10.17	教育工作	邓小平
第 156 次	1952.10.24	文化、教育工作	周恩来

续表

政务会议次序	时间	解决问题类别	主持人
第 157 次	1952.10.31	救灾工作	邓小平
第 158 次	1952.11.14	机构调整	周恩来
第 159 次	1952.11.21	民族工作	邓小平
第 160 次	1952.11.28	民兵工作	周恩来
第 161 次	1952.12.5	农业工作	周恩来
第 162 次	1952.12.12	赴朝慰问工作	周恩来
第 163 次	1952.12.19	水利工作	周恩来、薄一波
第 164 次	1952.12.26	财经工作	周恩来
第 165 次	1953.1.2	劳动保险	邓小平
第 166 次	1953.1.9	财经、司法工作	周恩来
第 167 次	1953.1.16	卫生工作	邓小平
第 168 次	1953.2.20	出版工作	周恩来
第 169 次	1953.2.27	外交工作	周恩来
第 170 次	1953.3.13	教育工作	邓小平
第 171 次	1953.3.20	救灾工作	邓小平
第 172 次	1953.3.27	毕业生分配	邓小平
第 173 次	1953.4.3	朝鲜停战谈判、人口调查登记	周恩来
第 174 次	1953.4.10	监察工作	邓小平
第 175 次	1953.4.17	农村工作	邓小平
第 176 次	1953.4.24	对外文教交流	邓小平
第 177 次	1953.5.8	司法工作	周恩来
第 178 次	1953.5.15	救灾工作	邓小平
第 179 次	1953.5.22	扫除文盲工作	邓小平
第 180 次	1953.5.29	教育工作	周恩来
第 181 次	1953.6.5	农业税、人事	邓小平
第 182 次	1953.6.12	机械工业工作	邓小平
第 183 次	1953.6.19	农业工作	周恩来
第 184 次	1953.6.25	重工业、监察	周恩来、邓小平
第 185 次	1953.7.9	发放农贷、林业	周恩来
第 186 次	1953.8.20	农田水利工作	周恩来

政务会议次序	时间	解决问题类别	主持人
第 187 次	1953.8.27	邮电工作	邓小平
第 188 次	1953.9.3	民族工作	邓小平
第 189 次	1953.9.24	地质工作	周恩来
第 190 次	1953.10.8	交通工作	邓小平
第 191 次	1953.10.29	铁道工作	邓小平
第 192 次	1953.11.5	征用土地办法	邓小平
第 193 次	1953.11.11	司法工作	董必武
第 194 次	1953.11.19	粮食工作	陈云
第 195 次	1953.11.26	外交、教育工作	周恩来
第 196 次	1953.12.3	经济工作	邓小平
第 197 次	1953.12.10	民政工作	周恩来
第 198 次	1953.12.17	农业、商品检验	周恩来
第 199 次	1953.12.24	文化工作	周恩来
第 200 次	1953.12.31	轻工业、农贷	周恩来
第 201 次	1954.1.7	燃料工业工作	邓小平
第 202 次	1954.1.14	政法、人事工作	周恩来
第 203 次	1954.1.21	铁道、交通工作	邓小平
第 204 次	1954.1.28	防灾、行政区划调整、科学工作	周恩来
第 205 次	1954.2.11	体育工作	周恩来
第 206 次	1954.2.25	卫生、人民调解	周恩来
第 207 次	1954.3.6	纺织工业工作	陈云
第 208 次	1954.3.11	出版工作	周恩来
第 209 次	1954.3.18	春耕生产、救灾	董必武
第 210 次	1954.3.25	水利工作	董必武
第 211 次	1954.4.1	劳动部工作	董必武
第 212 次	1954.4.8	教育工作	邓小平
第 213 次	1954.4.15	选举工作	刘少奇、邓小平
第 214 次	1954.4.22	文化教育工作	邓小平
第 215 次	1954.5.6	劳动规则、奖励条例、外贸工作	陈云
第 216 次	1954.5.13	统计、政协工作	邓小平

政务会议次序	时间	解决问题类别	主持人
第 217 次	1954.5.20	民族工作	邓小平
第 218 次	1954.6.3	外交、民政工作	董必武
第 219 次	1954.6.24	监察工作	董必武
第 220 次	1954.7.1	煤炭运输工作	邓小平
第 221 次	1954.7.9	教育工作	邓小平
第 222 次	1954.8.26	政法工作	邓小平
第 223 次	1954.9.2	公私合营工作	邓小平
第 224 次	1954.9.9	商业、征兵、金融工作	陈云

3. 复杂局面中的默契配合

自 1952 年 8 月邓小平担任政务院副总理,到 1954 年 9 月第一届全国人民代表大会第一次会议的召开,这是国家经济、政治、高层人事和领导体制变化非常之大的两年,可以说是局面极为复杂的两年。周恩来和邓小平在这复杂局面下的政务院工作中堪称配合默契。

经济上,这两年开始了从新中国成立后以经济恢复为主向大规模经济建设的转变,生产资料所有制上开始了对个体农业、手工业和私人资本主义工商业的社会主义改造,在国家经济体制上开始采用计划经济体制。

周恩来指出:从 1953 年起,"经济建设工作在整个国家生活中已经居于首要的地位。"①主持政务院日常工作的副总理邓小平,经济建设工作亦放在首要日程上。他分管监察工作后,很快就提出把监察检查工作的重点放到经济部门、工矿企业。他指出,国家转入了经济建设时期,最主要的政策就是多少亿的钱用得是否恰当,因此检查的对象第一就应该是这个范围。

① 《建国以来重要文献选编》第 5 册,中央文献出版社 1993 年版,第 585 页。

在经济工作上，邓小平除了协助周恩来、陈云处理日常经济问题外，先是分管铁道、交通、邮电工作，接着又直接担任中财委第一副主任、财政部部长。

让邓小平以政务院副总理身份分管三个经济部门，与政务院所属的财经方面20个部实行分工负责的办法一起，是周恩来和毛泽东多次商讨并经毛泽东批准后定下来的。1953年5月14日，周恩来在中央政府各部门负责人会议上宣布铁道、交通、邮电三个部由邓小平领导时说：领导"这三个部，工作也是繁重的。在国家建设初期，铁路就成了国家建设的开路先锋，那里没有铁路，那里的经济就不会有很大的发展。譬如说粮食，在统计数字上看，有时很好看，但如果没有铁路，只靠大车、木船就运不出来，就没有用。现在全国的铁路才有两万余公里，太少了。我们国家经济上的特点，一方面是落后，一方面是不平衡，忽视了任何一方面，都要犯错误。要想克服经济上的不平衡只有修铁路。因为工业需要高度的集中，如果铁路不能到达，那近代工业就不能到达。在没有铁路的地方说发展工业，也只有发展手工业。不仅要修铁路，而且还应发展轮船航运事业。这些铁路、邮电、交通部门，都是大的企业单位，其中有的还要进行民主改革。"①周恩来这番话意味深长，既阐明这副担子不轻，也表达着对邓小平的信任。邓小平分管这三个部，始终把工作重心放在抓大事、解决方针性问题上。其结果是不仅奠定了这三个部工作前进的基础，而且很好地配合了全国以重工业为中心的大规模建设的大局。

让邓小平以政务院副总理身份兼任中财委第一副主任、财政部部长，是中央政治局为解决全国财经会议的尖锐矛盾，以及解决财政出现21万亿元赤字的紧张局面而作出的重要人事决定。邓小平兼任财政

---

① 周恩来在中央政府各部门负责人会议上的讲话记录，1953年5月14日。

部长后制定了财政工作六条方针:预算归口管理;支出包干使用;自留预备费,结余不上缴;严格控制人员编制;动用总预备费须经中央批准;加强财政监察。结果,1954 年贯彻财政工作六条方针,预算执行中不仅没有动用上年结余,而且当年收支平衡,有了 16.5 万亿元结余,"是财政工作日子最好过的一年。"①周恩来在当年政府工作报告中指出:"国家财政的收支平衡,是在收入和支出都有了很大增长的情况中取得的。一九五四年国家预算中的收入,不包括上年结余在内,等于一九五〇年的三点六倍。"②在毛泽东和周恩来鼎力支持下,邓小平兼任中财委第一副主任和中财委主任陈云一起制定和贯彻落实粮食统购统销政策,有效解决了大规模经济建设开展后出现的粮食紧张的问题。

政治上,这两年召开地方各级人民代表大会和全国人民代表大会、确立人民代表大会制度、制定宪法和选举法,开始了开国时以政治协商为主向以人民代表大会为主的制度的转变。

主持政务院日常工作的副总理邓小平是当时选举工作的具体负责者。周恩来是选举法起草委员会主席,委员邓小平则具体负责了《中华人民共和国全国人民代表大会及地方各级人民代表大会选举法》的起草工作。选举法通过并公布后,邓小平担任以刘少奇为主席的中央选举委员会委员并兼秘书长。选举是一件大事,而基层选举是整个选举的基础。邓小平具体负责选举工作,花的精力最多的是研究、指导基层选举工作。他主持起草了中央选举委员会《关于基层选举工作的指示》、《关于选民资格若干问题的解答》、政务院《为准备普选进行全国人口调查登记的指示》等文件,指导基层选举工作,并在全国三千五百个农村、城镇和少数民族地区的基层单位进行典型试验,以取得经验。

---

① 《当代中国财政工作》(上),中国社会科学出版社 1988 年版,第 127 页。
② 《建国以来重要文献选编》第 5 册,中央文献出版社 1993 年版,第 600 页。

到1954年6月中旬,全国基层选举胜利完成。邓小平向中央人民政府委员会报告基层选举工作完成情况时说:"全国基层选举的胜利完成,大大推动了我国人民民主制度的发展,并为县以上各级人民代表大会奠定了基础。"①周恩来在一届人大一次会议政府工作报告中指出:"在基层选举工作完成以后,接着召开了地方各级人民代表大会,选举出县级以上的地方各级人民代表大会代表,并且在这一基础上选举出全国人民代表大会代表。""可以预料,经过这次选举以后,我们的国家机关的工作将要比以前大进一步。"②

在高层人事和领导体制上,这两年的变化也是非常大的。在这方面的变化中,周恩来和邓小平更是相互支持、默契配合。

首先,对于缩小大行政区的机构和权限乃至取消这一级,他们是相互支持和默契配合的。1952年11月14日,周恩来指出:"我国现在的政权机构有七级之多,长期存在这么多的级,对工作是不利的。今后要逐步改变为'四实三虚'。'四实'即:中央、省、县、乡;'三虚'即:大行政区、专区、区。"③邓小平具体负责了缩小大区机构的调整工作。他回重庆参加中共中央西南局委员会第十次会议谈到调整大行政区机构时说:经济恢复时期,"大区的权力很大,便于因地制宜。但搞建设必须集中。""过去国家政权共七级,层次太多,障碍领导。"调整后"仍是七级,但是'四实三虚'。"④

其次,在同高岗、饶漱石阴谋夺取党和国家权力的斗争中,他们是相互支持和默契配合的。1953年夏季中央财经会议上,高岗明批薄一

---

① 《人民日报》1954年6月20日。
② 《建国以来重要文献选编》第5册,中央文献出版社1993年版,第619、610页。
③ 周恩来在政务院第158次政务会议上的讲话记录,1952年11月14日。
④ 邓小平在中共中央西南局委员会第10次会议上的讲话记录,1952年12月7日。

波、暗射刘少奇,会议气氛紧张、偏离了方向,主持会议的周恩来感到结论无法作。在毛泽东支持下,周恩来将在北戴河休养的陈云、邓小平请到北京参加后期会议。陈云在会上否定了中财委存在两条路线的说法。邓小平在会上说:"大家批评薄一波同志的错误,我赞成。""但是,他犯的错误再多,也不能说成是路线错误。把他这几年在工作中的这样那样过错说成是路线错误是不对的,我不赞成。"①邓小平和陈云的话使会议的气氛起了变化,周恩来的结论也比较好作了。邓小平在审读和修改周恩来为会议作结论而写的发言提要草稿时,在肯定会议成绩之后,针对会议的缺点加写了一段话:"有些问题还讨论得不够详尽,有些发言也不尽妥当,当然,要想把许多问题在一次会议来解决,也是不可能的。"②这是耐人寻味的。会后,邓小平肯定全国财经会议上"总理的总结是完全正确的。""其中有些议论与财经会议有些不完全一样,财经会议的议论有的有偏向。"③全国财经会议和之后的全国组织会议饶漱石明批安子文、暗射刘少奇,暴露了高饶的阴谋。为此中共七届四中全会作出了加强党的团结的决定。四中全会之后,分别召开关于高岗和饶漱石问题的两个座谈会,对证高饶搞阴谋活动的事实,听取高饶的申辩和检讨。高岗问题座谈会由周恩来主持召开,饶漱石问题座谈会由邓小平、陈毅、谭震林主持召开。接着,东北地区召开党的高级干部会议讨论高饶问题,周恩来到会作关于党的七届四中全会决议和高岗、饶漱石问题的传达报告。邓小平这段时间几乎天天看总理办公室的《每日汇报表》,掌握会议情况,代表中央作批示,指导会议的进行。

---

① 薄一波:《若干重大决策与事件的回顾》(上),中共党史出版社 2008 年版,第172 页。
② 邓小平对周恩来发言提要(草稿)的修改,1953 年 8 月。
③ 邓小平在全国财政厅局长会议上的报告记录,1954 年 1 月 13 日。

最后,也是更重要、更难得的,在关系到周恩来和邓小平之间地位升降的人事和领导体制变动中,验证了他们"君子坦荡荡"的胸怀,其间的理解、信任、默契配合更是人间所罕见。1953年上半年,为加强党中央对政府工作的领导,在政务院领导体制上曾发生两次分权的变动。一次是分政务院的权,其工作分成国家计划、政法、财经、文教、外交、其他不属于前述五个范围的工作(包括监察、民族、人事工作)等六个方面,分别由六个方面的负责人负责。一次是分政务院财政经济委员会的权,将其所属的财政经济20个部分成工、财、交、农、劳五个口,分别由五位领导人负责,形成陈云所说的"五口通商"的体制。经过这两次分权,加上毛泽东指定邓小平多管些政府方面的事,邓小平的地位和权力上升得最为突出。然而,周恩来信任邓小平的德行和才干,鼎力支持邓小平,明确宣布政府工作中关乎战略决策性的大事等以邓小平为主,自己则退其次。邓小平也同样了不起,随着地位和权力的上升,更加勤恳谨慎地工作,更加尊重周恩来。这与高岗分管计划和八个工业部的工作后便自称是组织了"经济内阁",企图与政务院分庭抗礼,形成了鲜明的对照。

1954年4月27日,中共中央政治局决定任命邓小平为中共中央秘书长,兼任党中央组织部部长。6月,在确定好财政工作的六条方针,对国家预算作出的安排为中央人民政府委员会通过的情况下,中央人民政府委员会第三十二次会议,免去邓小平政务院财政经济委员会副主任及财政部部长职务,任命李先念为政务院财政经济委员会副主任兼财政部部长。此后,邓小平主要工作逐渐更多地转向党务方面。

自1952年8月邓小平担任政务院副总理,到1954年9月一届人大政务院升格为国务院,这段转变时期,周恩来对邓小平的信任、器重以及两人在工作中的默契配合,留下了许多历史佳话。党的十一届三中全会以来,邓小平成为改革开放和现代化建设的总设计师,成为中国特色社会主义道路的开创者,这与毛泽东对他的培养、钟爱密不可分,也与周恩来对他的信任、器重、帮助密不可分。

四、文化教育工作中与郭沫若的心意相通

开国之初,周恩来任政务院总理,郭沫若同董必武、陈云、黄炎培任副总理。当时,指导各行政部门的 3 个指导委员会,即政治法律委员会、财政经济委员会、文化教育委员会相当于政务院的 3 个分院。郭沫若兼任文化教育委员会的主任,是周恩来管理文化教育工作的主要助手。周恩来和郭沫若的协力关系可以追溯到大革命时期和抗战时期。

1. 一副悼父赞子联

1939 年 7 月,郭沫若的父亲郭朝沛先生病逝。10 月,郭沫若营葬父亲并举行家祭,作《祭父文》。当时,郭氏兄弟收到军政要员、知名人士和国际友人送来的挽联和挽幛共三百多副。周恩来送的挽联是:

功在社稷,名满寰区,当代文人称哲嗣;

我游外邦,公归上界,遥瞻祖国吊英灵。

这副挽联,既表达了对郭朝沛先生的沉痛悼念,又对郭沫若作了高度的评价。"哲嗣"是对别人儿子的敬语。周恩来盛赞郭朝沛之子郭沫若"功在社稷,名满寰区"。当时,周恩来正在苏联治伤,故联中又有"我游外邦"、"遥瞻祖国"之语。

郭沫若长周恩来 6 岁。

1926 年 5 月间,周恩来去广东大学(即后来的中山大学)讲演,郭沫若去听讲演,这是他们第一次见面。他们真正相识是这年 6 月,郭沫若在阳翰笙、李一氓陪同下到周恩来住处商定郭沫若参加北伐之事。从此,周恩来和郭沫若结下了 50 年的深情厚谊。

1927 年四一二政变后的第二天,郭沫若在李一氓住处向周恩来汇

报了蒋介石直接指挥在九江、安庆捣毁党部、工会,屠杀民众的严重情况;劝说周恩来从速离开上海;并提出:"上海现在不行了,我想回武汉组织力量讨伐蒋介石。"周恩来立即指出:"你的意见很好,尽快走吧。"他联系到宁波、杭州、南京、上海等地发生的类似郭沫若反映的情况,会同赵世炎、罗亦农、陈延年、李立三等共同向中共中央写了一份意见书,提出"蒋氏之叛迹如此","为全局计,政治不宜再缓和妥协",否则,"整个革命必根本失败无疑。"①郭沫若和周恩来的看法是一致的,并为尔后革命进程证实是完全正确的。可是,他们的正确主张未能被党的总书记陈独秀所接受,轰轰烈烈的大革命归于失败。

大革命失败后,周恩来根据中央决定,和贺龙、叶挺、朱德、刘伯承等发动八一南昌起义,郭沫若积极参加。南昌起义部队南下途中,郭沫若由周恩来和李一氓介绍加入了中国共产党。汕头军事失利后,郭沫若去了香港,不久又秘密回到上海,周恩来拟安排郭沫若全家去苏联,后因郭患了一场大病误了船期而未去成。不久,经周恩来同意郭沫若去了日本。

1937 年卢沟桥一声炮响,郭沫若"别妇抛雏",毅然回国投入抗日救国战争之中。

1937 年 12 月南京陷落后,蒋介石迫于形势,决定在国民政府军事委员会之下设立政治部,由陈诚任部长,周恩来和第三党的黄琪翔任副部长,负责宣传工作的第三厅拟由郭沫若任厅长。郭沫若开始不愿意担任三厅厅长职,他觉得"在国民党支配下做宣传工作,只能是替反动派卖膏药,帮助欺骗";"处在自由的地位说话,比加入了不能自主的政府机构,应该更有效力一点",而且"一做了官,青年们是不会谅解"的。

---

① 《周恩来年谱(1898—1949)》(修订本),中央文献出版社 1998 年版,第115 页。

对此,周恩来晓之以三厅工作的重要性,他说:"有你做第三厅厅长,我才可考虑接受他们的副部长,不然那是毫无意义的。"周恩来并要阳翰笙劝慰郭沫若,不能以清高思想对待第三厅,这是个政权组织,作用不能低估,我们不是去做官,而是到尖锐复杂的环境中去工作,既要有热情,又要保持清醒和警惕。周恩来一边做郭沫若的思想工作,一边向国民党当局办交涉,争取较好的工作条件。1938 年 2 月 17 日,周恩来致信郭沫若:"我已在原则上决定干","我们希望你也能采此立场","我在这两天将各事运用好后,再请你来就职,免使你来此重蹈难境"。①在周恩来运筹下,郭沫若走马上任,第三厅成立了。

第三厅和后来组建的文化工作委员会,由于有周恩来的领导和郭沫若的声望,由于坚持了既与国民党合作又保持相对独立性的方针,成了以共产党人为核心,包括国民党员和民主党派以及其他爱国人士的统一战线机构,成了国统区抗战文化的中坚。

1938 年 2 月,胡风曾说,"中国现在没有像鲁迅先生那样一声号召可以波动世界的大作家。"然而斗争需要鲁迅的继承者。郭沫若在文化领域所取得的具有开创性意义的成就以及他在北伐战争和抗战初期表现出的革命和爱国精神,使他在文化界和社会上具有广泛影响。周恩来认为郭沫若是一个适当的人选,向党中央提出建议,并由中共中央在 1938 年夏作出党内决定,确认郭沫若为鲁迅的继承者,为中国革命文化界的领袖。郭沫若通过第三厅、文化工作委员会的领导工作和他的戏剧创作、史学研究,在事实上也确立起了文化界的领袖地位。

毋庸置疑,郭沫若"功在社稷,名满寰区",成为文化界的领袖,其中也有周恩来的心血和贡献。周恩来逝世后,郭沫若曾激动地说:"恩来同志是我的领导,我参加革命的最早领导人,大革命的时候是他引导

---

① 《周恩来书信选集》,中央文献出版社 1988 年版,第 140 页。

我参加了共产主义者的行列;抗日战争时,他领导我与国民党顽固派作斗争,为党作宣传工作,团结广大的知识分子。如果没有恩来同志的领导和帮助,我不能作出什么成绩的。"

2. 同引曹植《七步诗》

1941 年 1 月 7 日,发生了震惊中外的皖南事变,奉命北移的新四军部队九千余人,在皖南泾县茂林地区遭到国民党军队八万余人的伏击,奋战七昼夜,弹尽粮绝,除千余人突围外,大部壮烈牺牲,军长叶挺被俘。1 月 17 日,国民政府军事委员会发布通令,诬蔑新四军为"叛军",宣布取消新四军番号,将叶挺军长交付军法审判,并通缉项英副军长。周恩来义愤填膺,题诗一首:

> 千古奇冤,江南一叶;
>
> 同室操戈,相煎何急?!

郭沫若多次向文化工作委员会的同志们朗诵这首诗,往往声泪俱下。他挥毫作《闻新四军事件书愤二首》:

> 危局纵教如累卵,还须群力共撑支。
>
> 王尊且勉叱驱志,郭太难忘党锢悲。
>
> 风雨今宵添热泪,山川何日得清时?
>
> 怅望江南余隐痛,为谁三复豆萁诗?

> 怒问苍苍果胡然? 莫须有狱出连绵!
>
> 伤心已见兰成艾,谗口竟教矩化圆。
>
> 已兆分崩同往日,侈言胜利在今年。
>
> 谁欺? 只自欺天耳! 那有薝簩真个妍?

第一首诗的大意是:在日寇侵略下的时局即使危如累卵,还需要大家的力量共同撑持。王尊尚且有勉励自己履险前进的意志,郭太永远难忘党锢之祸的悲惨教训。皖南事件的风雨使我今夜增添热泪,祖国的山河不知何日才得太平?怅然怀想江南发生的事变,内心尚余隐痛,我向谁再三陈述"煮豆燃豆萁"这样的诗篇呢?第二首诗的大意是:怒问苍天究竟为什么要这样让莫须有的冤狱连续不断地出现?伤心的是好的变成坏的,方的说成圆的。国共分裂的兆头已像前次一样,说抗战胜利在今年不过是夸大其词。欺骗谁呢?只是欺骗苍天罢了,哪有奸佞之徒是美丽的呢?

郭沫若和周恩来的心是相通的。他们的诗都运用曹植《七步诗》关于兄弟相残的典故,无情地鞭挞国民党顽固派制造内战,破坏抗日,是亲者痛、仇者快的可耻行为。

皖南事变后,重庆的政治环境日益险恶。在周恩来领导下许多进步文化人士陆续撤离重庆,郭沫若、阳翰笙等仍坚持留在重庆。

10月上旬的一天,周恩来到郭沫若家,提议由文艺界纪念郭沫若50寿辰和创作生活25周年。郭沫若最初没有完全理解周恩来的意思,当即谦辞。周恩来说:"为你做寿是一场意义重大的政治斗争,为你举行创作二十五周年纪念,又是一场重大的文化斗争。通过这次斗争,我们可以发动一切民主进步力量来冲破敌人的政治上和文化上的法西斯统治。"

11月16日早晨,《新华日报》出了《纪念郭沫若先生创作二十五周年特刊》。周恩来为特刊题写刊头,并写了代论:《我要说的话》。郭沫若翻开报纸,映入眼帘的是周恩来那一句句、一段段恳切的言辞:

郭沫若创作生活二十五年,也就是新文化运动的二十五年。鲁迅自称是"革命军马前卒",郭沫若就是革命队伍中人。鲁迅是新文化运动的导师,郭沫若便是新文化运动的主将。鲁迅如果是将没有路的路开辟出来的先锋,郭沫若便是带着大家一道前进的向导。鲁迅先生已不在世了,他的遗范

尚存,我们会愈感觉到在新文化战线上,郭先生带着我们一道
奋斗的亲切,而且我们也永远祝福他带着我们奋斗到底的。

接着,周恩来分析了郭沫若在革命的文化生活中最值得大家学习
的三点:一是丰富的革命热情。"郭先生是革命的诗人,同时,又是革
命的战士。"二是深邃的研究精神。他认为郭先生是学术家与革命行
动家兼而为之的人。他针对当时的"清闲",建议郭沫若:"复活过去的
研究生活,指导这一代青年,提倡起研究学习的精神,以充实自己,以丰
富我们民族的文化,郭先生,现在是时候了。"三是勇敢的战斗生活。
"郭先生是富于战斗性的,不仅在北伐抗战两个伟大时代,郭先生是站
在战斗的前线、号召全国军民,反对北洋军阀,反对日本强盗和逆伪的;
便在二十五年的文化生活中,郭先生也常常以斗士的姿态出现的。"

郭沫若看着,看着,眼睛湿润了。他感动地对秘书翁泽永说:"鲁
迅曾经给瞿秋白写过一副对联,上联是'人生得一知己足矣',我十分
欣赏这一句,这也适合表达我和周公的关系,不过还不足以表达我的全
部心情。"

11 月 16 日下午,纪念会在中苏文化协会举行,参加者两千余人。
冯玉祥担任主席,致开幕词。周恩来、老舍、黄炎培、沈钧儒、张申府和
苏联来宾,还有国民党方面的潘公展、张道藩,在会上致贺词。周恩来
说:郭先生是无愧于五四运动当中长大的这一代的。在反对旧礼教旧
社会的战斗中,有着他这一位旗手;在保卫祖国的战斗中,也有着他这
一只号角;在当前反法西斯的战斗中,他仍然是那样挺身站在前面,发
出对野蛮侵略者的诅咒。这些都是青年们应当学习的。

11 月 16 日晚上,在天官府郭沫若那狭窄的小住宅里,"亲朋"满
座,济济一堂。郭沫若时时发出爽朗的笑声。周恩来也非常高兴,举杯
为郭沫若祝寿。

这次祝寿活动,显示了进步文化界团结战斗的力量,一扫皖南事变

以来笼罩在重庆上空的沉闷空气,达到了预期目的。

3. 文艺创作、历史研究的知音

周恩来和郭沫若不仅在像皖南事变这样的政治斗争中心灵相通、配合默契,而且在文艺创作、历史研究领域也是难得的知音。周恩来逝世后,郭沫若回忆说:"特别是在重庆那段日子,恩来同志那样紧张繁忙,他对我的关怀帮助仍是无微不至。""他对我写的文章、剧本、诗歌,有时听我给他读,又不知看几遍,共同讨论,甚至字斟句酌。有时候我表达不出自己的意思,恩来同志却情思敏捷,一语提醒,我们就不约而同大笑起来。"

在纪念郭沫若创作生活 25 周年时,郭沫若的早期剧作《棠棣之花》通过整理后搬上舞台演出,获得了极大的成功。《棠棣之花》着重表现聂莹、聂政姐弟不畏强暴,壮烈牺牲的精神。《新华日报》辟了《棠棣之花剧评》专页。周恩来为专页题写刊头,并修改《从棠棣之花谈到评历史剧》和《正义的赞歌,壮丽的图画》两篇文章。周恩来曾反复阅读《棠棣之花》剧本,多次同郭沫若谈论关于剧本的修改与演出问题。这个戏借古喻今,颂扬气节,号召团结起来反对强暴,引起观众强烈的共鸣,是对国民党发动皖南事变,实行对共产党封锁、离间、孤立政策的一记响亮的耳光。周恩来非常喜欢这个戏,特别欣赏剧中一些寓意深刻的诗词,如《湘累》。八路军办事处许多同志都会唱《湘累》:

> 啊,泪珠儿快要流尽了,
>
> 爱人呀,你还不回来呀?
>
> 我们从春望到秋,
>
> 从秋望到夏,
>
> 望到海枯石烂了!
>
> 爱人呀,你回不回来呀?

周恩来经常请会唱的同志唱这首歌,《棠棣之花》戏,他前后共看了七遍,多次对周围的工作人员说:郭老为什么在剧中特别强调"士为知己者死"这样的主题? 这绝不是封建思想,这正是他对党感情之深的表现啊!

《棠棣之花》的成功,大大激发了郭沫若的创作热情。1942 年元旦过后的第二天晚上,他开始写作《屈原》。周恩来知道后,特地登门看望,并一同探讨剧本创作中的一些问题。他说:"屈原这个题材好,因为屈原受迫害,感到谗谄之蔽明也,邪曲之害公也,才忧愤而作《离骚》。皖南事变后,我们也受迫害。写这个戏很有意义。"在周恩来鼓励下,郭沫若妙思泉涌,奔赴笔下,只用十天时间就把剧本写出来了。剧本写出后,周恩来反复阅读,肯定其在政治上和艺术上都是很好的作品。他多次到剧场看排演,对剧中高潮的《雷电颂》尤其欣赏。他说:"屈原并没有写过这样的诗词,也不可能写得出来,这是郭老借屈原的口说出自己心中的怨愤,也表达了蒋管区广大人民的愤恨之情,是对国民党压迫人民的控诉,好得很!"为了提高演出质量,周恩来还把两位主要演员请到红岩村,让他们朗读那段情绪热烈、文采照人的《雷电颂》:

鼓动吧,风! 咆哮吧,雷! 闪耀吧,电!

将一切沉睡在黑暗怀抱里的东西,毁灭,毁灭,毁灭呀!

周恩来听了几遍后对演员说:"注意台词的音节和艺术效果固然重要,但尤其重要的是充分理解郭老的思想感情,要正确表达,这是郭老说给国民党顽固派听的,也是广大人民的心声,可以预计在剧场中,一定会引起观众极大的共鸣。这就是斗争。"

在周恩来关怀下,《屈原》的演出,轰动了山城重庆。许多群众半夜里就带着铺盖来等待买票,许多群众走了很远的路程,冒着大雨来看演出。剧场里,台上台下群情激昂,交融成一片。

周恩来喜爱读郭沫若的诗文剧本,在他们关山远阻、相隔多时,周恩来忍不住写信问郭沫若:"除在报纸外,你有什么新的诗文著作发表? 有便,带我一些,盼甚盼甚。"①

但是,对这位当代大文豪,周恩来并不迷信。对话剧《孔雀胆》,周恩来提出了批评意见。他认为这个剧虽然写得不错,但史实很值得研究,在当时的重庆上演此剧,在意义上是不可能与《屈原》等相提并论的。郭沫若听张颖传达周恩来的这个意见时,听得非常认真,听完又让张颖重述了一遍。他沉思了一会儿,很严肃地说:"恩来同志的批评是对的。我对某些历史人物时常有偏见偏爱,这是很难改的毛病。"他对此剧不及修改即行上演而感到遗憾。对郭沫若《屈原研究》一书第三部分《屈原思想》,周恩来读后,在致郭沫若的信中写道:"拿屈原作为一个伟大的思想家而兼艺术家,我同意,说他是革命的思想家,容有商榷余地。质之你以为何如?"②这些独到的见解和批评意见,同那些热烈的颂扬和大力支持一样,充分表现了周恩来和郭沫若之间坦率诚恳、推心置腹的真挚情谊。

4. 岁寒,然后知松柏之后凋

郭沫若一贯敬佩周恩来。他描述这位有着"轩昂的眉宇、炯炯的眼光、清朗的谈吐"的人,能够挽狂澜于既倒,改变任何艰难困苦的局面。他说:"我对于周公向来是心悦诚服的,他思考事物的周密有如水银泻地,处理问题的敏捷有如电火行空,而他一切都以献身的精神应付,就好像永不疲劳。他可以几天几夜不眠不休,你看他似乎疲劳了,然而一和工作接触,他的全部心神便和上了发条的一样,有条有理地又发挥着规律性的紧张,发出和谐而有力的节奏。"特别是在复杂的环境、别离的日子、危难的时刻,郭沫若就更是敬佩、怀念周恩来。

---

① 《周恩来书信选集》,中央文献出版社 1988 年版,第 371 页。
② 《周恩来书信选集》,中央文献出版社 1988 年版,第 216 页。

1946年11月15日,国民党包办的"国大"开幕,国共和谈完全破裂,周恩来及中央代表团将不得不离开南京返回延安。17日,周恩来致信郭沫若、于立群:

> 临别匆匆,总以未得多谈为憾。沫兄回沪后,一切努力,收获极大。青年党混入混出,劢老动摇,均在意中,惟性质略有不同,故对劢老可暂持保留态度。民盟经此一番风波,阵容较稳,但问题仍多,尚望兄从旁有以鼓舞之。民主斗争艰难曲折,居中间者,动摇到底,我们亦争取到底。"国大"既开,把戏正多,宪法、国府、行政院既可诱人又可骗人,揭穿之端赖各方。政协阵容已散,今后要看前线,少则半载,多则一年,必可分晓。到时如仍需和,党派会议、联合政府仍为不移之方针也。

这封信最能说明周恩来"思考事物的周密有如水银泻地",纷繁复杂的形势,经他一分析,全都泾渭分明,郭沫若看着信猛然增添了斗争的信心和勇气。

信的末尾写道:

> 弟等十九日归去,东望沪滨,不胜依依。①

此刻郭沫若亦是西望梅园,不胜依依。他立即挥毫,倾吐肺腑,成诗一首,遥寄周恩来:

> 疾风知劲草,岁寒见后凋。
>
> 根节构盘错,梁木庶可遭。
>
> 驾言期骏骥,岂畏路迢遥。
>
> 临歧何所赠,陈言当宝刀!

中华人民共和国成立后,郭沫若曾无数次伴随周恩来一起出席国

---

① 《周恩来书信选集》,中央文献出版社1988年版,第356页。

内外的重大会议,他们的交往更多了。郭沫若评价周恩来的那段名言在建设国家、服务人民、总理国务的活动中进一步得到了证明。特别是十年内乱中,周恩来力挽狂澜,苦撑危局,忘我工作,起到了中流砥柱的作用。十年内乱中,周恩来和郭沫若的交往,进一步丰富了"疾风知劲草,岁寒见后凋"的内涵。

1966 年 8 月 30 日,在周恩来开列的《一份应予保护的干部名单》中,郭沫若居宋庆龄之后,位列第二。这年冬,国内动乱在升级,周恩来请郭沫若、于立群暂时离开家到外面去住,并叮嘱这件事不要告诉机关,只带秘书和司机,以防泄密。郭沫若在六所住了一个月,形势稍缓和才回家。这实际上是周恩来对郭沫若采取的保护措施。1967 年以后,周恩来和郭沫若几乎每星期要见一两次。周恩来接见外宾,常有郭沫若陪同。郭沫若年纪大,身体又不好,周恩来总是处处照顾他。

1970 年,在酝酿第四届全国人民代表大会代表名单时,有人说:"郭沫若为什么不跟林总上井冈山,而跑到日本?他不能当四届人大代表。"对此,周恩来挺身而出,进行了驳斥。1970 年 8 月 9 日,周恩来接见外交部、外贸部、外经部、新华社、人民日报、广播事业局、解放军报等单位的代表谈话时说:怎么能责问郭老为什么没有跟林总上井冈山,应当先问周恩来嘛,我是前委书记嘛。周恩来指出,把队伍带到井冈山去的是朱德,而不是林彪。当时郭老并不在朱德那里,而是在贺龙、叶挺我们这支南下汕头的队伍里。汕头军事失利后,郭老辗转到上海,党批准他到日本的,他的缺点是到日本以后十年没有和党联系,所以后来他重新入党,党龄从头算起。郭老那时在日本搞甲骨文,在历史学上是有贡献的。周恩来这番分析是又一个"思考事物的周密有如水银泻地"的实例,不仅正本清源,还党的历史以本来的面目;而且义正词严,洗清了中央"文化大革命"一伙人泼到郭沫若身上的污水。

1973 年后的几年,江青、张春桥大搞所谓"评法批儒",并曾气势汹汹地闯到郭沫若家里,胁迫他作"检讨"和写文章批"宰相"。郭沫若明察其奸,横眉冷对,多次对于立群和孩子们说:"这伙人的矛头是指向周总理的。"

1974年1月25日,北京举行了有一万八千人参加的所谓"批林批孔大会",郭沫若几次被点名批评、罚站起来。江青还诬蔑郭沫若"对待秦始皇,对待孔子那种态度,和林彪一样。"晚上周恩来派人来探望,并传达了他的三点指示:第一,为保证郭老的安全,二十四小时要安排专人在郭老身边值班。第二,请郭老从十多平方米的小的卧室中搬到大办公室住,理由是房子小,氧气少,对老年人身体不利。第三,郭老在家活动的地方,要铺上地毯或胶垫,避免滑倒跌伤。郭沫若听后感动得连声说:"谢谢总理,谢谢总理。"在这前后,周恩来还亲自两次看望郭沫若,请郭老自己研究自己的著作,并表示自己也要研究郭老的著作,说只有读了书才有发言权,要不,就没有发言权。这些肺腑之言,是对郭沫若受伤的心的最好安慰。

在周恩来身患绝症的最后的日子里,郭沫若一从报上看到周恩来偶然在医院中接见几位外宾的消息,总要高兴好几天。当周恩来病情日益严重,不能接见外宾了,郭沫若端详着周恩来的照片,心里默念着:恩来啊,你可要多多保重,人民需要你,中国需要你!

郭沫若最担心的事还是发生了,1976年1月8日,周恩来在北京逝世。噩耗传来,郭沫若悲痛欲绝,木然呆坐很久、很久。然后,他用颤抖的手在日记上写下两行歪歪斜斜的字迹:

风萧萧兮易水寒,

壮士一去兮不复还。

1月13日,郭沫若把悲痛和哀思熔铸成诗:

革命前驱辅弼才,巨星隐翳五洲哀。

奔腾泪浪滔滔涌,吊唁人涛滚滚来。

盛德在民长不没,丰功垂世久弥恢。

忠诚与日同辉耀,天不能死地难埋。

粉碎"四人帮"以后,郭沫若作《念奴娇·怀念周总理》词一首:

光明磊落,与导师,协力、同心、共命。

五十余年如一日,不断长征、跃进。

统一九州,抗衡两霸,中外人爱敬。

一朝先谢,五洲热泪飞迸。

何期王张江姚,四人成帮,诽谤恣蹂躏。

黑云压城城欲摧,一击顿成齑粉。

为党锄奸,为国除害,为民平大愤。

域中今日,忠魂与众同庆。

1978 年 2 月,郭沫若作四言诗《纪念周总理八十诞辰》:

光明磊落,大公无私。

忠于革命,忠于导师。

经纬万端,各得其宜。

丰功伟绩,万古长垂。

岁寒,然后知松柏之后凋。周恩来和郭沫若的情谊在十年动乱的狂风暴雨中得到了升华。郭沫若对周恩来的敬佩和爱戴,在那一首首哀思和悼念的诗作中倾泻无遗。

第四篇　学习周恩来的戒慎恐惧

一、以戒慎恐惧的精神抓水利和"上天"

周恩来胸中始终有一个"慎"字,这个"慎"字体现了他一贯的"戒慎恐惧"的精神。

1. 什么是"戒慎恐惧"

笔者在阅读《周恩来选集》上卷和《周恩来选集》下卷时都看到其中有"戒慎恐惧"的提法。

《周恩来选集》上卷中,是在 1943 年 4 月 22 日《怎样做一个好的领导者》这篇文章中提出来的。周恩来指出:"领导者切勿轻视自己的作用和影响,要戒慎恐惧地工作。"①

《周恩来选集》下卷中,是在 1962 年 5 月 11 日《认清形势,掌握主动》这篇文章中提出来的。周恩来指出:"我们这样一个人口多、经济落后的国家要在经济上翻身,这是一个艰巨的任务。我们应该有临事而惧的精神。这不是后退,不是泄气,而是戒慎恐惧。建设时期丝毫骄傲自满不得,丝毫大意不得。"②

---

① 《周恩来选集》上卷,人民出版社 1980 年版,第 132 页。
② 《周恩来选集》下卷,人民出版社 1984 年版,第 409—410 页。

"戒慎恐惧"的典故出自何处？是什么意思？笔者在周恩来研究组工作时，曾询问过几位老同志，未得其解。笔者还曾想过编辑周恩来著作时，这个地方有个注释就好了。后来，笔者在读古书《中庸》时，无意中读到了"戒慎恐惧"的典故。它出自《中庸》开头的一段话："天命之谓性，率性之谓道，修道之谓教。道也者，不可须臾离也，可离非道也。是故君子戒慎乎其所不睹，恐惧乎其所不闻。莫见乎隐，莫显乎微。故君子慎其独也。""戒慎恐惧"的原话就是"戒慎乎其所不睹，恐惧乎其所不闻"，意思是对你看不到的也要敬畏谨慎，对你听不到的也要警惕小心。

在《中庸》之前的古书上虽未见到"戒慎恐惧"的话，但已传递过"戒慎恐惧"的思想和精神。如《周易》中说："君子终日乾乾，夕惕若厉，无咎"。如《诗经》中说："战战兢兢，如临深渊，如履薄冰"。《论语·泰伯》中孔子曾引用《诗经》"战战兢兢，如临深渊，如履薄冰"的话；《论语·述而》中还曾录下孔子的话："必也临事而惧，好谋而成者也。"

在周恩来看来，"戒慎恐惧"是"临事而惧"的同义语。革命战争时期，毛泽东提倡"临事而惧"的精神。在党的七大上毛泽东谈《第七届中央委员会的选举方针》时说："孔夫子讲过：'临事而惧，好谋而成。'不要说什么革命没有胜利就是因为我没有当中央委员，这样说是不好的。我们要慎重地选举，慎重地就职，这样才是好的态度。这样的中央，才能够保证执行大会的路线；这样的中央，就可以避免或者大体上避免重复历史上的缺点错误；这样的中央，才适合于我们党目前发展的情况及适应于将来的发展情况；这样的中央，才能够给全党同志、全国人民以好的影响。"①几天后，在党的七大上毛泽东作结论时，一口气设

---

① 《毛泽东在七大的报告和讲话集》，中央文献出版社 1995 年版，第 172—173 页。

想了十七条困难,也是强调要"临事而惧"地工作,不能骄傲,不能大意。可以说,周恩来讲的"戒慎恐惧",就是毛泽东讲的"临事而惧",只是一个出自《中庸》,一个出自《论语》。

2. 以戒慎恐惧的精神抓水利

"戒慎恐惧",是周恩来管理国家建设在各个方面一贯的精神态度和思想方法。新中国成立伊始,周恩来就指出:"我们所接收的旧中国满目疮痍,是一个破烂摊子。要在这个破烂摊子上进行建设,首先必须医治好战争的创伤,恢复被破坏了的工业和农业。我们决不能随随便便地在破烂摊子上建设高楼大厦,那是不稳固的,必须先打好基础才行。"①周恩来抓水利、"上天"两件大事时,尤其重视"戒慎恐惧"的精神。

治水要同自然界打交道,违背自然规律什么都做不通。越是规模重大的水利工程技术要求越复杂,一旦失败,造成的损失也越大,不仅祸及当代,而且还会贻患子孙后代。治水涉及社会方方面面,关系到成千上万人民群众的利益。水利决策的正确与否,不仅影响整个经济建设,而且影响安定团结和社会稳定。新中国成立之初,周恩来说,治水不能仅凭热情,治错了会劳民伤财;又说,治水和打仗一样,不能错过时机,迟一步都不行,处处要配合天时和人力,行动要非常机灵。

黄河的治理难点是水少沙多,水沙异源,下游河道的淤积如果不能控制,其行洪能力和寿命始终是中国的忧患。这也一直是周恩来任总理期间心中的一个忧患。他一直不知疲倦地探索着黄河治理难点的解决途径,并分别支持"拦泥派"和"放淤派"分头作规划、搞试验。他虽然三次上三门峡,多次视察黄河堤防,但仍然觉得对黄河全貌认识不够,实际情况吃得不透。他多次念叨:

---

① 《周恩来选集》下卷,人民出版社 1984 年版,第 23—24 页。

"我想什么时候踏勘一下黄河,从黄河入海口出发,逆流而上,一直到黄河源头,亲自查看一下,花他个两三个月的时间。"

1964 年 12 月 18 日,在国务院召开的治理黄河会议上,周恩来说:"我本来想用半个月到一个月的时间去现场看看,由于临时有国际活动,回国后又忙于准备三届人大,离不开北京。"①

他虽然日理万机、国务繁重,未能踏遍大河上下,但那颗赤子之心却一直系在黄河上。三门峡工程出现泥沙淤积后,周恩来不断引咎自责。1964 年 6 月,他说:

"三门峡工程研究得不透,没准备好就上马了。这个工程我过问过,我有责任,搞不好,见马克思不好交代。"

治理黄河会议上,他一方面指出:"总有一天可以把黄河治理好。我们要有这样的雄心壮志。"另一方面针对黄河自然情况的复杂性和治理的艰巨性,反复强调:"谦虚一些,谨慎一些","不要急躁","要兢兢业业地做"。1966 年 2 月,周恩来说:"我最担心的一个是治水治错了,一个是林子砍多了。"②

他还说:"我当总理十六年了,有两件事交不了账,一是黄河,一是林业。"

这里所说的黄河问题主要指三门峡工程泥沙淤积问题。林业问题主要指 16 年来全国砍林多于造林,森林覆盖率下降的问题。治水必先治山,森林植被的破坏,势必造成水土流失、水患增加。对这两个问题的担心与引咎自责,反映了周恩来对人民负责和"戒慎恐惧"的精神。

"文化大革命"期间,周恩来苦撑危局,尽最大所能维持着国民经济的运转。同时,他也有被累死、被免职、被打倒的思想准备。但此时,

---

① 《周恩来选集》下卷,人民出版社 1984 年版,第 433 页。
② 《周恩来选集》下卷,人民出版社 1984 年版,第 433、435、438、446 页。

他心中仍然想着黄河。1968年6月28日，周恩来接见阿尔巴尼亚伐乌——代耶水电站代表团时说：

"黄河问题很多，三门峡是黄河上最大的水利工程。如果'文化大革命'完成了，我还没有死，还没有被打倒、被免职，我一定陪你们去参观。"

正是周恩来以赤子之心爱护黄河，以"戒慎恐惧"的精神治理黄河，才敢于在三门峡工程出现淤积问题后，果断地作出两次改建的重大决策，挽救了一个近于失败的关键性工程。周恩来无愧于中华民族的母亲河——黄河。

周恩来同样无愧于中华民族另一条母亲河——长江。他抓长江流域规划工作时，始终以"戒慎恐惧"的精神对待长江的治理、开发。

1956年，毛泽东三次畅游长江之后，写下了"更立西江石壁，截断巫山云雨，高峡出平湖"的诗句，表达了治理长江、开发长江、修建三峡水利枢纽工程的远大理想。周恩来十分赞赏毛泽东"高峡出平湖"的雄伟气魄和远大理想，并努力为之奋斗，直到他生命的最后时刻。同时，他注重把理想与现实沟通起来，努力探求由理想到现实转变的步骤与具体形式。他强调：毛主席有远大的理想，我们要很好地联系全面。1961年7月，周恩来说：毛泽东同志有首诗，其中有一句"高峡出平湖"。理想总是要实现的，但是要经过一个历史时期，不能急，不能随便搞。正是在这种思想指导下，1958年讨论长江流域规划时，作出了先上丹江口工程的决策；1970年在讨论长江流域水利工程力量往哪里摆时，又作出了先修葛洲坝工程的决策。两次避免了贸然进军三峡的风险，同时又开辟了通向三峡工程的道路。

20世纪70年代初，长江葛洲坝工程在边施工、边设计、边勘测的情况下，出现了一些问题，周恩来于1972年11月，连续三次主持召开葛洲坝工程汇报会,果断地决定把工程停下来,整顿队伍,修改设计方案。

11 月 8 日,周恩来说:"长江出了乱子,不是一个人的事,不是你的事,也不是我的事,是整个国家、整个党的问题。"

11 月 9 日,他针对高坝大库的建设说:"我对这个问题是战战兢兢,如临深渊,如履薄冰。可不要太自信。"

长江葛洲坝工程的胜利建成,与周恩来"戒慎恐惧"、积极慎重的治水态度是分不开的。

3. 以戒慎恐惧的精神抓"上天"

1972 年 11 月 21 日,在葛洲坝工程汇报会上,周恩来说:"二十年我关心两件事,一个上天,一个水利。这是关系人民生命的大事,我虽是外行,也要抓。"

"上天"即以"两弹一星"为代表的尖端科技,是国家整个科学技术、工业、国防现代化水平高低的主要标志,直接关系到国家的兴衰安危。周恩来领导制定 1956 年至 1967 年科学技术发展远景规划时,将突破原子能和导弹等尖端科技视为重中之重。周恩来认为,第一,只有突破尖端才能带动和促进我国整个科学技术的发展。"科学技术新发展中的最高峰是原子能的利用。原子能给人类提供了无比强大的新的动力源泉,给科学的各个部门开辟了革新的远大前途。"第二,只有突破尖端才能带动和促进我国整个国防建设和经济建设的发展。"只有掌握了最先进的科学,我们才能有巩固的国防,才能有强大的先进的经济力量。"第三,只有突破尖端才能赶上世界先进科学水平,不断缩小差距。如果跟在人家后面把所有的程序都走一遍,那就永远赶不上人家。"我们要记着,当我们向前赶的时候,别人也在继续迅速地前进"。①

---

① 《周恩来经济文选》,中央文献出版社 1993 年版,第 234—235 页。

　　周恩来抓"上天"这件事,其"戒慎恐惧"的精神具体化为"严肃认真,周到细致,稳妥可靠,万无一失"的十六字工作指导方针。在"两弹"试验基地,工作者们精心选出彩色石块拼成这十六个大字,镶嵌在各工地的戈壁滩上。这十六个大字刻在"两弹一星"的科学家和每一个工作者的心上,是各个基地尖端试验工作者的座右铭。

　　在第一颗原子弹研制过程中,周恩来就多次阐明这一指导思想。1963 年 3 月 21 日,在第五次中央专委会上,周恩来指示:二机部的工作要有高度的政治思想性、高度的计划科学性和高度的组织纪律性。1964 年 7 月 14 日,周恩来针对组织首次核试验预演,要求工作要做细致做周到,防止意外,每个环节都要加强保卫、保密工作。

　　1965 年 3 月 20 日,针对第二次核试验准备工作,周恩来强调要吸取上次核试验的经验,更周到、更细致更妥善地做好全面安排。5 月 5 日,周恩来叮嘱第二次核试验要加强政治,积极谨慎,戒骄戒躁,要特别细心,一点儿不能疏忽大意。

　　针对"两弹"结合试验,1966 年 10 月 8 日,周恩来指出:这次试验,事关重大,不能出乱子。要严格检查,一切工作都要百分之百地保证没有问题才行。10 月 20 日,他又特别强调要保证万无一失。

　　针对氢弹空爆试验,1967 年 6 月 12 日,周恩来指出,这次试验又有更新的特点,应认真严肃地对待,切实解决存在的问题。他说,防止意外情况发生,很关键的是保证伞的强度和正常开伞,这个问题必须认真对待。

　　针对第一颗人造卫星的发射准备工作,1970 年 4 月 16 日深夜,周恩来叮嘱罗舜初:在发射现场要一丝不苟地进行检查,一颗螺丝钉也不能放过。4 月 20 日,周恩来又提出了这次卫星发射要做到安全可靠、万无一失、准确入轨及时预报的全面要求。

　　这十六字方针不仅是用来要求尖端科技队伍的,而且,周恩来自己是身体力行的。朱光亚回忆说："每次核试验前听汇报,他总是要仔细地询问可能影响成败的各个关键环节,而且还要求我们把各种不利或意外因素考虑到。例如,弹已挂上飞机后,气象起了变化怎么办? 万一弹投不下来怎么办? 飞机带弹返回机场时会不会弹又意外地脱钩? 这种情况下又应采取什么可靠的保险措施? 等等。有时得不到满意回答,他就暂时休会,给我们一段时间,让我们回去找更多的同志进一步研究,直到有了令人放心的答案后才复会,再审议,作决定。"①

为什么要这样做? 其一,周恩来认为"上天"同水利一样,"这是关系人民生命的大事"。其二,周恩来说:"我们国家穷,做什么事,都要考虑周到。略有失误,都会加重人民的负担啊。"

实践证明,"严肃认真,周到细致,稳妥可靠,万无一失"是向尖端进军制胜的法宝。按照它办,就可以避免可能出现的奇灾大祸和巨大浪费,忽略了它,就招致失败。

周恩来以"戒慎恐惧"的精神抓水利、"上天",是这两个战略重点取得一系列重大成就的重大原因之一。

二、地质工作中与李四光的协力

李四光是我国杰出的地质学家,也是我国科学界的一面旗帜。他15 岁东渡日本学习造船机械;1913 年去英国伯明翰大学,先学采矿,后改学地质;1920 年回国后,先后任北京大学地质系教授、主任,中央研究院地质研究所所长;新中国成立后,历任中国科学院副院长,中国科学院古生物研究所所长,中国地质工作计划指导委员会主任,地质部部长,中国科学技术协会主席。他为新中国以"两弹一星"为代表的尖端

---

① 《不尽的思念》,中央文献出版社 1990 年版,第 307 页。

科技的发展,为石油资源的勘探、地震科研的组织作出了重大贡献。周恩来是李四光的知心好友。李四光作出的重大贡献与周恩来的政治协力作用密不可分。

1. 期待李四光回国

李四光与周恩来1945年相识于山城重庆。当时,周恩来把毛泽东和中共中央的政治主张传达给李四光,使他在黑暗中看到了胜利的曙光。李四光是个不喜欢多说话的人,但他见了周恩来总有说不完的话。他第一次见周恩来后,曾情不自禁地对夫人许淑彬说:"我从周恩来先生身上产生一个最大的感觉:中国有了共产党,中国就有了希望。"

鉴于李四光反对蒋介石的立场,周恩来在重庆指示李四光先出国避一避,以免遭受迫害。这样,李四光于1947年去英国,1948年应邀出席在伦敦举行的第18届国际地质学会。此后到新中国成立之初,李四光一直旅居国外,但他的心却一直留在国内。在国内解放战争节节胜利,国民党政府下令李四光担任所长的地质研究所赶快南迁时,李四光当即从国外打电报、写信给所里的同事,力阻搬迁。由于李四光和地质研究所南京同仁的努力,反搬迁斗争取得了胜利。南京解放时,地质研究所完整地回到了人民手里。对此,周恩来称赞李四光是个有骨气、有志气的人。

新中国成立伊始,周恩来总理国务,深感建设需要各方面的人才。他认为像李四光这样的有爱国心、有才干、正直的知识分子,一定要让他回到新中国的怀抱。党中央和周恩来始终期待李四光回来参加新中国的建设。1949年4月初,周恩来让去布拉格出席世界和平大会的郭沫若给李四光写一封信,请李四光尽可能早日回国参加建设。9月,身在国外的李四光被推选为全国政协委员,10月,被任命为中国科学院副院长。

听到党中央和新中国的召唤,李四光归心似箭。当时一位朋友告诉李四光:国民党外交部密令其驻英大使,要李四光公开发表声明,拒绝接受共产党领导的全国政协委员的职务。否则,就有可能通过英国当局将李四光扣留,送往台湾。在这种情势下,李四光冒着被国民党扣留、暗杀的危险,决定携夫人提前秘密离英,绕道几个国家返回祖国。

为保护李四光安全回国,1949 年 11 月 15 日,周恩来致函新华社驻布拉格分社社长吴文焘和中国驻苏联大使王稼祥,嘱咐他们:"李四光先生受反动政府压迫,已秘密离英赴东欧,准备返国,请你们设法与之接触。并先向捷克当局交涉,给李以入境便利,并予保护。"①

李四光离开英国后,周恩来派人打听他的下落。由于乘坐的是香港货轮,要绕道几个国家,有一段时间不知道李四光的下落。当时有一种谣传说李某人是不会回来的,去别的地方了。周恩来坚信李四光一定会回来,并指示解放后的第一次全国地质会议一定要等李四光回来再开。李四光回国后得知这件事,极为感动。

2. 登门拜访,委以重任

1950 年 5 月,李四光夫妇回到了北京,住在北京饭店。第二天,周恩来就专程登门拜访李四光。

这天下午 5 点左右,李四光夫妇正在埋头工作,忽然进来两位同志对李四光说:"李四光先生,有位中央负责同志来看你。"

李四光刚刚起身,周恩来已经跨进了房门,一把攥住了李四光的手高兴地说:"你终于回来了! 欢迎你,欢迎你,祖国需要你呀!"

李四光完全没有想到,周总理工作那么忙,会亲自来看望他。他紧紧拉着周总理的手,仔细端详着周总理,热切地说:"总理,你比前几年胖了。"

周恩来两手在胸前一抱,开朗地笑着说:"我听说,你回国来心脏

---

① 《周恩来书信选集》,中央文献出版社 1988 年版,第 425 页。

病又犯了。这可要抓紧时间,请医生看看。还有许大姐,你的高血压怎么样? 也要好好地检查检查。这和在重庆那会儿不同了,我们有了人民自己的医院哟。"

周恩来又指了指桌上的地图、资料说:"你们在一起,真是一谈话就离不开本行啊!"大家都笑了起来。

李四光向周恩来请示、汇报地质工作的问题。周恩来认真听李四光讲完后说:"我们的事业正在开始,不论是工业还是国防,都和地质工作分不开。地质工作要当先行。中华人民共和国成立不久,我们就打算召开第一次全国地质工作会议,那时候我想,没有个挂帅的,一定要等你回来。有人说,李四光不会回来,到台湾去了,那是一种传言,我们是不信的。我说我了解他,我相信他不会去台湾。回来晚了一定是有什么困难耽搁了。你看我说得不错吧?"周恩来说完又笑了。

李四光听了周恩来这番话,感动极了:周总理是这样信任自己啊!他本来想向周总理辞去科学院副院长的职务,现在再也没有勇气说出口了。

李四光详细地向周恩来讲了回国的经过和在国外的见闻,最后又讲到地质工作上来。他说:可惜过去搞地质的人太少了。旧中国顶多有两百多个,有的还因生活无法维持改了行。

周恩来说:"我们要先把这些专业人员集中起来,把队伍整顿一下,你看是不是先成立一个委员会,你来当一段时间的主任,等到条件成熟了,再成立地质部? 总之,我们要尽快地开展工作,进行矿产资源的勘探和开发。"

周恩来又问了他关于中国地质构造的特点、地质力学的理论,几年来国外科学的发展和英、法、美一些著名科学家的情况等。他称赞李四光不盲从外国权威,创建了自己的地质力学;又委婉地建议他,今后还要学习马列主义、毛泽东思想,把自己的世界观提高到辩证唯物主义和历史唯物主义的高度。他说:地质力学对传统地质学是一场革命,要发展地质力学,必须以革命的世界观来指导啊!

时钟敲过了8点,长安街上已是万家灯火。周恩来的汽车已经远去了,李四光的内心还激动不已。

后来,李四光每当回想这次谈话总是满怀深情地说:"总理对我这样热情,这样信任,我一定要加倍努力发展我国的地质科学。"这次谈话后,李四光立即对中国地质工作的一系列问题进行了认真研究,并于5月16日,向当时留在中国大陆各地质工作岗位上的地质人员总共299人发出信件,征询意见。在多数地质专家支持下成立了中国地质工作计划指导委员会,地质专家有组织地动员起来。

1952年中央成立地质部,李四光被任命为部长。1955年,在周恩来支持下,成立了地质力学研究室,1956年成立地质力学研究所。李四光高兴地说:"我已不再是单干户了,我的伙伴逐渐增加了。"李四光独创的地质力学成长发展起来。

3. 关心李四光的身体健康和政治生命

周恩来视李四光为国宝,不仅委以重任,而且关心李四光的身体健康,关心李四光入党。

1956年8月,周恩来到北京医院看望正在那里住院的李四光,鼓励他要与疾病作顽强的斗争。

1957年初,李四光患肾脏病,组织上送他到杭州疗养。3月的一天,阳光温暖,春风宜人。吃完早饭,李四光和夫人许淑彬到院子里散步。突然,一辆汽车开来,停在山坡下面的竹林旁边。一个熟悉的身影走下车来,顺着小路登上山坡,健步向他们的住地走来。啊,是周总理!李四光喜出望外,快步迎了上去。

"总理这么忙,还来看我!"李四光紧握周恩来的手,激动得不知说什么好。周恩来是趁着陪外宾到杭州参观的机会抽空来看望李四光的。他看到李四光精神很好，两人就亲热地谈了起来。

周恩来先谈了当时国际上人们所普遍关注的匈牙利事件。接着告诉李四光，根据毛主席的意见，党内很快就要整风了。他要李四光考虑一下，有什么意见尽可能提出来，帮助党搞好整风。

他还问李四光自己对参加中国共产党有什么想法？望着周恩来诚恳的目光，李四光禁不住将久蓄心底的愿望和为什么迟迟没有向党提出申请的原因和盘托出。李四光说：在旧社会，我缺乏觉悟，没有投身于革命队伍中，已深感惭愧；革命成功后虽然对国家建设出了一点力，但离一个共产党员的标准仍相差甚远；况且自己年龄大了，身体又不好，入了党不一定能起到一个共产党员的先锋作用。听了李四光的话，周恩来诚恳地对李四光说：不要爱面子嘛，爱面子可不是无产阶级知识分子的态度。帮助李四光认识革命不分先后的道理。又说，很需要知识分子为党工作，入党后，可以更直接接受党的教育和领导，可以更好地为人民服务。入党是自愿的，可以好好地再考虑一下这个问题，可以和地质部以及科学院党组织的领导同志再谈谈自己的想法。

这年7月，李四光转青岛疗养后发现左肾有一肿块。11月回京住进北京医院，准备做肾切除手术。手术前后，周恩来多次到医院看望李四光。第一次到医院，周恩来在病房坐了一个多小时。临走时，他对李四光的女儿说："一定要照顾好你父亲，这是党交给你的一个重要任务。"周恩来第二次到医院，是李四光手术前的一天。他亲自审阅手术方案，询问了手术中可能发生的情况以及处理办法。他鼓励李四光要增强战胜疾病的信心。手术后，周恩来第三次到医院看望李四光。他祝贺李四光闯过了手术这一关。周恩来在病榻边又一次谈到了李四光的入党问题。李四光激动地对周恩来说："我的入党申请书已经写好了，请党考验我吧。"

临走时，周恩来请李四光考虑是否请董老做他的入党介绍人，因为董老对他了解得是很清楚的。周恩来这样关心李四光的政治生命,使李四光感动极了。从李四光的神情看,再没有什么能比这件事使他在病中更加感到安慰的了。

1958 年 12 月 22 日,李四光光荣入党。他说:"我入党了,这是我一生中最愉快不过的事情!我活了 70 岁,到现在,才找到了归宿。"入党以后的李四光更加严格要求自己,更加努力地工作。1959 年,他完成了科学名著《地质力学概论》一书。接着又和其他地质工作者一起,在找矿,以及开发地热、地下水方面取得了许多重大成果。

4. 开发铀矿资源

周恩来认为各项建设首先需要地质资料,否则无从下手;工业建设有待于矿产资源的勘察、开发与利用。

中国的核工业和核武器的发展是从铀矿普查发端的。周恩来对铀矿资源的勘察工作十分关注,地质部自成立之日起就将铀矿勘探作为地质工作的战略重点之一。

1952 年 11 月 8 日,周恩来看到一份关于鞍钢一位职工寄来一小木箱铀矿石的报告后,当即请毛泽东、朱德、高岗、陈云、邓小平、薄一波传阅,提出请苏联政府即派专家来共同勘察,并需将该出产矿石区划为禁区,不得参观和自由采石。11 月 11 日,周恩来又为此与李四光面谈了一次。

1954 年 6 月至 10 月,地质专家对已发现过铀矿物的辽宁海城和广西富钟杉木冲等地进行了考察,并从杉木冲带回了铀矿石标本。地质部把这个情况及时报告了毛泽东和周恩来。毛、周极为重视,认为在国内找到足够数量的铀矿资源是大有希望的。这年冬,根据周恩来的指示,在国务院第三办公室下设立地质部普查委员会第二办公室,开始中国铀矿资源的开发工作。

1955 年 1 月 14 日下午,李四光、钱三强应约来到中南海西花厅。

周恩来向他们仔细询问了我国核科学的研究状况、人员、设备以及铀矿地质等情况,并告诉李四光、钱三强,中央要研究这方面的问题,到时请带上铀矿探测仪器进行探矿模拟表演。

晚上,周恩来写信给毛泽东,拟在 15 日下午中央主要负责同志同李四光、钱三强一谈,并观看表演。信中,周恩来说:"下午三时前,李四光午睡。晚间,李四光身体支持不了。请主席明日起床后通知我,我可先一小时来汇报一下今日所谈,以便节省一些时间。"①寥寥数语,周恩来关心李四光比关心自己为重的情景,跃然纸上。

1 月 15 日,毛泽东主持召开了有刘少奇、周恩来、朱德、陈云、彭真、彭德怀、邓小平、李富春、薄一波等参加的中共中央书记处扩大会议,听取了李四光、钱三强、刘杰的汇报。李四光、钱三强用铀矿标本和探测器进行现场表演,当盖革计数器接近铀矿石发出嘎嘎响声时,大家都高兴地笑了。听完汇报后,毛泽东十分高兴地说:"我们国家现在已经找到铀矿,进一步勘探一定会找出更多的矿床。"这次会议作出了发展原子能事业、研制原子弹的决定,拉开了中国核科学技术研究和核工业建设的序幕。

历史证明,没有铀矿勘探列为地质工作战略重点的安排,就没有第一颗原子弹的爆炸成功。

5. 石油勘探放异彩

中国曾被认为是一个贫油国家。新中国成立之初,石油资源探明的储量远远落后于工农业建设和国防建设发展的需要。陈云在编制第一个五年计划时说:"石油工业的发展赶不上需要。石油的供应,不仅第一个五年计划,就是第二个五年计划也是不够的。现在主要是寻找

---

① 《周恩来书信选集》,中央文献出版社 1988 年版,第 512 页。

石油资源的问题。"①

新中国石油工业放出异彩是从石油勘探起步的。

毛泽东、周恩来对石油资源不明、石油供不应求的情况高度重视。1953 年底,他们约李四光到中南海,就发展石油工业的道路问题,即发展人造石油还是找天然石油征询意见。李四光基于我国地质人员提供的对中国地质构造与油气资源的调查资料,运用地质力学的理论,分析了石油形成的基本条件,深信我国具有丰富的天然油气资源,对勘探前景予以肯定。李四光指出:在我国辽阔的领域内天然石油资源的蕴藏量是很丰富的。目前关键的问题是要抓紧做好地质勘探工作。毛泽东、周恩来听后深表赞许,强调今后要加强石油的勘探与开发工作。周恩来在国务院司局长以上的一次干部会议上说:石油在我们的工业中是最薄弱的一个环节,首先是勘探的情况不明。地质部部长很乐观,对我们说,地下蕴藏量很大,很有希望。我们很拥护他的意见。

1954 年 12 月,国务院作出决定,责成地质部从 1955 年起承担石油普查任务。为此,地质部将普查固体矿产为主的普查委员会转为专门领导石油普查的机构。1957 年,地质部作出石油地质工作战略东移的决定,将原在西北的石油勘查队伍陆续调往松辽、华北、华东等地区,充实和加强这些地区的油气勘查。

新中国成立 10 周年前夕,我国石油勘探取得重大突破——在松辽平原上发现了大庆油田,从此揭开了中国石油开发新的一页。对这一石油勘探成果,周恩来予以高度评价。他在三届人大的政府工作报告中说:第二个五年计划期间建设起来的大庆油田,是根据我国地质专家独创的石油地质理论进行勘探而发现的。他称赞石油已放出异彩。

历史证明,没有石油勘探列为地质工作战略重点的安排,就不会有

---

① 《陈云文选》第 2 卷,人民出版社 1995 年版,第 240 页。

石油工业放出异彩。

6. 投入地震预测、预报研究工作中

中国是一个多地震的国家,自历史上第一次地震记载(公元前 1177 年)到中华人民共和国成立的三千多年历史中,发生过千百次强烈地震,每次都给人民生命财产造成重大损失。实现对地震灾害的预测预防,是几千年来人民的愿望。中华人民共和国成立后,1956 年制定的 1956 年到 1967 年科学技术发展远景规划中,已将地震灾害及预防研究列为国家任务,开始建立基本地震台,整理地震历史资料,绘制地震区划图,培养地震科研专业队伍,并开展地震波传播的理论、震源机制及地震地质研究。但是,20 世纪 60 年代以前,因当时我国境内地震活动处于平稳阶段,再加上科学技术发展水平的限制,我国尚未开展对地震的预测工作。邢台地震后,在周恩来支持下,地震预测预报研究工作开展起来,李四光是这一工作的领路者。

1966 年 3 月 8 日,河北邢台地区发生了强烈地震。当天,周恩来召开紧急会议,讨论震情和震后所应采取的措施。会上,周恩来问大家:"我们能不能预报地震? 如果可以预先知道地震的时间,那么就可以减少损失。"有人说,地震预报国外搞了许多年都没有解决,我们更解决不了。周恩来问坐在身边的李四光:"李四光同志,你的意见呢?"李四光答道:"地震也是一种自然现象,它的发生是有个过程的,是可以预报的,不过还需要做大量的探索工作。"周恩来听了,高兴地说:"李四光同志独排众议,说地震是可以预报的。这很好。我们就是要有这个决心,有这样的志气! 世界上没有解决不了的困难。我们的前人只给我们留下了地震的记载,我们就要给我们的后人留下预报的记录。"会后,地质部地质力学研究所组成 11 人考察队于 8 日晚出发到地震区进行考察、物测,研究抗震措施。

第二天,周恩来冒着余震的危险,代表党中央、国务院赶赴灾区视

察灾情,慰问群众。

3月22日,邢台地区再次发生强烈地震。3月31日至4月5日,周恩来再次到邢台地区慰问地震灾民,部署抗震救灾工作。李四光当时已患动脉瘤病,根据周恩来指示,领导上免去他一切外出任务。当李四光得知周恩来走遍灾区各县,再也坐不住了,坚持要去灾区调查。李四光对劝阻他的医生说:"你们不要再拦我,总理还冒着生命危险去灾区,我是做这个工作的,怎能贪生怕死不去!"就这样,李四光以77岁高龄去了灾区。

1969年7月18日下午,山东渤海发生地震,北京波动也相当大。当时,周恩来正在会见外宾。送走外宾之后,他立即在中南海主持召开紧急会议,听取地震专家的汇报,部署抗震救灾工作。会上组成地震工作小组,以李四光为组长,刘西尧为副组长,吸收地质部、科学院、科委、石油部、海洋局等有关同志参加,加强地震观察和预报能力。李四光承担这一任务后,加紧进行地震预报的研究。

有段时间,北京周围地区小震活动很频繁,有人向国务院打了一个报告,预报第二天早晨7点钟,北京将会有7级地震发生,要求国务院通知全市居民都搬出去住,并建议毛主席也搬到帐篷里去睡。气氛顿时紧张起来。周恩来在国务院小礼堂主持开会,紧急通知李四光参加。周恩来在听了各种意见之后,又问李四光情况是否这样紧急?

李四光根据几个地应力台站的数据判断,无异常现象,就对周恩来说,问题不大,北京不像有大地震马上要发生的样子,最好不要发警报,天气那么冷,老人和小孩都出来过夜要冻病的。他还轻轻地对周恩来说:"最好毛主席也不要出来,万一受冻感冒了,怎么办?"

周恩来信任李四光,采纳了他的意见,决定不发临震预报。会议结束后,为了照顾李四光的身体,周恩来让他早点回家休息,自己却和大家一起,坚守工作岗位,直到第二天早晨七点后,才放下心来。由于周恩来采纳了李四光的意见,使人民群众避免了许多不必要的麻烦,保证了生产和生活的正常进行。

1971年4月29日,李四光因动脉瘤破裂而去世。在这之前,李四光最担心的是周总理交给他的地震预报任务不能完成。

周恩来对李四光逝世感到非常沉痛。5月2日,他参加李四光的追悼会并致悼词,指出:"李四光同志是一面旗帜","对社会主义作出了很大贡献","是卓越的科学家"。他对地震工作者说:"现在任务交给你们了"。他指示把李四光遗留的科研成果资料整理出来,号召全国科技工作者要"继承李四光同志的遗志","向李四光同志学习!"

三、导弹航天科技发展中与钱学森的协力

钱学森,中国著名科学家,中国导弹航天事业起步和发展中的引路者。他1934年毕业于上海交通大学机械工程系,1935年留学美国,1939年获加州理工学院航空和数学博士学位,曾任加州理工学院航空系助理研究员、讲师、副教授,麻省理工学院教授,加州理工学院教授。1955年回国后,历任中国科学院力学研究所所长,国防部第五研究院院长,第七机械工业部副部长,国防科委副主任,国防科工委科技委员会副主任,中国科学院主席团执行主席,中国科协主席、名誉主席,全国政协副主席。中国导弹航天事业的起步和发展,记录着周恩来和钱学森同心协力、亲密交往的历史。

1. 钱学森回国是周恩来外交努力的结果

中国是火药的祖先,也是火箭的故乡。两千年前,中国就发明了世界上最早的实用飞行器——风筝。春秋时期著名工匠公孙般曾经"削竹木以为鹊,成而飞之"。在李约瑟博士笔下,世界最早的火箭之父是明朝时中国人万户。万户的原始火箭上连着一把太师椅,万户坐在太

师椅上,点火后,火箭连同坐在太师椅上的万户,直冲云霄。不过,万户未能会见月宫里的嫦娥,而是成了第一个乘火箭上天的殉难者。中国的四大发明、中国的火箭、中国的万户,这是每一个中国人的骄傲。但是,近代中国由于社会制度腐败、经济技术落后,沦落到任列强欺侮被动挨打的地步。新中国成立后,为实现中华民族的伟大复兴,毛泽东、周恩来号召海外中国的科学家和留学生回国参加建设。海外学子在祖国的召唤下,突破一切阻力,纷纷归来。钱学森是从海外归来报效祖国的突出代表。

1950 年 7 月,钱学森决定以探亲为名回国,不再返美。但却因此先受到拘留,继而受到监视。理由是:凡是在美国受过像火箭、原子能以及武器设计这一类教育的中国人不准离开美国。因为他们的才能可能被用来抗美援朝。对于钱学森,美国人认为"无论走到哪里,他都抵得上五个师",更是羁留的重点了。

1954 年 4 月 26 日至 7 月 21 日,中、苏、美、英、法五大国参加的日内瓦会议,虽然和平解决朝鲜问题的讨论没有取得任何结果,但经过周恩来的努力,达成了在印度支那停战的协定,改善了同西方的关系。会议期间,中国和美国的代表团人员就两国侨民和留学生问题进行了五次接触,并且达成协议:会议结束后,两国在日内瓦继续进行领事级会谈。一年后又升格为大使级谈判。在双方代表团接触之初,周恩来就嘱咐王炳南,在协商一批旅美华人回国问题时,务必向美方代表提出钱学森回国的问题。

1955 年 6 月的一天,钱学森夫妇避开特务的监视,在一封写在一张小香烟盒纸上的寄给在比利时亲戚的家书中,夹带了给陈叔通先生的信,请求祖国帮助他回国。陈叔通收到信后立即送给了周恩来。

日内瓦会议之后的中美大使级会谈将于 8 月 1 日开始,周恩来利用这一契机,一方面下令在 7 月提前释放阿诺德等 11 名美国飞行员,

一方面授意中方王炳南大使,依据钱学森的这封信,同美方交涉。8月
5日,美国政府通知钱学森可以回国。9月17日,钱学森夫妇终于踏上
了回国的归途。

钱学森回国,既是周恩来外交努力的结果,也使周恩来兴奋不已。
据王炳南回忆:20世纪50年代末,周恩来曾经在一次会议上说:中美
大使级会谈至今虽然没有取得实质性成果,但我们毕竟就两国侨民问
题进行了具体的建设性的接触,我们要回了一个钱学森。单就这件事
来说,会谈也是值得的,有价值的。

2. 周恩来交给钱学森写个意见书的任务

钱学森回国后,为了解中国的工业情况,去了东北。到哈尔滨时,
陈赓大将特地从北京赶到哈尔滨接见、招待钱学森。陈赓问钱学森的
第一个问题是:"中国人能不能搞导弹?"钱学森答道:"为什么不能搞!
外国人能搞,我们中国人就不能搞? 难道中国人比外国人矮一截!"陈
赓听后高兴地说"好!"彭德怀元帅在会见钱学森时,讨论了研制近程
导弹等问题。

1955年初冬,叶剑英元帅和陈赓大将陪同钱学森去见周恩来。未
经介绍,周恩来就迎上来握着钱学森的手亲切地说:"你就是钱学森
吧? 你在美国的事我早有所闻。"周恩来交给钱学森一个任务:写个意
见书——怎么组织发展航空、导弹这个研究机构?

在周恩来启示下,钱学森于1956年2月17日提出了《建立我国国
防航空工业意见书》,对中国发展航空及导弹火箭技术,从领导、科研、
设计、生产等方面提出了建议。

钱学森认为,健全的航空工业,除了制造工厂之外,还应该有一个
强大的为设计而服务的研究及试验单位,应该有一个作长远及基本研
究的单位。自然,这几个部门应该有一个统一领导的机构,做全面规划
及安排的工作。钱学森还提出,调派高校毕业生到苏联去学习飞弹火

箭制造工艺,同时请苏联专家为我国设计飞弹火箭制造的一系列工厂,预备到 1958 年生产我国自制的飞弹及火箭。

周恩来非常重视钱学森的意见书。2 月 21 日,他逐字逐句地审阅,对个别标点、字、句作了修改,并在标题下署上"钱学森"三个字。然后,他吩咐秘书打印 6 份。2 月 22 日,周恩来在送请毛泽东审阅的意见书打印稿上写道:"即送主席阅,这是我要钱学森写的意见,准备在今晚谈原子能时一谈。"

3. 任命钱学森为国防部五院院长

在中央领导人看了钱学森的意见书之后,周恩来亲自主持军委会议,决定组建导弹航空科学研究方面的领导机构——航空工业委员会,开始由周恩来、聂荣臻、钱学森筹备。1956 年 5 月 26 日,周恩来再次出席中央军委会议,作出了成立导弹管理局和导弹研究院发展导弹的决定。会上,周恩来说,中国发展导弹不能等待一切条件都具备了才开始进行研究工作,应当采取集中力量,突破一点的方针。

为了解决组建导弹研究院的技术人才问题,5 月 29 日,周恩来委托聂荣臻,邀请国务院秘书长习仲勋、副总参谋长兼军事工程学院院长陈赓、国家科委副主任范长江、一机部部长黄敬、中国科学院副院长张劲夫、清华大学校长蒋南翔等 33 位有关部门领导人共同研究,提出方案。过了几天,聂荣臻将需要商调的 380 名中高级技术人员的名单报送给周恩来,他看后对聂荣臻说:"你们需要的干部同各部门商调就可以了。"就这样,任新民、屠守锷、梁守槃、庄逢甘等 30 多名专家被选调到导弹研究院工作,和当年分配的 100 余名应届大学毕业生一起组成了最初的导弹研究队伍,加上随后调入的蔡金涛、黄纬禄、吴朔平、姚桐彬等专家,形成了中国发展导弹技术的第一支骨干队伍。这支队伍的领路人就是钱学森。10 月 8 日,周恩来任命钱学森为国防部五院(即导弹研究院)院长。

在争取苏联帮助时,为打破同苏联谈判的障碍,周恩来提议授予钱学森中将军衔。

20世纪50年代末、60年代初,在苏联毁约撤退专家,国内遭受"大跃进"的严重失误、遇到严重的自然灾害时,导弹研制工作仍取得进展。1960年11月和12月,中国仿制的近程地地导弹进行3次发射试验,获得成功。1964年6月29日,第一发改进设计后的中近程地地导弹在西北综合导弹试验基地进行飞行试验,获得成功。以后,又连续进行多次试验,均获成功。

4. 任命钱学森为第七机械工业部副部长

1962年11月成立的以周恩来为主任的中央15人专门委员会,主要是为了加强对原子能工业建设和核武器研制工作的领导,但对导弹研制工作也给予了一定的重视。1964年10月16日,第一颗原子弹爆炸成功之后,发展导弹核武器,解决运载工具已成为紧迫任务。周恩来及时提出,立即抓加强型原子弹、氢弹和导弹,并特别指出"两弹结合试验"为下一步重点。在讨论导弹问题时,周恩来提出要在国防部五院的基础上成立一个部。1964年11月23日,中共中央决定成立第七机械工业部,统一管理导弹工业的科研、设计、试制、生产和基本建设工作,加速导弹工业的发展。钱学森被任命为第七机械工业部副部长。

1965年3月,中共中央及时作出了中央专委除管原子能工业、核武器研制外,还要管导弹的决定,增补7人为中央专委委员。中央15人专门委员会也随之改称中央专门委员会。周恩来指示杨成武安排由吴克华抓紧组建第二炮兵;指出"两弹结合"试验要从东风二号抓起;设法保证中央专门委员会的工作重点顺利地转移到战略导弹和人造卫星上来。

在"两弹结合"试验的准备过程中,周恩来一再指示要"绝对保证安全",指示七机部要保证导弹正常飞行,指示二机部要保证做到在导弹掉下来的情况下不发生核爆炸。根据周恩来的指示,七机部组织有关厂、所保质保量按计划完成导弹生产任务,并进行了弹体自毁试验,证明安全系统工作可靠。

"两弹结合"试验与第一颗人造卫星及其运载火箭的研制和发射,正逢"文化大革命"动乱之时。为保证这些工作正常进行,周恩来委派钱学森协同七机部军管会负责人杨国宇处理火箭试车等问题。钱学森不仅协助杨国宇艰难地排除了各种干扰,而且为重大技术攻关贡献了他的智慧。1966 年 12 月 26 日,中程地地导弹首次发射试验成功。1966 年 12 月 27 日,"两弹结合"试验成功。1970 年 1 月 30 日,中远程地地导弹首次飞行试验成功。1970 年 4 月 24 日,我国第一颗人造地球卫星发射成功。在周恩来领导的中央专委会和钱学森等专家协力下,我国的导弹航天科技不断取得重大发展。

5. "文化大革命"期间,周恩来对钱学森的特殊保护

在导弹、人造卫星的研制、发射试验中,钱学森曾多次向周恩来汇报情况。周恩来不仅在组织领导上给钱学森的工作以大力支持,而且在工作方法和思想风范上给钱学森以重大影响。特别是"文化大革命"期间,周恩来对钱学森进行了特殊保护。

1966 年国庆节,周恩来安排了 60 名科学家和技术人员上天安门观礼,其中就有钱学森。这就是一种特殊保护的做法。

1969 年 8 月 9 日下午 1 时至 4 时 45 分,周恩来亲自在国务院会议厅主持召开了有关国防尖端科研的会议。为了使七机部钱学森等专家放开手脚突破工程技术难关,周恩来当众宣布:"部里由钱学森同志挂帅,杨国宇同志为政委。你们两个负责。你(指杨)是政治保证,他(指钱)和其他专家要是被人抓走了,不能正常工作,我拿你是问!"

根据周恩来的指示,军管会保证了钱学森和其他专家的安全。那时,杨国宇还开列了一份需要有卫兵重点保护的工程技术人员名单,开始是几十人,后来上升到几百人。杨国宇把名单呈报上去,却又担心上面派不出那么多的卫兵而不能批准。没想到周恩来很快就表示同意,并表扬了这种做法。周恩来说:"这些同志都是搞国防科研的尖子。即使不是参加某工程的,也要保护。当然不一定都要专门派卫兵,主要是从政治空气上保护他们,不许别人侵犯他们,抓走他们。如果有人要武斗、抓人,可以用武力保护。总之,你的任务就是要想尽一切办法,使他们不受干扰,不被冲击。"在周恩来保护和关怀下,钱学森带领专家和广大科技人员全力以赴攻关,很快就出了重要成果。

1991年10月16日,国务院、中央军委授予钱学森"国家杰出贡献科学家"荣誉称号,表彰他全心全意为人民服务,为祖国科技事业的发展所作出的卓越贡献。在授奖仪式上,钱学森说:"我首先想到的是老一代的无产阶级革命家,没有他们领导中国人民取得新民主主义的胜利,那么快地建立中华人民共和国,恐怕我今天还流落异乡,饮恨终生。老一代革命家中,直接领导我的工作的是周恩来总理和聂荣臻元帅,我永远不会忘记他们,如果不是周总理在十年动乱的岁月里,费尽心力保证我的安全,恐怕今天我已不在人世了。"

四、原子能科技发展中与钱三强的协力

钱三强是我国著名的物理学家、核科学家。他1936年毕业于清华大学物理系,1937年赴法国留学,在约里奥·居里夫妇指导下获得法国国家博士学位,1948年下半年回国,曾任清华大学教授、北平研究院原子学研究所所长。新中国成立后,他参加中国科学院及原子能科学研究基地的组建,历任中国科学院近代物理研究所(后改名为原子能研究所)副所长、所长,中国科学院计划局副局长、局长,中国科学院副院长,浙江大学校长,第二机械工业部副部长,中国物理学会理事长,中

国核学会名誉理事长,中国科协副主席、名誉主席。在中国以"两弹一星"为代表的尖端科技的发展过程中,钱三强同李四光、钱学森、邓稼先等科学家作出了重大贡献。中国的核科学和核工业的发展记录着周恩来和钱三强同心协力、亲密交往的历史。

1. 在西柏坡支持钱三强开展原子核科学研究

当钱三强还在法国留学和从事科学研究的时候,就听到不少关于周恩来在法国勤工俭学时参加革命活动的事迹。他从那时就产生了对周恩来的钦佩和景仰之情。

钱三强第一次见到周恩来是北平解放后不久,在北京饭店举行的一次会议上。周恩来向各界人士作形势报告,精力充沛,襟怀坦诚,语言亲切、中肯,手无片纸,侃侃而谈三四个小时,给钱三强留下了极为深刻的印象。

这之前,周恩来早在西柏坡时就设法鼎力支持钱三强开展原子核科学研究。1949 年初,钱三强在北平研究院原子学研究所工作并在清华大学任教,正着手培训原子核科学干部和筹备建立实验室,但物质上困难很大。1949 年 3 月 18 日,在西柏坡的周恩来起草中共中央致彭真、叶剑英并转李维汉电,决定派一个代表团到法国巴黎去参加保卫世界和平大会,郭沫若是团长,钱三强是团员之一。当时,彭真任中共北京市委书记,叶剑英任北京市军管会主任,李维汉任中共中央统战部部长。钱三强得知这一消息后喜出望外,并向组织上提出趁到巴黎开会的机会,托约里奥·居里教授帮助定购中型回旋加速器的电磁铁和其他一些仪器、图书、资料等。由于当时战争还在继续,国家经济和人民生活十分困难,拿出一笔外汇决非易事,钱三强甚至后悔提出自己的想法。但是,钱三强的想法从北平传到西柏坡,立即得到周恩来的赞成。3 月 22 日,周恩来致电李维汉,指出:钱三强所谈购买仪器设备事,望先调查外汇如何汇去,实验设备买后如何运回。几天后,周恩来又和李维汉面商所需外汇及支付办法。李维汉在怀仁堂附近一间小房子里约钱三强见面,他对钱三强说:"你想趁开保卫世界和平大会的机会,定购一些研究原子核科学需要的器材,中央很支持。""中央对发展原子核科学很重视,希望你们好好筹划。"听到这个传达,钱三强心里热乎乎的,感到未来中国原子核科学的发展定会大有希望!

由于当时的冷战形势,原来预计定购回旋加速器电磁铁的计划未能实现。但后来从法国和英国回国的我国核科学家即用这笔外汇购买了仪器和图书资料带回国内,为创建我国核事业在科学技术上做了一定的基础准备。

2. 从组建近代物理研究所到成立原子能研究所

新中国成立后,以原北平研究院原子学研究所和中央研究院物理研究所原子核物理部分为基础,组建了近代物理研究所。1950 年由中国科学院吴有训副院长兼任所长,钱三强任副所长。1951 年起由钱三强任所长。其任务是研究原子核物理和放射化学,开展原子核科学技术的基础工作,为原子能的应用做准备。后来成为中国的原子弹、氢弹元勋,被人们称为"中国的奥本海默"的邓稼先,当时就在钱三强领导的这个研究所工作。

朝鲜战争期间,美国总统杜鲁门曾叫嚣:"美国已经在考虑同朝鲜战争相联系的使用原子弹问题"。面对美国的核威胁,1952 年 5 月,在周恩来主持下,朱德、彭德怀、聂荣臻、粟裕等中央军委领导人在研究国防建设五年计划时,酝酿过研究试制原子弹等问题,并征询过有关科学家的意见,从各方面进行准备,积极创造条件。

1953 年春,在周恩来关心和过问下,中国科学院代表团访问苏联,钱三强是团长。钱三强在苏联期间正遇上斯大林逝世,周恩来率领中国党政代表团也来到莫斯科。周恩来抽出时间认真听取了钱三强等人的汇报,并给予具体帮助和关照,使钱三强有机会参观了被苏联列为保密范围的一些核科学的研究机构和培养干部的专门院系。钱三强与苏联物理研究所所长斯柯贝尔琴院士交谈中，曾试探苏联能否提供一台中型回旋加速器和一座实验性反应堆。斯柯贝尔琴回答：回旋加速器的技术已经成熟，通过外交途径苏联可以提供；实验性反应堆现在还不能提供，将来提供的可能性是有的。这年，钱三强向国家提出了发展原子能事业的建议，近代物理研究所改名为物理研究所。

1954年，国际社会准备在日内瓦召开原子能和平利用会议，苏联表示对其他国家给予科学技术上的援助。在这种形势下，1955年初，周恩来叫钱三强等带着仪器、设备，做些必要的准备到他那里去汇报，并指示汇报三个内容：一是关于国内原子能科学的准备情况；二是中国科学家所了解的国外原子能事业的发展情况；三是我国要大力发展原子能事业需要什么条件，要干点什么。

1955年1月14日下午，钱三强同李四光应约来到中南海西花厅。钱三强按周恩来的要求汇报了三个内容。周恩来一边听一边记些要点，有时还说："这个问题你再说说。"最后，周恩来告诉他们中央要讨论发展原子能问题，届时要他们带着铀矿石和简单探测仪器，进行汇报并操作表演。1月15日，毛泽东主持召开了中共中央书记处扩大会议，先由刘杰谈了铀矿情况，然后由钱三强汇报。周恩来一面听，一面随时提醒钱三强哪个地方多讲一点，有时还替钱三强作解释。这是一次对我国核科学技术研究和核工业建设具有重大历史意义的会议。

中央在作出发展原子能事业的决定后，1955年7月，指定陈云、聂荣臻、薄一波组成三人领导小组，加强对原子能事业的领导。1956年4月11日，周恩来建议成立原子能委员会，钱三强是委员之一。几个月后，在周恩来提议下国务院成立了以宋任穷为部长，钱三强等为副部长的第三机械工业部（1958年2月改名为第二机械工业部），具体负责实施我国原子能事业的建设和发展工作。

　　为了争取苏联援助,周恩来多次出面与苏联驻华大使尤金谈判,达成了苏联援建一座实验性反应堆和一台回旋加速器的协定。1955 年 1 月 18 日,报纸上刊登了苏联部长会议关于苏联帮助中国和平利用原子能问题的声明。1 月 31 日,周恩来在国务院全体会议第四次会议上作了《关于苏联在促进原子能和平用途的研究方面给予中国以科学、技术和工业上的帮助问题的报告》,既向国务院全体会议通报了情况,也为贯彻落实中央关于发展原子能事业的决定作了重要动员。这年,苏联正式通知中国,在和平利用原子能方面提供一座 7000 千瓦的重水型实验性反应堆和直径为 1.2 米的回旋加速器,并接受科学技术人员去实习。

　　为了安装这些大型设备及其发展的需要,选定北京远郊区坨里为实验基地。

　　1955 年秋,钱三强率领实习团 30 余人去苏联实习反应堆、回旋加速器和在这些设备上进行研究工作的仪器等。

　　1958 年夏,反应堆和回旋加速器等设备建成,经国务院批准,物理研究所改名为中国科学院原子能研究所,由二机部和中国科学院双重领导,以二机部为主,钱三强任所长。至此,在周恩来关怀下中国第一个综合性的原子核科学技术基地初步建成。

　　1958 年 8 月 22 日,周恩来和陈毅、贺龙陪同西哈努克亲王到坨里参观我国第一座实验性反应堆和回旋加速器,受到全体职工的热烈欢迎。

　　3. 发展原子能掌握尖端技术关键在人才

　　新中国成立伊始,周恩来就指出:"人才缺乏,已成为我们各项建设中的一个最困难的问题。不论在经济建设,国防建设,还是在巩固政权方面,我们都需要人才。"[①]

---

　　① 《周恩来教育文选》,教育科学出版社 1984 年版,第 34 页。

尖端科技是知识密集和技术密集的行业。发展原子能掌握尖端科技更需要人才。周恩来说："掌握尖端技术,关键在人才。"①

早在1952年中央军委领导人酝酿研制尖端武器时,周恩来就征求过竺可桢的意见。竺可桢谈了研制尖端武器必须具备的条件:一是要有专家人才,而且要成龙配套,集中研究,现在国内已有一些人才如钱三强等,但人还比较分散,我国在国外也有许多专家,须力争他们回国,形成队伍。二是要进口一些尖端的资料设备,是否能争取到苏联的援助。三是要花大钱,搞尖端武器技术比常规武器技术要贵得多,动一动就要以亿元来计算。周恩来认为竺可桢说的是内行话,采纳竺可桢的意见,采取了一些力所能及的措施。

面对专家人才远远不能满足需要的问题,周恩来一是要求设法发挥现有科学家的作用,"把他们安排在适当的岗位上",使其人尽其才;二是"希望现有的科学家能培养出更多的青年科学工作者";三是号召国外的中国科学家和留学生回国参加祖国的建设。②

1955年1月15日,在毛泽东主持召开的中共中央书记处扩大会议上,听了钱三强、李四光等汇报后,周恩来提出要发展原子能掌握尖端技术,人才培养问题是今后的一件大事。

周恩来这番话使钱三强大有知音之感。钱三强领导的近代物理研究所、物理研究所、原子能研究所,在培养原子能科技人才方面发挥了十分重要的作用。有人说,研制原子弹,全国的关键在二机部,二机部的关键在九院,九院的关键在理论部,理论设计是龙头的三次方。挑起龙头三次方重担的邓稼先任九院理论部主任,就是钱三强推荐的。

在中央作出发展原子能事业的决定后,周恩来问钱三强:有什么办

---

① 《周恩来经济文选》,中央文献出版社1993年版,第405页。
② 《周恩来选集》下卷,人民出版社1984年版,第26、27、28页。

法可以加快干部的培养？比方说,明年就能用上。钱三强等建议集中核物理方面的人才在北京大学创建技术物理系。周恩来支持了这个建议,决定调浙江大学的胡济民、北京大学的虞福春、东北人民大学的朱光亚、上海复旦大学的卢鹤绂到北京大学创办技术物理系。后来,在周恩来关心与过问下,清华大学创办了工程物理系,1958年创办中国科学技术大学时又分别办了近代物理系和近代化学系。这些对培养我国原子科学人才发挥了重大作用,是具有深远的战略意义的决策。

对于钱三强、李四光、钱学森等尖端科技人才,周恩来向来视为宝中之宝,倍加珍爱。中央决定发展原子能事业,周恩来就提出要使懂原子能的专家归队,发挥其特长。他说:"要把现在的原子物理专家逐渐从行政工作中抽出来。物理专家的组织才能都很强,钱三强是科学院的秘书长,又是青联的副主席,钱伟长是清华大学的教务长,周培源是北京大学的教务长,在浙江大学有个物理专家,叫胡济民,担任副教务长,调了好久调不来,这次要下命令调来,从行政部门把他们'解放'出来。如果找不到适当的人选做教务长,当个名誉教务长也可以嘛。总之要号召专家归队。"周恩来还提出组织原子能和平利用讲座,请钱三强等讲课,使更多的人懂得发展原子能事业的重要性,造成一个全党全民关心原子能事业的气氛。他说:"请钱三强、周培源、钱伟长、赵仲尧讲讲,讲时把它录下音来,在全国进行这方面的教育。"他问在座的高等教育部部长杨秀峰:"杨秀峰部长,你懂不懂原子能?"杨秀峰答:"不懂。"周恩来说:"不懂也得去听听课,不懂原子能就不会很热爱。"

"文化大革命"动乱中,周恩来多方保护"两弹一星"的科技专家,其中也包括钱三强。1966年9月,周恩来得知二机部有的专家被抄家,家属受牵连,引起科技人员的严重不安。他立即要求中央军委严肃处理。1966年12月28日,我国氢弹原理试验获得成功。周恩来把钱三强等召集到西花厅听取汇报。为庆贺试验成功,周恩来还特地为钱三强等准备了晚餐。此后不久,钱三强曾受到"文化大革命"冲击,周恩来进行了保护。1973年,有外宾提出要会见钱三强,周恩来和李先念亲自批准钱三强接待外宾。这年夏天,在接待美国科学家代表团时,钱三强又见到五年没有见面的周恩来。周恩来热情招呼钱三强,并亲切地对他说:"三强,听说你生病了,瘦了一些,要注意身体呀!"这年秋天,周恩来见到钱三强时又说:"你气色比上回见面时好了一些,还要注意啊。"可是,此时周恩来正抵抗着严重的病魔,一边吃药,一边接待外宾。

五、"两弹"研制中与邓稼先的协力

人们都知道周恩来担任中央专门委员会主任直到去世,为中国"两弹一星"研制成功付出了巨大劳动,花费了大量心血,是"两弹一星"研制、试验的决策者和组织者。

人们也都知道邓稼先担任核武器研究所理论部主任、所长,站在设计制造和研究的第一线,为原子弹、氢弹研制成功贡献了杰出的智慧、非凡的勇气和全身心的精力,是中华民族核武器事业的奠基人和开拓者。

然而,人们对政治家周恩来和科学家邓稼先之间深厚的情谊、心灵的互通、品德的一致,则知之不多,思之甚少。

1. 周恩来逝世,邓稼先沉浸在对往事的回忆中

1976年1月8日,周恩来逝世。1月9日清晨,中央人民广播电台播发了这条不幸的消息。当时,邓稼先为奔赴现场进行又一次核试验坐在西行的列车上。当他从车厢播音器听到周总理逝世的讣告,一下子痛哭失声。他久久地没有说一句话,沉浸在对往事的回忆中。

在研制镇国之宝——原子弹、氢弹中,邓稼先经常出入中南海和人民大会堂，多次向周总理汇报工作，多次当面接受周总理的决定或命令。

邓稼先想起了 1965 年 5 月 30 日周总理主持的那场"庆功酒会"。

1964 年 10 月 16 日，我国第一颗原子弹爆炸成功。不到 8 个月，1965 年 5 月 14 日，我国成功地进行了第一次由飞机投掷的原子弹空中爆炸试验，这标志着中国有了可用于实战的核武器。核航弹空爆试验成功之后，周总理派专机去西北，把参加首次原子弹爆炸试验和这次核航弹空爆试验的核武器研制和试验部门的负责人、科学家、技术专家及投弹机组的代表接到北京。

5 月 30 日，邓稼先等人一进入人民大会堂，就受到周恩来、邓小平、陈毅、贺龙、聂荣臻、罗瑞卿等中央领导人以及国务院和总部的有关负责人的热烈欢迎。

周总理一边和大家握手，一边歉疚地说：

"大家辛苦了。去年 10 月，本来应该和大家见面的。因为忙，延迟到现在，真对不起。这次空爆成功，计划圆满完成，老总们很高兴，都要来见见有功之臣。"

陈老总朗朗笑道："是来喝庆功酒啊！"

周总理向"有功之臣"举杯敬酒，勉励大家继续努力学习马列主义、毛泽东思想，群策群力、戒骄戒躁，再接再厉；为攀登下一个高峰，尽快掌握氢弹技术，加强国防、保卫和平作出更大的贡献。

此后，邓稼先和他的同事们加强了对氢弹理论的研究。

邓稼先想到了 1971 年夏天与他阔别了 22 年的老朋友杨振宁首次回国探亲访问，周总理召他回北京见客。

两人见面，杨振宁不敢问邓稼先在什么单位，邓稼先也不好明说。

那层窗户纸谁也没有去捅破。

但是，杨振宁从北京去上海临上飞机之前，突然问邓稼先：

"是不是美国人寒春曾参加中国原子弹工作?"

杨振宁这一问非常机智。邓稼先马上意识到,若回答"没有",就暴露了身份;若回答"有"或"不知道"就是骗朋友。他回答道:

"你先上飞机,我去证实一下,然后告诉你。"

邓稼先这一答同样十分机智。他向上级汇报,周总理得知后马上指示:

让邓稼先如实地告诉杨振宁,中国原子武器工程中除了最早于1959年底以前得到苏联的极少援助以外,没有任何外国人参加。

邓稼先听后当即按周总理的指示写了封短信给杨振宁。

杨振宁接到这封信时正坐在上海市革委会举办的欢迎宴会的主宾席上。

这封短短的信给了杨振宁极大的感情震荡。一时热泪满眶,不得不起身去洗手间整理仪容。这位世界超一流的物理学家最清楚,中国在当时的国内外条件下,取得原子弹、氢弹的研制成功,真是太难了。他为中国原子弹、氢弹元勋邓稼先感到骄傲而流泪! 他为古老的中华民族感到自豪而流泪!

2. 大政治家与大科学家的心灵互通

周恩来是政治家,是世界上屈指可数的大政治家。

邓稼先是科学家,是可以同美国的原子弹设计领导人奥本海默相媲美的大科学家。

然而,从政治到科学,从科学到政治,周恩来与邓稼先的心灵始终是相通的。

邓稼先十分重视社会政治条件对发展科技突破尖端的保障作用。

中国人不比外国人少一个脑袋,中国的科学家是出类拔萃的。但是,旧中国四分五裂、一盘散沙,连一辆汽车、一件物理学仪器也造不出来,科学家无用武之地。新中国接收的是一个破烂摊子,但在中国共产党的领导下,在周总理具体负责下,科学家们齐心协力、集智攻关,终于造出了原子弹、氢弹、导弹、人造卫星。

"文化大革命"动乱中,林彪、"四人帮"搞极左政治,贬低科学、贬低知识,科学家遭到摧残,邓稼先也曾挨整,被弄去办学习班。周总理砥柱中流,力挽狂澜,保护了许多科学家,使发展科技突破尖端的进程没有因"文化大革命"而中断。

邓稼先忘不了,1966年9月,周总理得悉二机部有的专家被抄家,家属受牵连,引起科技人员的严重不安,影响科研工作,立即要求中央军委严肃处理。1966年国庆节,周总理安排邓稼先与其他59名科学家和技术人员上天安门观礼;1971年夏天,周总理安排邓稼先回北京见客,两次起到了特殊保护的作用。

科学发展离不开社会、离不开政治。唯其如此,邓稼先特别珍视周总理这样的政治家。他对周总理的病情特别担心,他对周总理的逝世特别震惊。他对周总理逝世后的中国政局特别关心。

1976年1月11日,北京百万群众送总理时,邓稼先正在新疆。此时,他同每一个送灵车的人一样,眼在淌泪、心在滴血。清明节前后,天安门广场贴了好多悼念周总理、反对"四人帮"的诗文,邓稼先去抄了好多回。他的心同伟大的四五运动是紧紧的贴在一起的。

在核武器研制中,周恩来与邓稼先的心灵互通,最典型的是表现在对理论设计重要性的认识上。

原子弹的理论设计是整个原子弹研制、试验系统工程"龙头"的三次方。同样,更为艰难的氢弹的理论设计是更为复杂的整个氢弹研制、试验系统工程"龙头"的三次方。1962年12月,周恩来领导制定了1963—1972年科技发展规划,部署了氢弹的研究试验工作。邓稼先在完成中国第一颗原子弹的理论总体设计之后,又于1963年9月奉命转向更高的目标——承担中国第一颗氢弹的理论设计任务。称邓稼先为中国的两弹(原子弹、氢弹)元勋,盖源于此。

氢弹,一般人的想象是在制造原子弹的基础上提高一步就行了,实则不然。如果说原子弹是用中子做火柴去点燃裂变材料,那么氢弹就是用原子弹当火柴去点燃聚变材料。这就是为什么必须先造出原子弹来才可能有氢弹的缘故。从原子弹到氢弹仍有一段遥远的路程。

周恩来最清楚由原子弹到氢弹的飞跃,关键是理论上的突破。他指示二机部要把氢弹的理论研究放在首要位置上,并注意处理好理论和技术、研制和实验的关系。1965年2月,二机部在《关于加速发展核武器问题的报告》中,把原理探索作为突破氢弹技术的首要措施提出来时,立即得到了周恩来的首肯。

后来,正是由于邓稼先、于敏等科学家在理论上有了重大突破,才使氢弹设计方案形成和付诸试验,取得了第一颗氢弹爆炸成功。

3. 为中华民族的振兴,一样的"鞠躬尽瘁,死而后已"

1986年7月29日,邓稼先逝世。噩耗传出,同十年前周恩来逝世一样,在许多人心中产生了极大的感情震荡。

张爱萍将军是中央专委会成员之一。他既在周恩来直接领导下工作,又是邓稼先的"顶头上司"。他对周恩来和邓稼先有着同样深的了解。

1976年1月8日,张爱萍难以接受周恩来逝世的严酷事实,悲痛不已,在医院病房里含着热泪吟词一首:

> 愁雾弥天,江海水怒号翻滚。
>
> 举世恸,追思勋业,马列开邃。
>
> 为国为民孺子牛,任劳任怨绝代尹。
>
> 艰难际,大任系安危,何驾云!
>
> 惊雷震,天地怨,朔风烈,泪雨淋。
>
> 四十六年前,重军路引。

难忘少年谆教诲,常忆征途亲指领。

提劲旅,打破核垄断。攀万仞。

十年后,张爱萍对邓稼先逝世,心情同样沉重,噙泪赋词痛志哀思:

踏遍戈壁共草原,二十五年前。

连克千重关,群力奋战君当先,捷音频年传。

蔑视核讹诈,华夏创新篇。

君视名利如粪土,许身国威壮山河。

哀君早辞世,功勋泽人间。

杨振宁博士是海外华人科学家的杰出代表。他自 1971 年后回国探亲多次受到周总理接见。他又是邓稼先的同乡、同学、同行(物理学)与挚友。他对周恩来和邓稼先有着同样深的认识。

周恩来逝世后,1976 年 1 月 18 日,美国东岸各界举行了追悼周恩来总理大会。参加者有华侨、留学生、中国血统的美籍人士和美国人士等 1700 多人。杨振宁在会上致悼词。他说:

周总理的逝世是中国人民的巨大损失,也是世界所有维护正义的人的巨大损失。

他贡献了他的一生,无私地为人民服务。我们可以说,这一个伟人的一生的历史,就是新中国的孕育的历史,就是新中国的诞生的历史,就是新中国的成长的历史。他是中国人民的英雄。①

不久,杨振宁回国访问。4 月 15 日上午,邓颖超在人民大会堂江苏厅会见杨振宁。杨说:

"我对周总理不仅非常敬佩,还有一种难以用言语形容的感情。当我从广播中听到周总理逝世的消息时,我十分悲痛,但我还能控制自

---

① 《举世悼念周恩来总理》,人民出版社 1978 年版,第 57、58—59 页。

己。但当我听到周总理遗言要把骨灰撒到祖国的江河里和土地上时，立即在我心里引起十分强烈的感情与理智的冲突，我实在控制不住自己了。"

说到这里，杨失声痛哭。

十年后邓稼先逝世，杨振宁在给邓稼先夫人许鹿希的唁电中表达了同样的情感、哀思与认识。杨振宁说：

"稼先为人忠诚纯正，是我最敬爱的挚友。他的无私的精神与巨大的贡献是你的也是我的永恒的骄傲。"

"如果稼先再次选择他的途径的话，他仍会走他已走过的道路。这是他的性格与品质。能这样估价自己一生的人不多，我们应为稼先庆幸！"

"邓稼先是一个很聪明的人。不过，我想他的最重要的特点是他的诚恳的态度，是他的不懈的精神，以及他对中国的赤诚的要贡献他的一切的这个观念。我想，他受命于中国的政府要造原子弹、氢弹这件事情，根据我对邓稼先的认识，我可以想象到，他就是全力以赴。"①

政治家与科学家所从事的领域以及他们的性格差别是很大的，周恩来与邓稼先亦不例外。

然而，周恩来与邓稼先在各自的岗位上为民族的振兴、国家的富强而奋斗，"鞠躬尽瘁，死而后已"，这种高尚的品德与奉献精神是完全一致的。

这种精神是炎黄子孙永恒的骄傲。

这种精神是中华民族进一步书写自己辉煌历史所须臾不可缺少的。

---

① 《两弹元勋邓稼先》，新华出版社 1992 年版，第 1—2 页。

第五篇 学习周恩来的勤政爱民

一、胸中有数与算账

周恩来早在南开学校上学时就"长于数学，往往于教授外，自出新法，捷算赛速，两列前茅"。①

中华人民共和国成立后，周恩来担任总理26年。他抓经济工作十分重视胸中有数，十分重视算账，十分重视通过掌握具体数字来管理经济。

1. 算资源账

周恩来通过算账，用人多地少的数字说明中国建设的困难和珍惜资源的重要。1957年3月，他说："我们这个国家有这么几个数目字，就说明不是轻易可以建设得好的。6万万人口的国家，这么多人口的国家，而我们现在可耕地只有16万万亩。拿我去过的南亚的一些国家来比，只有东巴基斯坦那个地方人口密，耕地比较少，跟我们几乎相等。除那个地方以外，没有任何一个国家比我们耕地少，都比我们耕地多，有的多了一半，有的多了几倍。我国人口跟可耕地面积比，平均每人不

---

① 南开学校《第十次毕业同学录》所载周恩来小传。

到3亩。城市人口不算,3亩多一点。"他认为,我国这样一个农业基础,来供养我们现有人口,来建设工业,有困难,如果不艰苦奋斗,那不是轻易可成的。1963年,他指出,我国资源有两个很大的弱点:一是耕地少,不到16亿亩,在全国土地总面积中不到12%;二是森林覆盖率低,不到全国土地总面积的10%。他以此教育大家珍惜资源,合理利用资源。

对"大跃进"大办工业滥占耕地,周恩来多次引为教训。1961年4月3日,他说:"在农业耕地上,我们搞工业,搞一个工厂,常常占很多平坝子。比如,兰州、西安、洛阳、郑州、成都等地被占用的一些坝子,都是好地方;河南的新乡、河北的一些平原,动得更多,山东、江苏、长江流域、珠江流域等也都有很多耕地被占用。""这一点我们有些人没有注意到,所以影响了农业"。1962年1月8日,他说,我们自开国以来占了1300多万公顷好地,全国只有耕地11400万公顷,一下子就占去1/10,很痛心。虽开了点荒地,很有限,要接受这个教训。同年2月7日,他又说,12年来,为了搞基本建设、城市建设、水利建设、交通建设等,占用的好地超过2亿亩以上,而12年来,开荒不过1亿多亩,增减相抵,少了1亿多亩的好耕地,这是一个很大的损失。

周恩来通过算账,对于每年耕地增减的数字,对于人均耕地的增减数字,对于国土面积与耕地面积与森林覆盖面积的比较,对于中国与其他大国耕地绝对数与人均占有数的比较,都了如指掌。这为他自觉而坚定的推行保护耕地、珍惜资源的政策奠定了重要的思想基础。

2.算人口账

周恩来通过算账,不仅用人多地少的比较数字,而且用生产和消费的比较数字说明计划生育势在必行。他指出,人多给安排劳动就业带来若干困难和限制,如果充分就业则影响资金有机构成和劳动生产率的提高。"人多消费需要的量就大。衣食住行,首先是食。我国人口现在平均每年增长 2% 左右,每年增加 1000 多万人,这是一个可观的数目,而我们的粮食平均每年增长 3% 左右,增长量并不大。"1963 年,周恩来指出,过去 15 年,出生的婴儿共有 22500 万人,每年都要安排就业升学。1 岁到 15 岁的是已经存在的,就够我们为之奋斗的了,再发展下去,包袱越背越重。这就要大家计划生育,以控制人口过度增长。

周恩来还运用中国人口分布不平衡、民族分布不均的数字,一方面说明民族团结、合作的重要,另一方面指出计划生育政策在汉族和地广人稀的少数民族地区应有所区别。1956 年 5 月,他说,中国汉族占总人口的 94%,其他民族占 6%。但是,少数民族地区占我国总面积的 60%,汉族居住的地区占 40%。中国有两句话:人口众多,地大物博。人口众多指汉族,而地大和物博,主要指少数民族居住的地区。因此,汉族和少数民族非要合作不可,不合作就不能发展中国。1957 年 6 月,他说:"这几年来人口的增长主要的还是汉族,人口与土地的比率变化多。少数民族人口少,生育率也低,人口与土地的比率变化不大。所以,我们提倡节育主要是在汉族。"

3. 算中外经济往来账

周恩来通过算账,运用具体经济指标的中外比较,说明中国经济落后的现实,强调发展中外经济交流、急起直追的迫切性与重要性。1957 年 11 月 8 日,他会见日本来宾时说,日本 9000 万人口,却生产 1100 万吨钢、700 多万吨化肥,我们 6 亿人口,现在只有 520 万吨钢、才生产 50 多万吨化肥。日本每町步地产粮 6 吨多,我们才产 2.2 吨,日本是我们的 3 倍。"你们的工业和农业水平比我们高,我们应当向你们学习。"

1963 年 6 月 30 日,在全国经济工作座谈会上,周恩来倡导要搞生产上的"五好",即品种多、质量高、成本低、消耗定额少、劳动生产率高。他说,鞍钢有十三四万人,人太多,就不能说太好。英国一个 300 万吨炼钢厂,只有两万工人,这个劳动定额多高呀,如果我们把它学来,就可以促进我们冶金工业的大发展。1963 年 12 月,周恩来访问摩洛哥期间参观了一座由意大利帮助兴建的炼油厂。他通过数字比较,深有感触地对身边工作人员说,苏联帮我们在兰州建了一座与此厂生产能力相等的炼油厂,职工多达 6000 人,而这个厂包括技训班在内,总共才 300 人,相比之下,我们人力浪费何等惊人。回国后,他很快指示石油部派技术专家去摩洛哥考察了那座炼油厂。1966 年 5 月 3 日,周恩来视察大庆炼油厂,在询问每个车间多少人、全厂多少人之后,再次提到摩洛哥的那家炼油厂。他说,"我们的炼油技术也有进步,这个炼油厂的人员在国内比不算多,但比国外就多了,我在非洲看过的炼油厂,他们的人很少。"①1973 年 9 月 13 日,周恩来同法国总统蓬皮杜会谈时,对中法经济水平进行了比较。他说,"如果按国民生产总值每人平均来看,我们不能和你们比,我们少得多。你们的国民生产总值每人平均接近 3000 到 4000 美元","我们是 300 美元多点,你们 10 倍于我们",中国需要几十年的努力,"至少 21 世纪才能达到你们那个水平"。

4. 算经济失误账

"大跃进"中,周恩来对那些浮夸的数字、不切实际的"高指标",不仅不相信,而且提出了批评。1958 年,他在某市郊区看了一块挂牌亩产 10 万斤的高产稻田。田亩上空,像灯光球场一样,电灯通明,加强光照,旁边用鼓风机通风,实际上是几十亩的稻子移在一亩地里。周恩来看了以后心情沉重,因为有外宾在场,没有直接批评。这一年"大办钢铁",河南新乡市一天放出生产生铁 102 万吨的高产"卫星"。周恩来算了算账说,我们在鞍钢,炼一吨生铁,贫矿石要三四吨,炼焦用煤要二三吨,加上石灰石、辅助材料等 10 多吨。河南新乡一天生产 102 万吨

① 宋振明:《周总理和大庆人在一起》,载《我们的周总理》,中央文献出版社 1990 年版,第 257 页。

生铁,要 1000 多万吨运输量,这怎么可能呢?

对于 1958 年大办公共食堂,周恩来也算了一笔账。1959 年 5 月 28 日,周恩来在天津南开大学师生员工大会上说,过去农民在家里吃饭,大口小口,男女老少,人口多人口少,农忙农闲,要调剂着过日子,有时多吃,有时少吃。现在人公共食堂了,人人都吃饭不要钱,大家都一样,来个平均。好,你吃一斤,我也吃一斤;你吃二斤,我也吃二斤。大家算算,五万万四千万的农村人口。如果每天吃二斤,吃了五个月,150 天,这样就变成吃掉多少粮食呢——1650 亿斤的细粮,粗粮就是 2000 亿斤。大家想想,这不是就紧张了? 多吃一点,多吃几斤,用六万万五千万一乘,数目就大了。周恩来用具体数字证明了大办公共食堂加剧粮食紧张状况的道理。

"大跃进"之后,由于天灾人祸,不少地方发生饥荒,粮食成为当时最突出的问题。很多城市只有几天的库存,粮食部白天黑夜都有人打电话来催要粮食。为了解决粮荒,周恩来一方面仔细统筹安排,由中国银行支付一大笔外汇,从国外进口一大批粮食。另一方面精心计算,亲自抓粮食调拨,帮助严重缺粮的省份渡过难关。

5. 要求干部人人算账

1951 年 1 月,新疆发生牛羊口蹄疫,西北军政委员会于 24 日电请政务院向苏联订购防疫药品吉阿林 3 吨。中央贸易部国外贸易司苏联处出口科科长陆红在接到关于这件事情的电话通知后,就向有关部门查询这份电报。但因政务院已经把电报直接批给外交部,所以没有查着,陆红因为感到事关急要,经请示国外贸易司苏联处后,就前往外交部摘抄电报。陆红在抄电文时,将"3 吨"误抄为"300 吨",并即按此数向苏联商务代表处提出订货。到 1951 年 2 月至 3 月,这项药品 300 吨全部运到新疆。这样就比原来需要量多买了 297 吨。虽然这项药品可以逐年使用,但因差错太大,积压资金合计人民币 40 多亿元(1955 年 3

月1日起,发行新的人民币1元等于旧币1万元),造成国家资财的严重浪费。

这一浪费事件发生后,贸易部部长叶季壮于1951年10月26日向政务院作了书面报告。11月5日,周恩来将此事批交政务院财政经济委员会处理,并批示:"应加重处分,同时,应规定财经各部门凡属支付、订购和预算数字都须经过复核方的批发。"政务院财政经济委员会根据周恩来的批示决定给陆红记大过一次,给贸易部领导干部以批评处分。规定:今后财政经济各部门在书写支付、定购、预算及其他有关数字时,都要写清楚,并且要经过复核、校对等手续才能批发。

财政部老部长戎子和回忆道:"周恩来的记忆力非常好,对每年预算中各个大项目的开支,例如国防费、行政费、文教费、基本建设费、对外援助费是多少,他都记得很清楚,有时候还有意识地考考我们。周总理要求,搞财政工作的人,要训练自己对数字的记忆能力,国家财政预算的主要数字,一般都要能记住两三年的。"那些胸中无数的领导干部见到周恩来,往往过不了数字关。1966年4月3日,周恩来到河北省大名县杨桥公社前桑圈大队调查研究抗旱打井工作。他问在场的公社书记,打井多少? 配套多少? 公社书记答不上来。周恩来批评说:"我在北京不晓得,你在杨桥也不晓得?"这位书记受到了一次深刻的教育。

有时,专业部门的领导和工作人员在汇报工作中或送报表时,往往搞错了百分比或搞错了绝对数,周恩来则及时予以纠正。1952年在莫斯科,周恩来在审阅一份有关换聘延聘苏联专家的文稿时,发现工作人员统计的数字算重了一个人头,总共应该是52,而不是53。他问马列和李越然:"你们说说,49加3等于多少?"一下子把马列、李越然问愣了。他批评道:"不能马虎,文件一旦送出,连算数都有误,人家岂不笑话。"在为与苏联政府谈判准备的材料中,林业方面有几个数字有差错。周恩来发现后严肃地对有关人员说:"像这样的差错和疏忽不能容许!"1959年8月,周恩来审查修改即将向人大常委会所作的报告稿。附在报告稿中的那张计划表上,每一行计划数字的备注栏里,他都用红蓝两色铅笔计算了一个百分比数字,蓝色的表示数字无误,红色的表示算错了。他对国家计委和统计局的有关同志说:"你们工作这样粗心大意,百分比算错了也不核对,就往上送,只是划圈,不负责任,这样工作怎么行呢!"多少年过去了,这些同志仍然记着周总理亲自用笔算,核对计划数字,纠正错误的情景。

"大跃进"期间,有些人强调算"政治账",不重视算"经济账",开经济工作会议不让业务专家参加。但是,周恩来反对这样做,强调管理经济就要算账,就要熟悉各种统计数字。开经济工作会议,要请业务专家参加,听取他们的意见。周恩来还要求身边工作的同志熟记各种统计数字,要求他们开会时要带上国内外统计手册,随时准备被询问。

重视算账,掌握具体数字,不仅是形成正确决策的一个重要前提,也是检查决策是否正确的一个基本方法。学习周恩来重视算账掌握具体数字的决策方法和领导艺术,对如何提高领导者的领导水平是富有启发意义的。

二、困难时期解决粮食问题

国以民为本,民以食为天,没有饭吃,其他一切就无从谈起。1959年至1961年,我国连续三年遭受严重的自然灾害,加上"大跃进"、人民公社化运动的主观蛮干、人为破坏,粮食产量大幅度下降,农业生产水平跌落到新中国成立初期。在此危难之际,周恩来不仅节衣缩食,与民同甘共苦,风范动人;而且呕心沥血、想方设法,巧妙、机智地处理了粮食进口与调拨等难题。这里仅选出几个具体事例。

1. 摸清行情,进口粮食以济急需

1960 年底,在周恩来亲自督促下,从澳大利亚进口的第一船粮食到了天津。

1961 年,我国要进口 500 万吨粮食。怎样才能进口这样多的粮食并将其顺利运回国内? 周恩来决定派随同他访缅的雷任民从缅甸直接去香港,了解国际市场上的粮食行情,搞清三个问题:其一,能否买到粮食;其二,能否找到运粮的商船队和能否运走(在当时美国对华封锁禁运的背景下,担心海上有挟持);其三,中国银行的外汇能否周转,有没有能力买这么多粮食。

雷任民带着这三个问题去了香港,经过调查摸底,向周恩来作了汇报:第一,国际市场上粮食货源充足,加拿大、澳大利亚都有粮食急于要卖;第二,这两个国家经济上有地位,政治上有影响,购买这两个国家的粮食没有什么风险,还可以采用到岸付款或租外轮运输的方法;第三,中国银行支付这么一大笔外汇确有一些困难,但经过仔细的统筹安排还是可以周转的。

周恩来掌握这些情况之后,立即决定向澳大利亚和加拿大买进粮食,缓和了国内粮食紧张的形势。

此后,我国连续几年每年进口 500 万吨粮食,这批粮食虽然占我国粮食总量的比重很小,但在全国的粮食调节上却起到了很大的作用:其一,减少了产粮区的调出;其二,保证了重灾区的粮食供应;其三,避免了京、津、沪、辽粮食脱销的危险;其四,补充了部分国家库存。

2. 连干 3 杯酒,调粮 3 亿斤

在三年经济困难时期,为了帮助严重缺粮的省份渡过难关,周恩来亲自抓粮食调拨工作。有些难以实现的粮食调拨任务,在周恩来说服下能够得以实现。周恩来向江西调粮即是一例。

1961 年 9 月,中央庐山会议之后,周恩来下庐山到南昌视察。

一天晚上,江西省的领导同志与周恩来共进便餐,同叙国事,气氛十分热烈。周恩来借《江西是个好地方》这支歌子,风趣地说:"这个歌儿不错,江西确实是一个好地方,三面环山,还有鄱阳湖,既是鱼米之乡,又是革命老根据地。这些年,你们工作抓得很不错!粮食也比较多嘛!"

听了这番话,在江西省委分管农业的刘俊秀高兴地站起来向周总理举杯:"南昌是总理领导八一起义的英雄城、人民解放军的诞生地,总理离开南昌34年了,今天来到南昌视察工作,我们心里格外高兴,为总理的健康敬一杯酒!"

周恩来也站了起来,双手交叉抱在胸前,借敬酒这个话题进行了发挥:

"江西对国家的贡献是大的,特别是这几年暂时困难时期,又多支援了国家粮食,应该受到人民的表扬。俊秀同志,你要敬我一杯可以,但有个条件!"

"有什么条件?"刘俊秀说。"干一杯酒,要增加外调粮食1亿斤!我们干3杯,增加3亿斤好不好?"

"总理啊,国务院今年给我们的外调粮任务12亿斤,我们保证一粒不少,坚决完成,再增加3亿斤就是15亿斤了,怕有些困难啊……"刘俊秀有些不敢承担了。

这时谭震林、罗瑞卿站起来鼓动刘俊秀说:"老刘啊!总理多年没有来南昌了,看到你们江西形势比较好,心里很高兴,你既然敬总理的酒,敬3杯!3亿斤就3亿斤嘛!"

周恩来接着说:"我有调查,江西老表口粮水平比较高,还有储备粮,比严重缺粮的晋、冀、鲁、豫好多了,增加3亿斤虽有困难,还是可以完成的!"

刘俊秀想,国家面临这么大的困难,周总理是全国人民的当家人,今天亲自向江西要粮食,再困难也要想办法拿出 3 亿斤粮食来。于是,他答应接受增加调粮的任务:"可以!就按总理的意见办。总理的心情我们理解,国家有困难我们应该大力支援,3 亿斤就 3 亿斤!"①

这时,周恩来兴奋地拿起酒杯同江西省的领导连干了 3 杯。

后来,经过江西省委研究,同意周恩来的意见,决定增加 3 亿斤外调粮。到 1962 年 6 月,江西省基本上完成了 15 亿斤外调粮的任务,缓解了其他省的粮荒。

3. 从黑龙江调粮 30 亿斤

1962 年 1 月 6 日至 2 月 6 日,周恩来先后 12 次与有关中央局第一书记、有关省第一书记谈粮食问题。他列举历年的粮食细账,指出,1962 年国家统一支配的粮食差 100 亿斤左右。3 月至 4 月,他又多次约谈东北三省的粮食问题。5 月底至 6 月下旬,他到东北三省调查研究,其根本目的是贯彻经济调整的方针,解决粮食调剂问题。

一次,周恩来在辽宁召集东北三省领导同志开会,讨论粮食调剂问题。黑龙江省欧阳钦和主管财贸的杨易辰参加了会议。

黑龙江是全国重要的产粮基地,当时的经济情况虽比有些省好一些,但粮食也很紧张。人吃马料,马代人死,不少人患浮肿病。但从全国的大局出发,为了解决更困难省份的缺粮问题,1962 年初中央给黑龙江省下达了调拨 28 亿斤粮食的任务。

这次会上,周恩来向杨易辰提出要黑龙江省再增拨 2 亿斤粮食支援外地。

杨易辰认为黑龙江已经调出不少粮食,为国家作出很大贡献,再要多调出 2 亿斤粮食,实在有些困难。他是个直性子,想不通的事也不晓得转弯,当场就同周恩来争了起来,表示对再增调 2 亿斤粮食有意见,

---

① 见刘俊秀的回忆:《怀念周恩来》,人民出版社 1986 年版,第 66—68 页。

要求中央考虑黑龙江的实际困难。

在杨易辰"顶牛"时,周恩来不是盛气凌人,强迫其执行命令,而是耐心地等待他把肚子里的话全倒出来,然后推心置腹地同他交谈。周恩来说:黑龙江有困难,但其他省份更困难,国家要拿出粮食来帮助他们。在这种情况下,只有全国上下团结一致,同心同德,才能渡过难关。每一个党员干部,尤其是领导干部,一定要顾全大局,以党和人民的利益为重,坚决支持和执行中央的统一部署。①

周恩来的话在杨易辰的感情与思想上都产生了巨大影响。他感到自己确实是考虑黑龙江的利益多了,想全国的利益少了。于是,他在行动上坚决执行了中央的调粮计划,想方设法完成了调粮 30 亿斤的任务。

30 亿斤粮食,对正常年景的全国粮食数字来说,这是个不起眼的小数。但在 20 世纪 60 年代的困难时期,30 亿斤粮食是个大数啊!它能救活很多人命,能解决许多地方的燃眉之急。多少年过去了,周恩来仍然记着在救命粮问题上,杨易辰对中央的支持。"文化大革命"开始后,杨易辰受到造反派批斗。周恩来在一次会上理直气壮地对黑龙江省造反派头头说,杨易辰是干工作的,是顾全大局的,困难时期支持中央,应该让他出来抓生产。② 周恩来对杨易辰这样的干部设法进行了保护。

4. 制作"哈达表"和改革粮食工作制度

根据周恩来工作台历的记载,从 1960 年 6 月到 1962 年 9 月,两年零四个月里,周恩来关于粮食问题的谈话达 115 次,其中 1960 年下半年 19 次,1961 年 51 次,1962 年 45 次。他及时审阅粮食报表,精心计算粮食安排,多次出京调查粮食情况,解决粮食调拨问题。从周恩来办公室退给粮食部办公厅、现仍保存的 32 张报表中,周恩来的笔迹计有

---

① 见杨易辰的回忆:《我们的周总理》,中央文献出版社 1990 年版,第 115 页。
② 见杨易辰的回忆:《我们的周总理》,中央文献出版社 1990 年版,第 117—118 页。

994 处之多。例如在《1962 年至 1963 年度粮食包产产量和征购的估算》这张表上，周恩来用红蓝铅笔作标记 145 处，调整和修改数字 40 处，在表格边上进行计算 6 处，批注数字 70 处，批注文字 7 处，整个表格密密麻麻地留下了周恩来的手迹。① 这些报表作为珍贵的历史文物，既反映了周恩来认真负责的工作精神，也表现了周恩来解决当时最困难的粮食问题的杰出才能和智慧。

当时，由中央安排调拨的粮食除了增加进口粮外，又增加了一些列入中央开支的专项用粮，头绪繁多，原来的粮食报表已不适用。为了能够一目了然地反映出省间调拨和中央粮食收支情况，周恩来亲自设计了一张《中央粮食调拨计划表》。这张表由于长，被称为"哈达表"；又由于清晰、明了，后来一直使用它安排中央粮食收支调拨计划，检查执行情况。

周恩来抓粮食工作，还十分重视粮食工作制度的改革。1962 年以前，我国粮食年度是 7 月 1 日到下年 6 月底，从各地调粮支援缺粮地区，当年的夏粮调不出来，因为夏收小麦在 6 月，从收割到入库正好跨两个粮食年度。周恩来说，这个办法不合理，应该改一下。当年生产的粮食当年就应该能用上，这是个原则。经反复研究，粮食年度改为从 4 月 1 日到次年 3 月底止。这样，北方最晚的庄稼已收割入库，南方最早的粮食还没下来，可以做到当年生产的粮食当年使用。这虽是个具体问题，但牵涉面宽，各省过去的统计概念和数字都要重新改过来。周恩来把这件事向毛泽东汇报并征得同意后，亲自在中央工作会议上进行了宣布。②

1963 年 3 月，周恩来说："下去调查，要敢于正视困难，解决困难。""畏难苟安，不是共产党人的品质。"周恩来既是这样说的，也是这样做

---

① 见杨少桥、赵发生的回忆：《不尽的思念》，中央文献出版社 1987 年版，第 232 页。

② 见杨少桥、赵发生的回忆：《不尽的思念》，中央文献出版社 1987 年版，第 235 页。

的,细察粮情,躬亲粮政则是一个具体体现。

5. 以出养进,一举数得

经过 5 年的国民经济调整,到 1965 年,我国粮食生产形势已明显好转。在这种情况下,我国还需要不需要大量进口粮食? 周恩来把有关部门的负责人找去,同他们一起研究,特别是同他们一道对国际市场上的大米价格和小麦价格进行了对比计算。当时,1 吨小麦价格是 60 多美元,大米价格是 100 多美元,出口 1 吨大米至少可以换回 1.5 吨小麦,虽然我国进口小麦量大于出口大米量,但加上出口大豆等粮油产品,一进一出,在金额上大抵平衡。周恩来果断提出了出口大米、进口小麦的以出养进方略。

"两利相权哪个重,两害相权哪个轻,要比较。"这是周恩来解决复杂问题、作出重大决策时运用的一个重要方法。对出口大米、进口小麦,他经过比较、计算,认为一举数得,对国家有利。第一,出口大米,进口小麦,可以多得粮食,增加外汇。第二,进口小麦供应京、津、沪、辽,有利于农民休养生息;并且,小麦便于储存,以备急需。第三,海运费便宜,相反,靠陆路从我内地运粮到沿海城市,运费高;通过海运进口小麦供应沿海城市,既可以节约运费,又可以缓解内地运输紧张状况。周恩来在 1967 年 10 月接见全国粮食会议代表和 1969 年 8 月接见全国农机工作会议代表时都谈到:通过进出口,可以调剂粮食品种,增加储备,出口好大米、好大豆,差不多可以换回两倍小麦。

执行周恩来"以出养进"的指示,粮食部门和外贸部门通力合作,取得了一举多得的可喜成果。1971 年至 1976 年小麦、大米等进出口相抵,国内增加粮食 187.33 亿斤,还给国家增加外汇 7.27 亿美元①。

---

① 见杨少桥、赵发生的回忆:《不尽的思念》,中央文献出版社 1987 年版,第 239 页。

第六篇　学习周恩来的严于律己

中国古代贤哲曾说:"政者正也"。这有两层意思:一是,为政者先要正自己,己正才能正人,己不正无以正人;上梁不正,下梁必歪;上之所好,下必甚焉。二是,为政者在各种矛盾、各种关系面前,要公正不偏,顾全大局,求同存异,善于协调;若有所偏好,抓住一点,不及其余,必致全局失衡,带来不利的社会后果。

周恩来担任总理27年,既是以身作则、严于律己的典范,也是重视理顺各种关系、善于处理各种关系的杰出的行政首脑。

一、面对亲属和身边工作人员

对于周恩来以身作则、严于律己的风范,研究者们已从不同视角撰写了许多文章和著作。有的研究者提出:在学习雷锋、焦裕禄的同时,高级领导人要学习周恩来,这是有深刻见地的。笔者认为,周恩来在"正己"的问题上,重视正确处理同夫人的关系、同亲属的关系、同秘书的关系,特别值得为政者鉴。

周恩来、邓颖超夫妇情感上水乳交融,工作上泾渭分明。他们是把家事与国事、爱情与事业的关系处理得恰到好处的一对夫妇。邓颖超是1925年入党的老党员,论资历、能力、贡献,新中国成立后应该安排较高的职务。召开四届人大之前,毛泽东批准邓颖超担任人大常委会副委员长。但这个批示被周恩来压下来,直到1976年12月初人大常委会通过邓颖超出任副委员长决议时她才知道这件事。

1927年3月,周恩来在上海领导工人第三次武装起义。他的妻子邓颖超则在广州经受着难产的磨难。不幸的是,孩子夭折,邓颖超也从此失去了再做母亲的机会。周、邓夫妇无儿无女,他们把父爱、母爱献给了许多烈士的孩子,献给了全中国的儿童。曹渊、叶挺、钱壮飞、孙炳文、李硕勋、蔡和森等烈士的孩子都得到周、邓夫妇的关怀和抚养。新中国成立之初,周恩来的表姐龚志如与周、邓夫妇相会时曾遗憾地说:"美中不足的是,你们没有一个孩子。"周恩来则对表姐说:"谁说没有?""我们有十个!""他们的父母是为革命而牺牲了,我们就担当起父母的责任。他们都在健康地成长。"①周恩来关怀、抚养烈士子弟,同时也告诫他们不要像八旗子弟那样娇生惯养,不要特殊化。"你们的父兄为人民流过血,立过功,但功劳不能记在你们的账上。""共产党是为人民谋利益的,是一刻也不能脱离人民群众的。你们如果特殊化,脱离了群众,人民是不会答应的。"②

对侄子、侄女等晚辈,周恩来也是既关心爱护又严格要求,告诫他们"不能利用亲属的职权搞特殊化。"周恩来的侄女周秉宜说:伯伯"经常提醒我们这点,不要以为你是周恩来的侄女,你是周恩来的侄子,你们就可以有特殊待遇,没有的。所以,我们就觉得跟大家一样,我们就是老百姓。"

周恩来有个侄子周尔辉,1959年北京钢铁学院毕业后留校工作。不久,他和家乡淮安的一位小学教师孙桂云结了婚。单位为了照顾他

---

① 《周总理与故乡》,江苏人民出版社1979年版,第72页。
② 《周恩来教育文选》,教育科学出版社1984年版,第75页。

们夫妻关系,把孙桂云从淮安调往北京钢院附小当老师。周恩来为此事批评冶金部部长:"压缩城市人口,你怎么还往北京调人,勒令退回去。"周恩来的亲属要带头到基层去,到艰苦的地方去工作。就这样,周尔辉夫妇回到了淮安。

周恩来有个侄女周秉建,1968 年中学毕业后从北京到内蒙古自治区郭林锡勒盟草原插队。草原上知青的生活是艰苦的。1970 年 12 月,总参部队到牧区征兵,周秉建穿上了军装,回到中南海西花厅,周恩来对侄女说:"还不是看在我的面子上,如果没有这层关系,恐怕也不会让你当兵的,那么多知青能选上你? 有这种机会应该让给牧民的子女,不应该你来。"①在周恩来严格要求下,周秉建又回到草原当牧民,周恩来还建议周秉建找一个蒙古族青年为伴侣。就这样,共和国总理的侄女做了当代的王昭君。

为政者应该严格要求子女,使其像普通人一样通过自己的德、能、勤、绩去取得相应的位、禄。如果为政者利用自己的影响使子女飞黄腾达、高人一等,轻则会给子女带来伤害,重则会因此失去民心、政之不治。周恩来对侄儿、侄女和对他抚养的烈士子女的严格要求,既是对他们的爱护,也是"正政"的具体表现。

作为中国这样一个人口众多、国情复杂的大国的总理,周恩来的忙和累是可以想象的。政治、经济、军事、外交、统战、文化、教育……没有哪个方面是他所不管的。他需要一些秘书协助他分摊点事务工作,以便他迅速、敏捷地处理各项政务。周恩来选用秘书,完全依靠组织,从不任人唯亲。连童小鹏到西花厅担任总理办公室主任也是组织部决定的,不是周恩来自己提名要来的。周恩来关心人、爱护人、平等待人、诚

---

① 宋家玲等编:《伟人周恩来——一个中国人的故事》,中共中央党校出版社 1996 年版,第 191、193、194 页。

恳待人,对他的秘书们亦不例外。在西花厅工作过的人,都把一生中最美好的记忆留在了西花厅。但是,周恩来对秘书们的要求十分严格。他经常说,在他那里工作别想当官,只有实实在在地做人民的公仆。①笔者曾经做过调查,周恩来的秘书,许多离开西花厅后都工作在平凡的岗位上。中国这么大的国家不可能没有人才,为政者选贤任能、网罗天下人才,才能政兴人和。如果为政者任人唯亲,当秘书成了当官的捷径,那是要政衰人散的。

邓小平指出:"不惩治腐败,特别是党内的高层的腐败现象,确实有失败的危险。"②反腐败是关系党和国家生死存亡的严重政治斗争。各级领导干部能否以身作则,对加强党风廉政建设,推动反腐败斗争的深入发展,至关重要。学习周恩来正确处理同夫人的关系、同亲属子女的关系、同秘书的关系,对当前的反腐败和廉政建设有着重要的现实意义。

二、"做好工作决定于处理好各种关系"

对于周恩来重视理顺关系、善于处理各种关系,早已引起中外研究者的注意。美国一位研究中国问题的专家 C.戴维曾说:"如果说毛泽东是永恒的革命英雄,刘少奇是党务机构的专家,那么,周恩来则被证明是中国处理公共关系最好的人。"周恩来在开国的第一年就曾指出:"做好工作决定于处理好各种关系"。③ 不少研究者侧重于研究周恩来怎样处理人际关系,而对于他在国家行政中怎样处理方方面面的关系则研究得不够。笔者认为周恩来处理公共关系、社会关系的思想、方法

---

① 童小鹏:《风雨四十年》(第二部),中央文献出版社 1996 年版,第 345 页。
② 《邓小平文选》第三卷,人民出版社 1993 年版,第 313 页。
③ 《周恩来选集》下卷,人民出版社 1984 年版,第 2 页。

和经验是中国行政管理史上一笔丰富的遗产,值得认真挖掘和研究。

在政治与经济的关系上,周恩来认为经济是基础,政治是上层建筑,基础打好了,上层建筑才能立得住,"国家面貌的改变要从经济面貌的改变做起"。在政治与业务的关系上,周恩来反对空头政治,指出:"业务里面也有政治。使业务有利于人民,这就是政治,研究如何使业务有利于人民,这也是政治学习。"①1953 年 9 月 29 日,他在全国组织工作会议上指出:"我们今天要搞建设,光是政治觉悟高就不够了,还必须要有较高的文化、技术水平,这样才能使用机器来发展工业生产。"特别是突破尖端技术,必须努力掌握科学理论,精通业务。不讲革命的功利主义,空谈政治,有害无益。周恩来打比方说:"有一个人专心致志为社会主义服务,政治上懂得少一些,但是两年把导弹搞出来了,对国家很有贡献;另外一个人,天天谈政治,搞了五年也没有把导弹搞出来。你投票赞成哪一个人?我投票赞成第一个人。第二个人只好请他去当政治教员,他不能在导弹部门工作,他只能在导弹部门'捣蛋'"②。

在经济与文化的关系上,周恩来指出:"经济建设和文化建设,好像一辆车子的两个轮子,相辅而行"。③ 有一种观点认为,文化建设可以落后于经济建设,可以等经济发展起来之后再来发展文化。周恩来则认为二者是相互依存、相互促进、相辅相成、辩证统一的关系,必须同步地协调发展。无论是经济建设还是文化建设,如果片面、孤立地发展,都会带来不利后果。

在科学与经济、国防、文化的关系上,周恩来指出:"科学是关系我们的国防、经济和文化各方面的有决定性的因素"。只有掌握了最先

---

① 《周恩来经济文选》,中央文献出版社 1993 年版,第 152、130 页。
② 《周恩来选集》下卷,人民出版社 1984 年版,第 342—343 页。
③ 《周恩来教育文选》,教育科学出版社 1984 年版,第 72 页。

进的科学,我们才能有巩固的国防,才能有强大的先进的经济力量,才能在和平的竞赛中或者在敌人所发动的侵略战争中,战胜帝国主义国家。1963年1月,周恩来在提出我国经济、社会发展的战略目标时指出:"我国过去的科学基础很差。我们要实现农业现代化、工业现代化、国防现代化和科学技术现代化,把我们祖国建设成为一个社会主义强国,关键在于实现科学技术的现代化。"他强调科技是关键,但也反对单独冒进。"必须在好的农业基础上、好的工业水平上,尖端技术才能突破,不然是不可能的。当然,也可能单独搞一项,那是不能持久的。"①

在城市与乡村、工业与农业的关系上,新中国成立伊始周恩来就指出:在中国,城乡关系是一种非常重要的关系,城市与农村、工业与农业都是辩证的两方面,决不能取消或忽视任何一方面。"我们必须在发展农业的基础上发展工业,在工业的领导下提高农业生产的水平。没有农业基础,工业不能前进;没有工业领导,农业就无法发展。"②

在重工业与轻工业、农业的关系,国家建设与人民生活的关系上,周恩来提出,搞重工业不要失掉人民;必须妥善地安排国民收入中积累和消费的比例关系,在保证国家建设规模逐步扩大的同时,使人民生活得到逐步的改善。

在汉族与少数民族的关系上,周恩来提出既反对大汉族主义,也反对地方民族主义。他认为大汉族主义发展下去就会产生民族歧视的错误,地方民族主义发展下去就会产生民族分裂的倾向。为了解决这两种错误倾向,他提出从民族团结的愿望出发,经过批评或斗争,在新的基础上达到我国各民族间进一步的团结。这个新的基础,就是我们各

---

① 《周恩来经济文选》,中央文献出版社1993年版,第233、503、426页。
② 《周恩来选集》下卷,人民出版社1984年版,第8页。

民族要建设社会主义的现代化国家。从实现现代化的目标来说,"我们社会主义国家,是要所有的兄弟民族地区、区域自治的地区都现代化。全中国的现代化一定要全面地发展起来。"从实现现代化的途径来说,只有把人口众多的汉族和地大物博的少数民族的积极性都发挥起来,"只有我们五十多个民族,大家合作起来,共同发展",才能实现全中国的现代化。①

在中央与地方的关系上,周恩来认为既不能片面追求集中、统一,妨碍地方的积极性;也不允许各自为政,搞本位主义。他说:"在中央的统一领导下发挥地方的积极性,才能使各方面的工作生气勃勃,否则就死气沉沉。"②1956 年 5 月至 8 月,周恩来主持召开了全国体制会议,对当时存在的中央集权过多的现象作了检查,对改进国家行政体制问题进行了讨论,并且提出了关于改进国家行政体制的决议草案。他指出:"社会生产力大发展不能光靠集权",要求按照统一领导、分级管理、因地制宜、因事制宜的方针,划分中央和地方的行政管理职权,改进国家的行政体制,以利于地方积极性的发挥。

在中国与外国的关系上,周恩来既强调独立自主,又重视和平共处发展内外交流。他倡导的互相尊重主权和领土完整、互不侵犯、互不干涉内政、平等互利、和平共处的五项原则,具有强大的生命力和感召力,是处理国际关系的普遍准则。他在 1954 年的日内瓦会议,1955 年的万隆会议,1956 年底到 1964 年初三度出访亚非欧国家,在处理中国同周边国家的关系,中国同美国、英国、法国、日本、苏联等国的关系上,都灵活而又忠实地执行了和平共处五项原则。他在维护国家独立与尊严的同时,批判了关门建设的思想。他认为,中国要摆脱落后,就要把人

---

① 《周恩来选集》下卷,人民出版社 1984 年版,第 266、252 页。
② 《周恩来选集》下卷,人民出版社 1984 年版,第 13 页。

家的长处学来,融会贯通,用于中国的实际;任何一个国家任何一点长处我们都要把它学来。

此外,周恩来对公私关系、劳资关系、党派关系、工商关系、生产与消费的关系、财政与经济的关系、国防与经济的关系、集体与个人的关系、效益与速度的关系、简单再生产与扩大再生产的关系、新建和改建企业与原有企业的关系、地质和交通与社会经济发展的关系、经济发展与环境保护的关系等都有所论列。就拿具体的治水活动来说,周恩来还深入论述了治水与社会经济发展的关系,泄水与蓄水的关系,治标与治本的关系,当前利益与长远利益的关系,局部利益与整体利益的关系,上、中、下游的关系,防洪、灌溉、发电、航运、养殖之间的关系,远景目标与近期步骤的关系,专家与群众的关系,等等。

周恩来处理各种关系,深得矛盾双方互相依存并在一定条件下互相转化的辩证法精髓,娴熟地运用公正不偏、求同存异的方法。1956 年 7 月,周恩来在阐释毛泽东十大关系思想时说:你要搞更多的重工业,就要更多地发展轻工业和农业;你要真正地去建设内地工业基地,就要很好地发展沿海工业;你要加强国防力量,就要很好地进行经济建设;你要集体利益更发展,就要适当地照顾个人利益;你要巩固中央的集中领导,就要适当地分权给地方;你要达到全国人民团结的目的,就要加强民族团结,和党外群众、各民主党派合作,加强统一战线工作;你要使我们的工作做得更好,少犯错误,就要帮助犯错误的人改正错误;你要巩固革命的专政,就要更好地改造可以改造的反革命分子;你要巩固我们社会主义阵营的社会主义事业,就要扩大工人阶级的和平的统一战线,孤立美国好战集团。① 这是周恩来对毛泽东十大关系思想的精辟发挥也是他处理各种关系所运用的辩证方法的高度概括。

---

① 《周恩来年谱(1949—1976)》上卷,中央文献出版社 1997 年版,第 599 页。

　　改革开放以来,我国出现了新的局面,当然也遇到新的矛盾和新的问题。在党的十四届五中全会上,江泽民提出:"在推进社会主义现代化建设的过程中,必须处理好各种关系,特别是若干带有全局性的重大关系。"学习和研究周恩来处理各种关系的思想、方法和经验,对于加深理解江泽民《正确处理社会主义现代化建设中的若干重大关系》的思想,处理好当前面临的若干重大关系,调动一切积极因素,加快社会主义现代化建设是大有益处的。

第七篇　学习周恩来的孝亲、爱亲、尊师

一、怀念母亲

伟人的成长之路都或多或少与母亲的教育和影响分不开,周恩来亦不例外。所不同的是周恩来受到两位母亲的教育和影响,一位是他的生母万氏,一位是他的嗣母陈氏。

1. 怀念生母万氏

周恩来的生母万氏是江苏清河县(1913年改名淮阴县)知县万青选的第十二个女儿,万家人称为十二姑。据说她是冬至那天出生的,所以取乳名冬儿。冬儿是万青选年近花甲才出生的女儿,加上她生得聪明、美丽,深得万青选的喜爱。万青选坐轿外出访客会友时,总见到他的官轿后边还有一乘小花轿,小花轿内坐的就是女儿小冬儿。冬儿在父亲会客时,总是在一旁静静地看着、听着。这使她从小耳濡目染,见多识广,人情练达。冬儿的母亲张氏夫人是清河县乡间女子,在万青选的原配夫人李氏(南昌人)去世后,张氏主持万府家务,因她不善管家,起初由冬儿代理,待冬儿长大后,她便委托冬儿直接处理。就这样,在冬儿出嫁前,她成了万府大院的"当家姑娘"。

冬儿性格开朗,爽直豪放。当时社会习俗,女子是要缠足的,而她

这个大家闺秀却不肯缠足。由于受万老爷的宠爱,冬儿还破例进家塾馆读书。

冬儿20岁那年,由父母做主,嫁给淮安城周起魁的次子周劭纲为妻。淮安是苏北平原上一座古老的城市,春秋时分属吴、越,战国时属楚,秦汉时属古淮阴县,晋为山阳郡,隋为楚州,宋为淮安军,元为淮安路,明清为淮安府,一直是州府一级行政机构所在地。淮安城坐落在纵贯南北的京杭大运河和滔滔东流的淮河交汇处。在依靠水上交通的古代,此地是南北襟喉,漕运、盐政的要津,兵家必争之地。冬儿嫁到周家的第二年,在淮安城驸马巷和曲巷相交处一幢古式平瓦房内,生下了一个胖乎乎的小男孩。他就是后来成长为民族英雄、世界伟人的周恩来。

冬儿生下周恩来时,周家上上下下沉浸在欢乐之中。周起魁有四个儿子:贻赓、贻能(劭纲)、贻奎、贻淦。按照封建大家庭叔伯兄弟间的大排行,分别是老四、老七、老八和十一。老四周贻赓的夫人王氏没有生育,老八周贻奎尚未娶亲,周贻淦因有病娶妻陈氏亦未能生育。在那"不孝有三,无后为大"的封建社会意识下,生女孩尚遭到白眼歧视,不能生育更被视为家门不幸。冬儿头胎就生了男孩,成为周起魁的长孙,这怎么能不叫周家高兴呢!冬儿和丈夫心中更是充满着喜悦,给儿子取名"大鸾"。"鸾"是与凤凰齐名的一种神鸟。取这么好的名字,可见父母对儿子的宠爱了。

冬儿嫁到淮安城附马巷后,由于她处事干练,考虑问题细密周到,加上婆婆年老体弱,渐渐就由她主持周府家务。周家院内的柴米油盐、衣食住行,周家院外亲友的生日满月、婚丧嫁娶等各种应酬,皆由她做主开支或确定送礼标准。她善于排解家庭纠纷,出嫁之后,娘家人还经常请她去决断疑难。周家或其他亲友发生一些疑难的家务事,也常常请她调解处理。据老人们回忆她调解纠纷的重要秘诀之一是"求同存异"。冬儿出面调解家庭纠纷,常常带着小恩来。这给日后周恩来的办事能力以无形的影响。

冬儿是一位为人善良、乐于助人、识大体、顾大局的女性。她肯把自己心爱的儿子大鸾过继给小叔子就是这种品德的体现。周恩来不到一岁，十一叔贻淦得了肺结核病，这在当时是不治之症。有人提出把大鸾过继给贻淦。一来企图借此冲喜消灾；二来使贻淦看到自己有后代，在弥留之际得到一点安慰；三来使十一婶陈氏能有所寄托。冲喜消灾只不过是当时的迷信说法，事实上是不可能的。不久，贻淦去世，大鸾由守寡的嗣母陈氏带在身边抚养。但是，生母冬儿没有因此而减少对大鸾的关爱。

在周贻淦去世前后，周老太爷和夫人鲁氏也先后去世。周府原靠周起魁的官俸维持着封建大家庭的门面。周起魁生前不事产业，不买地，只有房产。这棵大树一倒，加上操办丧事耗费甚大，周府每况愈下，很快就衰落了。但是，封建大家庭素来好面子，摆空场面，宁可债台高筑，不肯丢掉面子。在这种情况下冬儿当周府这个家，其艰难境遇是可想而知的了。周恩来六岁那年，冬儿因丈夫买彩票中彩得了 5000 块钱。这似乎带来了一线希望。冬儿决定从淮安搬到清河县清江浦娘家居住，以求改变一下困难处境。冬儿不仅带了二儿子周恩溥、小儿子周恩寿，大儿子周恩来和嗣母陈氏也一起去了。这一方面可以看出万氏和陈氏的妯娌关系是很融洽的，另一方面也说明冬儿是舍不得丢下大鸾这个亲生骨肉的。

在清江浦的日子里，万氏和陈氏一起教育周恩来，哺育着周恩来。万氏妈妈带周恩来游岳飞庙的情景一直深深地留在周恩来的记忆里。岳飞是南宋时的抗金名将、民族英雄。清江浦的岳飞庙正殿矗立着岳飞塑像，塑像上方悬金字匾额："还我河山"，塑像两边悬挂着书录岳飞著名词句的楹联："三十功名尘与土，八千里路云和月。"万氏妈妈一边指引孩子瞻仰，一边讲解岳飞精忠报国以及蒙受天下奇冤被害死于风

波亭的故事。那石刻上的一首诗给周恩来以极大的吸引。诗曰:

一自金牌颁十二,常教血泪洒英雄。

奇冤不恨埋三字,和虏终惭失两宫。

南渡江山悲逝水,北征鞍马付秋风。

低徊往事成千古,祠宇空余夕照红。

十多年后,周恩来在天津南开学校读书时,曾在《敬业》杂志《飞飞漫墨》专栏中发表文章,其中就记录了他童年时代在清江浦岳飞庙看到的这首咏岳飞的诗。

冬儿的父亲万老太爷是在周恩来出生的第二天去世的。冬儿搬到娘家居住时,万家也已开始走向衰落。冬儿得彩票的钱越用越少,她在娘家人眼中的身价也越来越低,嫂嫂们也越来越冷淡她。冬儿越来越劳累,越来越愁闷,在周恩来9岁那年病死了。

西方人喜欢称周恩来为东方美男子。这与他的生母的遗传因素有关。周恩来的长相像他的母亲。冬儿生前没有照片,去世后按照习俗要给她画张像。怎么画?因周恩来长得像母亲,于是便照着周恩来给母亲冬儿画了一张像。1960年,刘秉衡代表淮安县委赴北京向周恩来汇报工作时,曾带去周家祖宗影像数张,到北京后交周恩来。周恩来很高兴,但左看右看,就是不见生母万氏的画像。周恩来静静地回忆之后深情地说:"我父亲生前一直带着我母亲的像,可能是那次在上海紧急转移时弄丢了。"

生母万氏给周恩来的性格以很大的影响。1946年9月,周恩来和美国记者李勃曼谈自己的家世时,思母之情油然而生。他说:"我的母亲长得很漂亮,为人善良,生了三个小孩——我和两个弟弟。""我的生母是个爽朗人,因此,我的性格也有她的这一部分。"

周恩来生性富于调和,反对走极端。他在南开学校上学时,面对国学和西学的矛盾,主张"兼而学之"。一方面,他反对唯西学是举置国学于无用的数典忘祖的民族虚无主义。他说:"物质之文明,非足以卫国于永久,而延国脉于不堕者,惟精神上之国魂耳。""彼尚西学者,终日言行无非袭泰西之皮毛,弃其精而取其糟粕;衣非西衣不衣,食非西式不饱,惟新是名,惟西是尚;视旧学如草芥,不惟出之于口,亦且笔之于书。是而人者,吾轻之,吾恶之,非驴非马,不仅为国学之蟊贼,亦外人所不齿,安国者将焉用之?"另一方面,他也反对拒西学于国门之外,抱残守缺的泥古复古主义。他说:"今何时欤? 一日千里学术昌明之际,世界潮流,悉朝宗于海,顺之者昌,逆之者亡,时势所趋,非一二国家所可得而止之。""西学非可卑也,兼而学之,要不失将来实用之旨。"①在西方的学术文化与中国的学术文化不同的观点之间,周恩来主张从不同中求其同,得其中以导国人。

对于义和利,中国的圣人孟子曾对梁惠王说:"王! 何必曰利? 亦有仁义而已矣。"英国的古典经济学开山祖师亚当·斯密著有《国富论》。周恩来反对把孟子和斯密的义利观对立起来,作《子舆氏不言利,司密氏好言利,二说孰是,能折衷言之欤》。周恩来认为处神州存亡危急之秋,二氏之说,"若分而行之,适足以促吾国之亡"。② 他主张法二氏之说,合而行之。

对于退让与竞争,中国哲人老子主张退让,崇尚无为。欧洲哲人赫胥黎主张竞争,崇尚优胜劣汰。二氏之说似乎冰炭不同炉。周恩来作《老聃赫胥黎二氏学说异同辩》,认为"二氏固未为冰炭,且所持之道,实一而二,二而一也"。老子的退让是针对春秋时的争权夺利提出来的,意在"冀世人醒悟,守真返璞,知死明生,勿逾分作私利之争,宁退

---

① 《周恩来早期文集》上卷,中央文献出版社、南开大学出版社 1998 年版,第 63—64 页。

② 《周恩来早期文集》上卷,中央文献出版社、南开大学出版社 1998 年版,第 68 页。

让保故有之我"。赫胥黎的"竞争"是针对欧洲中世纪宗教神权提出来的,意在"使人民咸知人我以形躯而分,生死以强弱为判"。①

可以说,受生母万氏的影响,周恩来顾全大局并善于求同存异,允中辩证并善于把各种不同思路的人凝聚到一起的人格魅力,在南开学校时已初见端倪。

2. 怀念嗣母陈氏

周恩来的嗣母陈氏出生于苏北宝应县城的一个书香门第。她在娘家排行第三,所以人称陈三姑。陈氏的父亲陈源是位秀才,兼通医理。陈源虽未考中举人,但很有学问。他娶山东袁状元的四小姐为妻,没有儿子,将陈三姑作为男孩培养。陈氏自幼上家塾读书,善书画,好诗交,在文学艺术上有较好的修养,15 岁就能赋诗填词了。陈氏性情温和,待人诚挚,办事细心,知书达礼,是个知识女性。中国历史上的知识分子崇尚"淡泊明志"、"宁静致远"。陈氏亦喜欢淡泊、宁静,这也许是她家的家风。

陈氏嫁到周家一年便死了丈夫,年轻守寡,从不外出,把全部感情和心血都倾注在对恩来的扶养和教育上。在恩来三四岁的时候,她就剪了一个个字块放在小柳斗里,教他认字、写字、练习书法,5 岁起,送他进私塾读书。陈氏对恩来要求很严,每天黎明即起,亲自在窗前教恩来读书。空暇时,就教恩来背唐诗,或者讲《天花雨》、《再生缘》等故事。

淮安人杰地灵,历史上曾产生过不少杰出人物,留下的名胜古迹、人文景观甚多。被汉高祖刘邦称为"连百万之军,战必胜,攻必克"的西汉三杰之一的韩信是淮安人。为纪念韩信,后人在淮安建有韩信当

---

① 《周恩来早期文集》上卷,中央文献出版社、南开大学出版社 1998 年版,第 111—113 页。

年寄食漂母的漂母祠、垂钓淮滨的韩侯钓台、受辱胯下的胯下桥。南宋著名的巾帼英雄梁红玉是淮安人。她同丈夫韩世忠率领七千士卒，抵挡金兀术率领南下的数万精兵和几百艘战船，把金兵围堵在黄天荡里整整四十八天，金兵凿开老鹳河故道才得以逃生。"红颜摧大敌，须眉有愧"。后人为纪念这位民族女英雄，在她的家乡建造了梁红玉祠。鸦片战争中的著名爱国将领关天培也是淮安人。关天培从 1834 年起任广东水师提督，至 1841 年以身殉职，整整六年。他在广东任职期间，亲临虎门要塞实地考察，规划三重防线，并认真整顿和训练了广东水师，将广东海防建设得固若金汤。后因朝廷腐败无能，投降派琦善从中破坏，英军遂在虎门得手。关天培以 62 岁高龄亲临炮台指挥，"身受数十创，血淋漓，衣甲尽湿"，仍亲自点放大炮奋勇杀敌。但终因孤军奋战，寡不敌众，最后与水师游击麦廷章以下官兵 400 余人一同壮烈牺牲。为纪念关天培，淮安城中建有关天培祠，祠内有林则徐撰写的一副挽联："六载固金汤，问何时忽坏长城，孤注空教躬尽瘁；双忠同坎廪，闻异类亦钦伟节，归魂相送面如生。"陈氏有很高的文化素养，她每次带爱子大鸾经过这些名胜古迹，讲起其中的故事，总头头是道、生动活泼，给大鸾以极大的吸引和潜移默化的影响。有一次，周恩来听了关天培的故事后，缠着嗣母陈氏进去看关天培祠，他对关天培塑像恭恭敬敬地鞠了一躬。1939 年 3 月，周恩来到浙江绍兴宣传抗日时，还向人们讲起关天培祠内林则徐撰写的那副挽联。

陈氏还通过玩游戏来教育恩来。有一种游戏是比赛拼诗：把一首古诗上的字分别写在一个个字块上，装入柳斗，混合起来，再将字块倒在桌上，看谁先把字拼成诗，在这类益智游戏中，对恩来智力培养起到重要的激发作用。

由于嗣母陈氏的关系而给童年周恩来留下深深记忆的有两个人物：乳母蒋江氏、表哥陈式周。

乳母蒋江氏是嗣母为了精心抚育小恩来特地请来的。陈氏一生没有开怀，没有乳汁喂养小恩来。于是她需要请乳母喂奶小恩来。蒋江氏是位心地善良、勤劳朴实的劳动妇女。她在用乳汁喂养小恩来的同时，也以劳动人民的美德影响着小恩来。从小恩来开始学步的时候起，乳母就领他到后院的一片空地上，种瓜种菜，锄草捉虫，汲水浇地，使他从小接触到春耕、夏耘、秋收、冬藏的生产知识。小恩来经常到乳母家去玩，同乳母的儿女们有着深厚的友谊。

表哥陈式周是陈氏母亲娘家堂兄的儿子，小恩来是在生母去世后随陈氏母亲到宝应去认识的。陈氏自己没有兄弟，娘家只有这堂兄一家人。这位表哥比周恩来大 16 岁，是位文化素养很深的青年学者。周恩来在宝应期间，以他的聪颖、灵敏、深沉与机智，博得了陈式周的喜爱与器重。陈式周所具有的广博的知识和给人耳目一新的思想，赢得了小恩来的尊重和敬佩。两人由此结成了忘年之交。后来，周恩来在南开上学，陈式周在上海《新闻报》任编辑，周恩来和他的同学所写的宣传爱国活动的文章，不少是通过陈式周代为联系，转送到有关报刊发表的。1920 年 10 月，周恩来从上海去欧洲前，曾到陈式周家促膝长谈。到欧洲后又多次与陈式周通信，交流思想，诉说襟怀。新中国成立后，周恩来曾委托江苏省有关部门寻找陈式周，可是得到的消息是陈式周已经去世。

周恩来生母去世之后，陈氏生活上陷入绝境，精神上受到沉重打击，也染上了肺结核病，对周恩来说："我也活不长了。"她携带幼子大鸾前往宝应娘家，一边治病，一边让大鸾在侄儿陈式周的塾馆中读书。后来陈氏病情不见好转，又携幼子返回清江浦。周恩来 10 岁那年，嗣母又被肺结核病夺去了生命。这是对童年周恩来最大的一次打击，是继生母去世后第二件最伤心的事。

周恩来从不满一岁被陈氏带在身边抚养直到陈氏去世，几乎一天

也没有离开过这位母亲。他对陈氏母亲一直怀着深深的感情。周恩来旅日期间,1918年1月2日的日记中写道:

"我把带来的母亲亲笔写的诗本打开来念了几遍,焚好了香,静坐了一会儿,觉得心里非常的难受,那眼泪忍不住的要流下来。计算母亲写诗的年月,离现在整整的二十六年,那时候母亲才十五岁,还在外婆家呢。想起来时光易逝,墨迹还有,母亲已去世十年了。不知还想着有我这儿子没有?"①

把陈氏遗墨带到日本,相伴身边,焚香拜读,思念所至,潸然泪下。这是多么炽热的孝子之心,多么感人的孝子之情。

1920年2月7日,周恩来领导天津学生爱国运动被警察厅非法拘捕。羁押期间,他曾写过一篇《念娘文》,寄托对陈氏母亲的怀念,可惜没有保存下来。抗战胜利后在重庆,他曾深情地说:"直到今天,我还得感谢母亲的启发。没有她的爱护,我不会走上好学的道路。"

1946年9月,周恩来和美国记者李勃曼谈话时说:"嗣母陈氏,是受过教育的女子,在五岁时就常给我讲故事,如《天雨花》、《再生缘》等七词唱。嗣母终日守在房中不出门,我的好静的性格是从她身上承继过来的。"

抗日战争时期,周恩来的家乡被日本鬼子占领。他的生父也不得不背井离乡跑到武汉和重庆。抗日战争胜利后,周恩来在重庆曾对记者动情地说:"三十八年了,我没有回过家,母亲墓前想来已白杨萧萧,而我却痛悔着亲恩未报。"这表达了周恩来对两位母亲的深深怀念。

周恩来的童年得到了亲人丰厚的疼爱:他是生母的宝贝,又是嗣母的命根子;他是生父的骨肉,而伯父亦视之如子。周恩来从小就接受着

---

① 《周恩来早期文集》上卷,中央文献出版社、南开大学出版社1998年版,第308页。

多种性格的影响。这正是周恩来日后成为博大、深沉的智慧之星的渊源之一。

二、与邓颖超的鸿雁传书

周恩来与邓颖超相知极深，相爱极深。他们虽没有一般夫妇那么多相偕相伴的机缘，但他们之间的书信往来、感情的交流却远远多于一般夫妻。他们之间的书信记载着他们的友谊到相爱的经过；记载着他们在半个多世纪的革命风雨中心心相印、患难与共的历程。他们之间的书信，洋溢着真纯善美的爱情之花的芳香，是人类精神的高尚产品。

1. 欧亚之间，山重水远，鸿雁传递着爱的呼唤

在欧洲的四年时间里，周恩来给邓颖超写了 250 多封信。1983年，邓颖超参观"周恩来同志青年时代在津革命活动纪念馆"，见到周恩来由法国寄给南开同学的明信片时高兴地说："这样的明信片，我有一百多张。"1988 年 4 月，邓颖超回忆她与周恩来相爱的经历时说："遥想当年，我们之间经过鸿雁传书，我们之间的鸿雁飞过欧亚大陆、越过了海洋，从名城巴黎，到渤海之滨的天津，感谢绿衣使者把书信送到我们的手里。有一次，我突然接到你寄给我的印有李卜克内西和卢森堡像的明信片上写了'希望我们两个人，将来也像他们两个人那样，一同上断头台'这样英勇的革命的誓言。""我不曾想到，在我们分别后，在欧亚两个大陆上，在通信之间，我们增进了了解，增进了感情，特别是我们都建立了共同的革命理想，要为共产主义奋斗。三年过去，虽然你寄给我的信比过去来得勤了，信里的语意，我满没有在心，一直到你在来信中，把你对我的要求明确地提出来，从友谊发展到相爱，这时我在意了，考虑了。经过考虑，于是我们就定约了。"

周恩来给邓颖超的信，开始时也同一般的朋友一样，没有特别之处,明信片也都是不加信封直接寄出的。1923年春,邓颖超收到的周恩来的一张明信片却是装在信封内寄来的。邓颖超拆开信封,只见明信片上芳草如茵,鲜花盛开,春光明媚,三个美丽的金发少女正迎风奔跑。明信片背面是周恩来写的诗:

　　奔向自由自在的春天!

　　打破一向的束缚!

　　勇敢地奔啊奔!

这是周恩来开始向邓颖超表示爱情的一封特殊的信。

此后,有几封信中,邓颖超称周恩来为"鸾",落款为"凤";周恩来称邓颖超为"凤",落款为"鸾"。周恩来乳名"大鸾"。孩提时代,母亲呼唤他的就是这个名字。自从母亲去世之后,他很久很久没有听到有人呼唤他这个名字了。而今一位他信赖的杰出女性也用这个名字呼唤他,这是情深意笃的爱的呼唤。

周恩来英俊而文雅,轩昂的眉宇、炯炯的眼光、清朗的谈吐,喜欢他的姑娘大有人在。南开校董严修也曾想把女儿许配于他。但是,周恩来对爱情是严肃认真的。正如韩素音所说:"就像许多理智支配情感的男子,或者像许多胸怀巨大抱负的男男女女那样,他无需通过风流韵事来表明自己是个男子汉大丈夫。"①

周恩来是有着救国、尽力社会的大志向的青年人。他不愿意为婚姻问题而动摇自己的心志。对严家提亲一事,他曾对张鸿诰同学说:"我是个穷学生,假如和严家结了亲,我的前途一定会受严家支配,因此辞却了。"

周恩来又是对婚姻和恋爱有着独到见解的青年人。他不赞成没有恋爱的婚姻。1918年2月9日,他在日记中写道:

---

①　韩素音:《周恩来与他的世纪》,中央文献出版社1992年版,第66页。

　　我想人生在世,恋爱是一种事,夫妻又是一种事。……夫妻由恋爱中生出来的,是真夫妻;若随旁人的撮弄,或是动于一时感情的,这个夫妻实在是没有什么大价值。按着这个理推,是恋爱的范围广,夫妻的范围狭,恋爱里可以有夫妻这一义,夫妻绝不可以包括恋爱的。

　　周恩来还是一个孝子,对父母、从父母的养育之恩有着强烈的报答念头。由于家境艰难困苦,两位母亲早逝,亲人分散各方,心情郁郁不乐,他曾主张独身主义。1918 年 3 月 10 日,他在日记中写道:

　　我想我守着"素食"、"不婚"两个大主义,生命不用说可以长了好些年,就是我那"报恩"后离去世界的念头,也觉容易行了许多,思想起来我觉得非常的痛快了。

　　此间,他多次与朋友讨论婚姻问题与独身主义。8 月 26 日,他在火车上又与朋友谈独身主义。当天,他在日记中表露了自己主张独身主义的伤心之处:"呜呼! 青春已逝,家世难言,人事沧桑,知心何处? 吾双亲已没,娱乐之何求?"

　　直到去欧洲之前,周恩来一直没有改变独身主义的主张。那时的邓颖超也没有考虑过结婚的问题。邓颖超说:"我们'觉悟社'相约,在整个运动时期,不谈恋爱,更谈不到结婚了。那个时候,我听说你主张独身主义,我还有个天真的想法,觉得我们这批朋友能帮助你实现你的愿望。我是站在这样一种立场上对待你的。而我那时对婚姻抱着一种悲观厌恶的想法;在那个年代,一个妇女结了婚,一生就完了。所以我上学的时候,路上遇到结婚的花轿,觉得这个妇女完了,当时就没有考虑结婚的问题。"

　　周恩来初到欧洲时,曾经有过一个比较接近的女友张若名。五四运动时张若名同周恩来、邓颖超一起在天津搞学生运动,又都是觉悟社成员,她还与周恩来一起被天津警察厅非法拘捕,共同度过半年的牢狱生活。她是个美丽的姑娘,对革命也很同情。但是,她在政治上比较软弱,经受不了革命的惊涛骇浪。新中国成立后,周恩来对侄女周秉德等谈婚姻问题时曾说:"我原来留法的时候,有一个女孩子,长得比你七妈漂亮,我们一起出去留法的时候,别人都以为我要跟她还不错,我跟她确实也挺不错的,也挺谈得来的,一起出去人家都认为我们会在一起。等我去了德国、法国以后,我逐渐接受了马克思主义的思想,我就定下了自己的志向,要为无产阶级奋斗,这时候我就觉得我的终身伴侣,应该是能够跟我革命一辈子的人,我就觉得这个人不一定跟我是志同道合,所以,我就毅然地跟她断了,就跟你七妈联系上了。"邓颖超在旁边风趣地说:"怪不得忽然给我写信了。"

周恩来和邓颖超是在五四运动中相识的。

邓颖超原名邓文淑,祖籍河南信阳,1904 年 2 月 4 日出生于广西南宁。她幼年丧父,靠母亲杨振德行医当家庭教师的收入来维持清贫的生活。她与周恩来有着大抵相同的令人心酸的家世和颠沛流离的早年经历,有着相同的为救国家而对新思潮、新生活的执着的追求。在运动中,邓颖超担任女界爱国同志会的讲演队长和学生联合会的讲演部部长。她出色的讲演常常使听众感动得热泪涔涔。在斗争中,她勇敢、坚定;在生活中,她淳朴、爽朗,所有这些都给周恩来留下了很深的印象。

当周恩来决定献身革命时,为什么要选择邓颖超做自己的终身伴侣?这首先因为周恩来了解邓颖超的身世和追求,相信她能够与自己同甘共苦,能够经得起任何风雨、磨难。这还因为周恩来爱慕邓颖超的品德、智慧和才干,相信她能够弥补自己的不足,起到"贤内助"的作用。事实很快证明了周恩来的选择是对的。1923 年 5 月,邓颖超在《女星》旬刊上发表的一篇文章中写道:"两性恋爱,本来是光明正大的事,并不是污浊神秘的。但它的来源,须得要基础于纯洁的友爱,美的感情的渐馥渐浓,个性的接近,相互的了解,思想的融合,人生观的一致。此外,更需两性间觅得共同的'学'与'业'来维系着有移动性的爱情,以期永久。这种真纯善美的恋爱,是人生之花,是精神的高尚产品,对于社会,对于人类将来,是有良好影响的。"这与周恩来 1918 年 2 月 9 日日记中所表达的恋爱观可谓异曲同工。随着时间的推移越来越证明周恩来的选择是对的。1954 年日内瓦会议期间周恩来在给邓颖超的信中写道:"你还是那样热情和理智交织着,真是老而弥坚,我愧不及你"。① 这是周恩来发自肺腑的对爱妻的赞美。

2. 战争之中,天各一方,鸿雁传递着浓浓的战地情

1924 年 7 月,周恩来从巴黎动身回国。9 月,他到达当时中国革命的中心广州。由于他是中共广东区委的负责人,并担任国共两党合作创办的黄埔军校政治部主任,工作十分繁忙。回国后近一年,周恩来和邓颖超仍是天南地北两相思,不曾有机会见上一面,绿衣使者仍是两人交流的桥梁。1925 年 1 月,中共北方区委委员高君宇还当过一次周恩来和邓颖超之间的"绿衣使者"。高君宇到上海参加党的四大之后,受周恩来嘱托途经天津时看望了邓颖超,并面交了周恩来的亲笔信。1982 年 7 月,邓颖超在《为题〈石评梅作品集〉书名后志》中写道:"高君宇同志和周恩来同志是在党的第四次全国代表大会期间相识的,两人欢谈甚深,彼此互通了各人的恋爱情报,于是高君宇同志做了我和周恩来同志之间的热诚的'红娘',而恩来同志又做了我得见君宇同志的介绍人。"

1925 年夏,邓颖超南下广州。由于周恩来正忙于领导省港大罢工,抽不出时间去码头。他请陈赓手持照片去接自己的新娘。结果,陈

---

① 《周恩来书信选集》,中央文献出版社 1988 年版,第 501 页。

赓凭着照片认人,没有接上,而邓颖超在人群中左顾右盼看不到周恩来,就照着通信地址径直找到住处去了。就这样,找上门去的邓颖超成了周恩来的新娘。1988年4月,邓颖超回忆道:"我从天津到广州,于1925年的8月结婚了。当时我们要求民主,要求革新,要求革命,对旧社会一切的封建束缚、一切旧风习,都要彻底消除。我们那时没有可以登记的地方,也不需要什么证婚人、介绍人,更没有讲排场、讲阔气,我们就很简单地,没有举行什么仪式,住在一起。在革命之花开放的时候,我们的爱情之花并开了。"

新婚之际,周恩来、邓颖超请邓演达、张治中、恽代英、熊雄、张婉华、李富春、蔡畅等在太平餐室吃了一顿饭,朋友们向新婚夫妇表示祝贺。35年后,周恩来、张治中同机飞广州。闲谈中,张治中想起1925年太平餐室的那顿饭,便笑着对周恩来说:你们结婚35年了,应该在太平餐室请我们吃餐饭。周恩来听后会心地笑了。到广州后,他真的在老地点用老风味再度宴请张治中。

广州是周恩来、邓颖超夫妻生活的起点,因此也是他们难以忘怀的地方。新中国成立后他们来往的书信中提到广州,仍然是一种特殊的感情。一次,周恩来在广州写给邓颖超的信中说:"昨天车过广卫路,发现了广卫楼,快二十年了,不能不引起回忆。"1954年11月,周恩来在广州工作了近一个月,邓颖超因病未能同行。周恩来致信邓颖超:"羊城之行不可能了,但望你安心静养,归京时能看到你进步,那就最高兴不过了。"最后,他写道:"南天月夜,写此寄意。"邓颖超寄给广州周恩来的信中则说:"羊城,是多么值得纪念和易引起回忆的地方!它是我们曾和许多战友和烈士共同奋斗过的地方,又是你和我共同生活开始的地方。三十年前你和我是天南地北害相思,这次我和你又是地北天南互相念。三十年来我和你的共同生活,多是在患难与共,艰苦奋斗,紧张工作中度过的。这次你总算得到比较过去稍休闲的机会,可惜我因病不能偕行与你共游旧地,但我仍为你喜且羡,每在静默中心向往之,当和你有不少共鸣的回忆。"①

在战争年代,周恩来和邓颖超这对夫妻经受了一回又一回生死离别的考验,履过了一次又一次惊心动魄的险境。

1925年8月20日,国民党左派廖仲恺遭暗杀。周恩来参加"廖案检察委员会"追查凶手。一天赶往国民政府办公处交涉时,由于戒严提前,口令改变,周恩来险遭门卫枪击。

1927年3月,周恩来在上海领导工人第三次武装起义。他的爱妻邓颖超则在广州经受着难产的磨难。不幸的是,孩子夭折,邓颖超也失去了再做母亲的机会。接着,上海发生四一二反革命政变,周恩来遭通缉;广州发生四一五反革命大屠杀,邓颖超面临着被捕杀头的危险。6月,周、邓夫妇在武汉有过短暂的团聚。7月下旬,周恩来离汉去九江,准备南昌起义。邓颖超说:"他走那天,我根本不知道他去做什么。什么时候回来。究竟能不能回来。"不仅这次,每次的分别都是这样。"那个时候,每次分别后,不知何日相会。无论作为同志,还是夫妇,每次的生离实意味着死别啊!"

1928年5月,周恩来、邓颖超从上海出发经大连、哈尔滨去苏联莫斯科参加党的六大。在船上被日本侦察员盯上了,到大连码头时受到日本水上警察厅的盘问,从大连到长春的火车上又有日本人跟踪。这是一次险象环生的旅行,由于周恩来的机智、镇定、沉着,泰然无事的对付敌人的盘问,才最终得以脱险。

长征路上,到毛儿盖后周恩来因患肝炎而转变成阿米巴肝脓肿,接连几天高烧不退,昏迷不醒。医生让卫士到60里以外的高山上取冰块

---

① 《周恩来年谱(1949—1976)》上卷,中央文献出版社1997年版,第426—427页。

冷敷在他的肝区上方,控制炎症不向上发展,引导向下排脓。当周恩来清醒过来时,呻吟着排出了半盆绿色的脓。邓颖超在长征开始时就因患肺结核,吐血,编入休养连行动,没有同周恩来在一起。周恩来重病时,她来护理。她从周恩来脱下的羊毛背心中捉到170多个虱子,挤虱子的血把两个指甲都染红了。周恩来大病不死,实属侥幸。而邓颖超过草地时险些被泥潭吞没。走出草地,她气息奄奄,只有三分像活人,蔡畅见了禁不住哭了,以为她活不成了。

1937 年 4 月 25 日,周恩来从延安乘汽车赴西安,在甘泉县劳山附近遭土匪伏击。在激烈的战斗中,周恩来随从副官陈友才、警卫队副队长陈国桥等十余人牺牲。周恩来和张云逸等突围脱险。周恩来放在车上的朱德送给他的毛毯也被匪徒乱砍了十几刀。

战争环境中,周、邓夫妇常常是天各一方。这时,他们的两地书总是载着浓浓的战地情。

1939 年夏,周恩来在延安去中央党校作报告的路上,因马受惊,右臂摔成粉碎性骨折。周恩来的右手无法写字,组织派陈舜瑶给他当书记员,由他口授,陈舜瑶代他记录、抄写、整理有关文稿、文件。他请陈舜瑶代写了给各方面的信,只有一封没让代笔,那就是给邓颖超的信。这封信是周恩来用左手写的,是他对妻子敬重的见证。

1947 年 3 月,中共中央撤离延安。此后,周恩来同毛泽东、任弼时转战陕北,行使中央权力指挥全国革命战争。邓颖超渡过黄河开赴晋绥解放区参加中央后方委员会的工作。这年中秋节的晚上,周恩来致信邓颖超,最后写道:

> 对月思人,不知健康否?
>
> 恩来于中秋节

这封信辗转寄到邓颖超手上,邓颖超的秘书陈楚平开玩笑说:"情书来了!"邓颖超看完信笑笑说:"这哪里是情书,是形势报告!"陈楚平指着信的最后一段话说："不是有'对月思人'吗?"

1948年4月中旬,在阜平县城南庄周、邓夫妇见面时,毛泽东对邓颖超说"你坚持在第一线工作,取得了成绩,又有了经验,很好啊。可你这个后勤部长没有当好。这么久,你连到前委来慰问也没有啊。可苦了恩来呀。"

"恩来的身体很好,又有警卫员照顾,又有主席的关心,我不去也很放心呀。"邓颖超笑着说。

毛泽东又开玩笑地说:"那可不行。我们都代替不了你这个后勤部长啊。"

周恩来也笑了。他说:"通信联系,也等于见面了。"

3. 总理国务,奔忙出访,鸿雁传递着相思与牵挂

中华人民共和国成立后,周恩来担任总理,多次出国访问和参加重大国际会议;邓颖超身体不好,有时在外地养病,这对夫妇仍常常两地相思,鸿雁传书。

1951年初春,邓颖超在杭州养病。3月17日,周恩来写信给邓颖超:

> 西子湖边飞来红叶,竟未能迅速回报,有负你的雅意。忙不能做借口。这次也并未忘怀,只是懒罪该打。……南方来人及开文来电均说你病中调养得很好,颇慰。期满归来,海棠桃李均将盛装笑迎主人了。

信中有趣的话题表达着夫妻之情。23日,邓颖超回信,戏言周恩来"写的是不像情书的情书"。31日,周恩来又写信给邓颖超:

> 昨天得到你二十三日来信,说我写的是不像情书的情书。确实,两星期前,陆璀答应我带信到江南,我当时曾戏言:俏红娘捎带老情书。结果红娘走了,情书依然未写,想见动笔之难。寄来西湖印本,均属旧制,无可观者。望托人拍几个美而

有意义的镜头携归,但千万勿拍着西装的西子。西湖五多,我独选其茶多,如能将植茶、采茶、制茶的全套生产过程探得,你才称得起"茶王"之名,否则,不过是"茶壶"而已。乒乓之戏,确好,待你归来布置。现时已绿满江南,此间方始发青,你如在四月中北归,桃李海棠均将盛开。我意四月中旬是时候了。忙人想病人,总不及病人念忙人的次数多,但想念谁深切,则留待后证了。①

这封信有"情书"、"老情书"的戏言,有"茶王"、"茶壶"的趣言,有绿满江南、桃李海棠盛开的美景,有"忙人想病人"、"病人念忙人"的意境,从多方面表达着周恩来对妻子深深的思念。

1954 年,周恩来率领中华人民共和国代表团出席日内瓦国际会议,从 4 月 20 日到 8 月 1 日在国外度过一百多天。其中只有 7 月 6 日至 8 日因日内瓦会议中途休会出访印度、缅甸在北京停留了三天。

周恩来喜爱海棠花。他是冲着海棠住进中南海西花厅的。这年海棠花开时,他正在日内瓦。邓颖超特意剪了一枝海棠花,把它压在书本里头。经过鸿雁带到日内瓦。住在日内瓦花山别墅里的周恩来,目睹这枝海棠花,读着邓颖超"寄上想念"的来信,也以同样的心情,将压制好的日内瓦出名的芍药花和玫瑰花经过鸿雁带回北京中南海西花厅。6 月 13 日夜,周恩来在灯下写道:

超:

你的信早收到了。你还是那样热情和理智交织着,真是老而弥坚,我愧不及你。

来日内瓦已整整七个星期了,实在太忙,睡眠常感不足,每星期只能争取一两天睡足八个小时,所幸并未失眠,身体精

---

① 《周恩来书信选集》,中央文献出版社 1988 年版,第 451、453 页。

226

神均好,望你放心。

　　陈浩、成元功两同志催我写信数次。现在已经深夜四时了,还有许多要事未办。明日信使待发,只好草草书此,并附上托同志们收集的院花,聊寄远念。

周恩来

后来,邓颖超将这些飞渡北京西花厅与日内瓦花山别墅之间的花和叶贴在纸上,嵌入镜框,一直挂在居室内。它是一幅由周邓夫妇心灵互赠互答绘制而成的充满浪漫色彩的美丽的画卷,它是一份永远值得后人珍存的感情遗产和道德遗产。

1955年4月在印度尼西亚万隆召开的亚非会议,是中华人民共和国成立以来参加的继日内瓦会议之后的又一个重大的国际会议,周恩来率领中国代表团参加这次会议,从一开始就充满着艰难险阻。台湾国民党当局早就预谋通过暗害周恩来以阻止或破坏中国代表团出席亚非会议。4月7日周恩来一行乘伊尔—14飞机离京经重庆于8日抵达昆明。4月11日,中国代表团租用的印度航空公司飞机"克什米尔公主号",因国民党特务放置了定时炸弹,在香港飞往印度尼西亚途中爆炸。同机的中国和越南政府代表团工作人员以及随同前往的中外记者共11人全部遇难。由于周恩来因故没有乘坐这架飞机,国民党特务暗害他的阴谋未能得逞。4月12日,周恩来收到邓颖超关心他和代表团全体成员安全的信。当天周恩来复信邓颖超:

　　你的来信收阅,感你的好意和诤言。现将来信捎回,免得失落。有这一次教训,我当更加谨慎,更加努力。文仗如武仗,不能无危险,也不能打无准备的仗,一切当从多方考虑,经过集体商决而后行。望你放心。再见。①

---

① 《周恩来书信选集》,中央文献出版社1988年版,第501页。

周恩来机智、勇敢地出席了亚非会议。由于他的努力会议取得了极大的成功。然而,从 4 月 17 日抵达万隆到 24 日会议闭幕,周恩来总共只睡了 13 个多小时觉,这是有害身体健康的。邓颖超对周恩来出访最担心的是安全和健康问题。回到昆明后,周恩来对卫士成元功说:"这次出去紧张些,睡觉少些,回来多睡点就补上了。大姐身体不好,回去后不要对她说,免得她担心。"

这件事直到周恩来逝世后的 1977 年冬天,成元功才向邓颖超讲了实情。

1963 年 1 月 31 日,周恩来去看望老作家周瘦鹃。他一边与周瘦老交谈,了解创作情况,鼓励写出好作品来;一边抱起周瘦老最小的女儿全全,逗着孩子玩。周瘦老见此情景伤感地说:"总理,您为中国革命奋斗了几十年,听说还没有一个自己的孩子。我这个全全就送给您吧。"周恩来听后朗声笑道:"周瘦老啊! 全中国万万千千个儿童都是我的孩子,都是革命事业的接班人。这样,不是就不分你的我的了吗?"

李先念曾说:"恩来同志确实胸如海洋,容量极大"。在家庭观上,周、邓夫妇也同样有着博大的胸怀。

周、邓夫妇不论是家事还是国事上都能配合默契、心心相通。

周恩来家是个大家庭。从曾祖父传下来的堂兄弟中,周恩来排行老七。侄儿、侄女们都喊邓颖超"七妈"。周恩来亲属多,家庭事务全部由邓颖超出面料理。周恩来曾对侄儿、侄女说:"你们七妈别无亲人,除了工作,她这辈子全献给我们周家了。"有一次,他对曹禺说:"我们周家是个大家庭,亲戚多麻烦极了,都是小超替我料理,不教我分心操心,我把精力全集中在工作上,全靠小超解除我后顾之忧。"

俗话说:"妻贤夫祸少"。在高层领导人中"贤内助"的作用尤为重要。中国历史上夫人干政造成灾难性后果的亦不少见。"文化大革命"中,叶群成为林彪的代言人,江青被捧为"文化大革命"的旗手,对

228

动乱起了推波助澜的作用,产生了极坏的政治影响。周、邓夫妇则堪为楷模。他们之间有一个协议,两个人可以在一个地方或一个机关工作,但不要在一个具体部门共事。他们毕生遵守这个协议。周恩来身居总理高位,但从不让邓颖超参与总理事务。西花厅周恩来的办公室,邓颖超一向很少进入。周恩来办公室门上和保险柜的钥匙,一天 24 小时不离身,平时装在口袋里,睡觉时压在枕头下。只有当他出国时,两把钥匙才交给邓颖超保管。许多党和国家的核心机密,周恩来不讲,邓颖超也不问。新中国成立之初,不少党内外人士都提出让邓颖超到政府里担任一项职务。对此,周恩来严肃地说:"我是政府总理,如果邓颖超是政府的一个部长,那么我这个总理和她那个部长就分不清了;人家会把她那个部长说的话,把她做的事当成是我支持的……只要我当一天总理,邓颖超就不能到政府里任职。"

周、邓夫妇情感上水乳交融,工作上泾渭分明。他们是把家事与国事、爱情与事业的关系处理得恰到好处的一对夫妇。

1964 年端阳节,周恩来和邓颖超共进午餐,同饮绍兴酒。邓颖超乘兴作诗一首赠周恩来:"夫妻庆幸能到老,无限深情在险中。相偕相伴机缘少,革命情谊万年长。"周邓夫妇是在鸿雁传书中约定恋爱关系的。结婚后 50 年,他们经过了一次又一次牵肠挂肚的两地相念,鸿雁仍不断传递着他们之间的"情书"。周恩来逝世后,邓颖超与周恩来心灵的交流仍在继续。1988 年 4 月,中南海西花厅海棠花盛开,邓颖超观花后的那篇感想不也是写给周恩来的信吗?

　　你不在了,可是每到海棠花开放的时候,常常有爱花的人来看花。在花下树前,大家一边赏花,一边缅怀你,想念你,仿佛你仍在我们中间。你离开了这个院落,离开它们,离开我们,你不会再来。你到哪里去了啊? 我认为你一定随着春天温暖的风,又踏着严寒冬天的雪,你经过春风的吹送和踏雪的足迹,已经深入到祖国的高山、平原,也飘进了黄河、长江,经过了黄河、长江的运移,你进入了无边无际的海洋。你,不仅是为我们的国家,为我们国家的人民服务,而且你为全人类的进步事业,为世界的和平,一直在那里跟人民并肩战斗……

三、怀念老师

"得天下英才而育之",是当老师的最快乐的一件事。当学生的遇到好老师更是一生中的幸事。周恩来是他的老师们印象深刻的一位好学生。周恩来对他从小至南开学校遇到的好老师,更是以感激之情铭记于胸。

1. 故乡的启蒙老师龚荫荪和周先生

早年周恩来去东北之前,曾遇到两位使他终生不能忘怀的启蒙老师。1952 年秋,周恩来在上海会见童年时代同窗学习的龚志如表姐,回忆起童年的往事。他说:"老实说,那时候我最讨厌我们周家。在万家我也拘束得很。只有在你们龚家,我才感到自由、愉快。""就童年所受教育而论,表舅可算是我政治上的启蒙老师;我们周先生算是我文化上的启蒙老师。"①

表舅龚荫荪是嗣母陈氏的表哥。龚荫荪的母亲和陈氏的母亲是姐妹,周恩来管龚荫荪的母亲叫姨外婆,管龚荫荪的夫人叫舅妈。陈氏自己没有兄弟,娘家只有堂兄、堂侄儿,外戚中只有姨妈一家是最亲的人,陈氏生前经常带周恩来到姨外婆家串亲,姨外婆、表舅、舅妈都很喜欢周恩来。陈氏去世后,周家债台高筑,周恩来不得不挑起管家的重担,支撑着一个封建大家庭日趋衰落的门面。

---

① 《周恩来与故乡》,江苏人民出版社 1979 年版,第 72 页。

　　龚荫荪对周恩来的勤奋好学、博闻强记早有所闻,对周恩来的聪慧、灵敏、深沉亦有所见。他对当时周恩来的困难处境深表同情,觉得不能让周恩来把学业荒废下去,决定帮助解决周恩来学习和生活上的困难,叫周恩来到自己的家塾来读书。于是,周恩来早来晚归,开始了龚家私塾的学习生活。

　　在龚家,龚荫荪的言传身教,使周恩来学到了很多社会知识。龚荫荪先是膺服康有为、梁启超变法维新的改良主义,后来成为孙中山先生的信徒。他到过日本,结识过不少同盟会会员。他变卖家产,经常奔走于上海、南京、苏州、武汉之间,支援孙中山领导革命活动。他带头剪辫子,不信鬼神,不许女儿缠足,主张男女同学,让学生读一些宣传近代科学与西洋文明的新书和报刊。周恩来资质聪颖,且好学、好问、勤于思索,经常提出一些社会问题请表舅回答。表舅循循善诱,向他解答一些社会政治问题,还经常给周恩来等人讲太平天国和鸦片战争的故事。在表舅的诱导和影响下,周恩来和同窗读书的小朋友在课余时间经常玩一种捉"洋人"的游戏。一部分小朋友作"中国人",去捉另一部分"洋人",捉到就交"法官"审讯。周恩来经常担任小法官的角色。他"执法"不徇私情,总是要待被审的"洋人"保证"不侵犯中国"之后,才挥手释放他们。龚荫荪的言谈举止对周恩来进取心、爱国心的萌生产生着潜移默化的影响。

　　在龚家,周恩来又遇到一位文化上的好老师周先生。周先生是龚荫荪聘请的家塾老师,是个愤世嫉俗的落第秀才,学识很好,为人也较开明。周先生教周恩来的书主要还是《大学》、《中庸》、《论语》、《孟子》、《周易》、《尚书》、《诗经》、《礼记》、《春秋》等"经书"。但是,周先生允许学生阅读"经书"之外的文学、历史和科学类书刊,又能因人施教。周先生书法很好,他根据学生写字的特点,确定临摹哪家字帖。周恩来的书法风格,就是在周先生指导下定型的。周先生规定每天写一百个大字,不管天气怎样寒冷,周恩来总是坚持写完。

周恩来在龚家私塾学习生活了两年。后来,龚荫荪要离家远行,周恩来要求表舅带他出去。龚荫荪说:"你年纪这样小,妈妈去世了,父亲又不在家,我不好带你出去。你还是再学习两年,等长大了再说吧!"可是,龚荫荪走后不久,龚家发生了变故,全家搬到淮阴了,周恩来失学了。好在 1910 年春天,四伯父托人带他去东北读书,使他的童年生活发生了一次重大转折。此后,周恩来求学和人生的道路越走越宽。正如 1952 年秋上海相会中,龚荫荪的女儿龚志如对周恩来所说:"你没有辜负我父亲对你的希望……"

2. 东北小学的高亦吾和毛先生

在东北的二三年,是早年周恩来一个重要的转折点。1938 年在武汉,周恩来同记者谈个人经历时说:我十二岁到辽宁省读书,开始接受新学教育,在辛亥年间看到秘密的革命小册子。

1946 年 9 月,周恩来和美国记者李勃曼谈他在东北几年的转变是"从受封建教育转到受西方教育,从封建家庭转到学校环境,开始读革命书籍"。

新中国成立后,周恩来曾对辽宁大学的学生说:"我身体这样好,感谢你们东北的高粱米饭、大风、黄土,给了我很大的锻炼。""吃高粱米,生活习惯改变了,长了骨骼,锻炼了肠胃,使身体能适应以后艰苦的战争年代和繁忙的工作。"①

总起来看,早年周恩来到东北后的转变主要有三个方面。

一是学习内容的转变。在淮安上私塾,主要学的是"四书"、"五经"。在奉天第六两等小学堂(辛亥革命后改名为东关模范学校),开设的课程有修身、国文、算术、历史、地理、格致、英文、图画、唱歌、体操

---

① 金冲及主编:《周恩来传》上,中央文献出版社 1998 年版,第 13 页。

10门。这些新的学习内容,不仅给了周恩来新的知识层面,而且拓宽了他的视野。

二是生活环境的转变。在淮安,周恩来主要处在家庭氛围之中,在东北,则主要处在学校氛围之中;在淮安主要吃大米,在东北主要吃高粱米。另外,东北不同于淮安的自然气候、风土人情也给周恩来以新环境的磨炼。

三是开始接受革命思想。周恩来在沈阳南郊沙河南岸的魏家楼子,亲眼目睹了日俄战争的遗迹,感受了朝廷腐败无能,中国积弱积贫,列强瓜分豆剖的现实,开始思索救国救民反清革命的问题。

伴随以上三个方面的转变,周恩来在东北的二三年遇到了一位好老师——高亦吾。

高亦吾,字盘之,一生忧国忧民。1907年,他在济南高等学堂读书时,曾领导轰动省城的高等学堂反清斗争,遭通缉亡命东北。宣统年间剪去辫子,鼓吹反清革命。高亦吾在第六两等小学堂任教时,周恩来恰于此时随伯父到沈阳,成为该校的住校生。高亦吾常向学生宣讲救国救民的真理,并把章太炎的文章和同盟会的刊物拿给学生读,还曾把邹容的《革命军》借给周恩来看。在高亦吾的影响下,周恩来同情革命。当辛亥革命的消息传来时,周恩来率先在学校剪掉辫子,表示同清王朝决裂。

周恩来是高亦吾最器重的学生。当时国文教员赵纯在批阅周恩来作文时对同事们感慨地说:"我教了几十年的书,从没见过这样好的学生!"高亦吾亦有同感。1912年10月,周恩来写了篇作文:《奉天东关模范学校第二周年纪念日感言》。这篇作文认为,中国要富强,应该从根本做起,把教育办好。小作者不仅表达了自己的心志,而且展现了自己出色的才华。国文老师阅毕这篇作文极为兴奋,赞扬作者下笔"心长语重,机畅神流";夸奖作者的看法和文章:"教不如此不足以言教,学不如此不足以言学,学校不如此不足以言学校,文章不如此不足以言文章。"①1913 年 6 月,奉天举办的教育成绩展览会把这篇作文作为甲等作文展出,并以范文收入《奉天教育品展览会国文成绩》一书中。1915 年上海进步书局出版的《学校国文成绩》和以后上海大东书局出版的《中学生国文成绩精华》两书也先后收入这篇作文。这篇作文也给高亦吾以极大的欣喜。高亦吾是以"得天下英才而教育之"为最大快乐的人。他为有周恩来这样出色的学生而高兴。高亦吾不仅在课堂上循循善诱,而且还给周恩来"开小灶",常邀周恩来在自己的住处交谈。

1913 年春,周恩来随伯父移住天津。临行前,高亦吾同周恩来叙谈了一晚上。高亦吾希望周恩来到天津后要选择一所好学校。他把自己一张照片赠给周恩来,二人洒泪而别。此后,周恩来一直把高亦吾的这张照片珍藏在身边,50 年后才亲手交给"荣萱师母"——高亦吾之妻。

高亦吾是周恩来尊重的并一直记在心中的一位恩师。20 多年后在延安,外国记者问周恩来是如何走上革命道路的,周恩来说:"少年时代在沈阳读书时,得山东高盘之先生教诲与鼓励,对我是个很大促进。"新中国成立之初,周恩来会见高亦吾之子高肇甫时,情殷意切,详细地询问了高先生情况。他动情地说:"没有高老师的教导,我不会有今天"。20 世纪 60 年代初,因天灾人祸,国家和人民都处于困难之中。周恩来十分关心高师母健康情况和高肇甫工作、生活情况。他约高肇甫叙谈时,作了详细了解,让高肇甫给高师母捎去燕窝、白糖、咖啡等营养食品。后来,他又给高师母寄去人民币 100 元。1962 年,高师母病

① 《周恩来早期文集》上卷,中央文献出版社、南开大学出版社 1998 年版,第 1 页。

故,周恩来给高肇甫夫妇写信:"惊悉师母病故,……希节哀,注意身体,努力工作。随信寄去 100 元丧葬补助。"①由此可见周恩来与高亦吾师生情谊之深。

在沈阳第六两等小学堂,给少年周恩来以重大影响的还有一位地理教员毛先生。毛先生是满族人。他不赞成激烈的革命主张,拥护实行君主立宪制的改良道路。尽管毛先生是个保守派,但他宣传改良思想时,也给学生思考社会问题提供了一个参考系,避免陷入非此即彼的单向思维。毛先生介绍周恩来读康有为、梁启超的文章。从此,梁启超关于民主、自由、人权的政治观点,对西学、中学的渊博的知识以及汪洋恣肆、不拘一格的文风,都给了周恩来以极大的吸引力。后来,在南开学校、在日本,周恩来都多次谈到梁启超。

3. 天津南开学校的国文老师和数学老师

孔子说:"吾十有五而志于学"。周恩来 15 岁那年(1913 年)考上天津南开学校。从此开始了"基础立于此日,发达俟乎将来"的四年南开生活。天津处九河下梢,是华北出海的门户,重要的工商业城市,既是北方商品货物的集散地,又是资本主义近代工业比较发达的地方。1860 年辟为通商口岸后,这里有英、法、俄、德、日、比、奥、意、美九国的租界。在这里所接触到的大城市的社会生活,所呼吸到的近代社会的空气,是东北难以相比的。南开学校是严修仿照欧美近代教育制度创办的一所闻名国内的私立学校。学制四年,主科有国文、英文、数学,次科有物理、化学、中国史地、西洋史地、生物、法制、簿记、体操等。南开学校积极提倡学生开展课外活动,要求学生在学校里不单是读书,而且要学会办事,养成自己管理自己的能力。南开学校与当时许多墨守成规的或放任散漫的学校大不相同,呈现着蓬勃的朝气。1938 年,周恩来在

---

① 《周恩来(领袖交往实录系列)》,四川人民出版社 1992 年版,第 395、396 页。

武汉对记者谈个人经历时曾说:"南开的教育给我很深的印象:第一,自反对二十一条至五四运动,南开是具有反日精神的;第二,在教育上,组织上,南开有美国求实精神,我是受了南开教育影响的。"

周恩来在南开学校四年,许多老师都为他的成长倾注了心血。尤其是国文老师和数学老师。

数学老师的出色教学,使周恩来爱上了数学。《校风》上曾记载:周恩来是笔算速赛48名最优者之一,代数得满分。而他的数学成绩优秀的一个特点是:心算比一般同学的笔算还快。《毕业同学录》对周恩来写的评语中有一句:"长于数学"。正是这个善心算、"长于数学"的周恩来,30多年后成了中华人民共和国的开国总理。他"长于数学"的优点,在管理世界上人口最多的大国的复杂工作中发挥了独特的作用。

国文老师对周恩来的每一篇作文都进行认真的审阅、批改,写出针对性极强、激励性极大的评语。金冲及主编的《周恩来传》附录了《一生之计在于勤论》的作文手稿,从中可以看到老师圈圈点点和修改的笔迹,那是老师字斟句酌的印记;那句"选词甚当,惟用笔稍平"的评语,是老师统揽全篇后写下的,既有表扬,也有批评。后来,周恩来的作文不断地进步,教师的批评越来越少,表扬与鼓励越来越多。周恩来的作文在南开学校独占鳌头,这与他资质聪颖、文思敏捷、勤奋好学分不开,同时也与国文老师辛勤的教学指导有关。周恩来后来成为国家总理、国际伟人,应验了南开国文老师当年的评语:"尤能高人一筹"、"后日必不可限量"。① 当初这些评语,无疑对周恩来起到了极大的激励作用。不仅如此,老师审阅作文时字斟句酌的认真态度,高屋建瓴、统观全局的方法,也给日后的周恩来以重要影响。

---

① 《周恩来早期文集》上卷,中央文献出版社、南开大学出版社1998年版,第67、69页。

4. 南开学校校董严修

在南开学校对周恩来影响最大的两位老师是校董严修和校长张伯苓。

严修字范孙,在清朝做过翰林院编修和学部侍郎,思想开明。周恩来一进南开学校的校门,就看到左壁悬挂着一面长方形大镜子,镜子上端有一横匾,上面写着:"面必净、发必理、衣必整、钮必结;头容正、肩容平、胸容宽、背容直;气象:勿傲、勿暴、勿怠;颜色:宜和、宜静、宜庄。"周恩来自始就被这"镜箴"所吸引,并自觉地以此规范自己的衣着、仪表、气象、颜色。当他得知这"镜箴"为严老先生题写,敬爱之情油然而生。周恩来认识严修是从开学典礼那一天开始的。

1916 年 5 月 6 日,南开学校组织了一次不分年级的作文比赛,由每班选出 5 名代表参加,严修亲自参加阅卷并选拔。试题有二:"诚能动物论"、"中国今日当务之急为何?"学生可任择其一,周恩来选"诚能动物论"。他写道:儒之孔,西之耶稣,佛之释迦,"贵未及于天子,富未比乎陶朱,享寿亦若中人,秉权要异将相。而其煊赫于当时,照耀于后世,言中于人心,行垂于史册,虽以天子之贵,陶朱之富,老彭之寿,将相之势,莫能易焉。何哉?岂非以三子之诚能动物也耶!""一人之智慧有限,万民之督察极严。其以一手欲掩天下目者,实不啻作法自毙。以诈为利,以伪为真,卒至自覆自败,与人以可讥可耻之据。"文章最后写道:"执政者苟于感人动物之事,注意及之,则返诚去伪,一转瞬耳,又何至日以干戈相寻,欺伪相诈哉! 悲夫!"这篇杰作得到了阅卷老师的一致好评。他们写的评语是:"以孔、耶、释之教诂题,大含细入,高把群言。少陵所谓'射人先射马,擒贼先擒王',作者实得其妙诀。而通体用笔之遒紧,布局之绵密,尤征功候之纯。冠冕群英,断推此种。""识见高超,理境澄彻。而通篇章法,复极完整合作也。"①结果,经严修选定周恩来取得全校第一名,周恩来所在班获班级第一名,得了一面奖旗,旗子上"含英咀华"四个字是严修亲笔写的。

周恩来在南开学校《敬业》、《校风》杂志上发表的文章,多次博得严修的赏识。周恩来在敬业乐群会、南开学校演讲会等社会公益活动中缜密周到的组织才能,也深得严修的赞扬。久而久之,周恩来成了严修心目中最好的学生,他称誉周恩来为"宰相之才"。

1917年夏,周恩来即将于南开学校毕业。6月5日,严修之子严智崇上禀严修,曾谓"周恩来之为人,男早已留心,私以为可以为六妹(严智安)议婚,但未曾向一人言之耳"。6月9日,又称:"今日为星期六,四妹(严智舒)拟令六妹出来一次,以便当面询之也。"②严智崇之议正合严修之意,严家曾托人向周恩来提亲,但此段婚议终因男女双方都不同意而未果。周恩来想到自己事业无成,且家境清贫,不愿攀附豪门大家,辞却了。女方严智安当时仅16岁,正在北京贝满女中读书(住校),也表示暂不愿提起婚姻事。她终身未嫁,解放前夕患脑溢血去世。

尽管婚议未果,严修对周恩来培养与关切未变,师生之谊有增无减。

周恩来留日期间,严修于1918年4月去北美考察教育,11日路经东京,周恩来于12日去看望严修,15日以后几乎天天都去。据严修日记载:4月16日,周恩来等人复来访,久谈,周恩来留宿。17日,部分留日同学请严修便餐,学生自己治菜肴。18日,再次见面时,严修笑着说:"昨天翔宇的醋熘白菜真不错。"20日,严修登轮离日时,周恩来等到码头送行。同年12月,严修回国路过日本时,再次见到周恩来等,同聚餐并合影留念。

---

① 《周恩来早期文集》上卷,中央文献出版社、南开大学出版社1998年版,第149、150页。

② 《周恩来与严修》,《党的文献》1990年第4期。

1919 年 4 月,周恩来离日回天津,准备到学校大学部(后改为南开大学)就读。9 月,他成为该部的第一届文科学生。此时五四运动爆发,周恩来积极参加了五四运动。1920 年 1 月 29 日,周恩来、郭隆真、于方舟、张若名等被天津警察厅非法拘捕,过了半年的监狱生活。7月,周恩来获释出狱时已被南开大学校长张伯苓开除学籍,一时失学。严修为继续培养他心目中的"宰相之才",特在南开学校设"范孙奖学金",共 7000 银元,提出选派周恩来、李福景 2 人去欧美深造,经与张伯苓商量,张亦同意。其后,经过南开校董会的研究并征求有关人员的意见,决定派周恩来、李福景出国留学。去哪里好? 开始考虑去美国,但因第一次世界大战后美元价高,遂决定去欧洲。

1920 年 11 月 7 日,周、李在上海上了法国邮船波尔多号,经过一个月的颠簸到了法国。周恩来怀里揣了一封严修致中国驻英公使、国际联盟行政院中国代表顾维钧的信。这是一封介绍周恩来、李福景去英国留学的信。这也是一封饱含着严老先生对两位出国学子期盼与关怀之心的信。虽然这封信因顾维钧在瑞士日内瓦忙国际联盟事久未去英而未及时转到顾的手里,但严修的心意却常驻在学子的心上。1921年 1 月 25 日,周恩来在伦敦致严修信中曾提到这件事。

出国后,周、李每学期领一次"范孙奖学金"。由于周恩来地址不固定,汇给周恩来的钱,按期由严修交给李福景之父李琴湘寄李福景代转周恩来。后来,李福景考取了一个奖学金,而周恩来的开支又大,于是把两份奖学金都转给了周恩来。严修日记中多次记载转交奖学金之事。如 1921 年 2 月 27 日日记载:"李琴湘来,余将补助李福景、周恩来之学费华币 800 元,交伊转去。"同年 11 月 8 日日记载:"琴湘来,交补助李福景、周恩来学费 720 元,据言可汇英金百镑。"①

---

① 《周恩来与严修》,《党的文献》1990 年第 4 期。

对周恩来在法国期间积极投入革命活动,有人视为离经叛道,并向严修进言,说周恩来到外国思想变了,又加入共产党,劝严不要继续支持周恩来。严修胸中有数,不为流言所动,而是说:"人各有志,不能相强。"李福景之子李竞曾说:"范孙奖学金起了资助革命的作用。"①

1929年严修去世。此时周恩来正处于秘密而随时都有生命危险的地下革命活动中。他不便公开悼念严老先生。但是,严老先生对他的鼓励、关怀与支持,却永远珍藏在心中。在陕北,周恩来曾对斯诺谈到他在法国的经历。他说:"当时有朋友提到,我用严修的钱却成为一个共产党人。严引用中国一句成语'人各有志。'"②

1938年在武汉,周恩来对记者谈个人经历时说:"五四运动时候,我在津参加学运,年终被捕入狱。出狱后,得到平津师友的帮助,赴法留学,我现在还感谢他们。"1962年在北京,周恩来还深情地提到"范孙奖学金"的事。

5. 南开学校校长张伯苓

张伯苓原是从北洋水师学堂以第一名毕业的,后来因受甲午战争失败的强烈刺激,转而从事教育工作,并且到日本、欧美考察过。1898年,严修与张伯苓相识,两人一见如故,都主张教育兴国。于是严修聘请张伯苓到严家设馆教授西学。后又聘请张伯苓担任南开学校校长。张伯苓注重培养学生爱国爱民的德行、服务社会的能力。而周恩来这样的学生,在小学就有"为了中华之崛起"而读书的品德、心志,到南开学校则如鱼得水。

南开学校在每星期三下午有一次"修身"课,由张伯苓和其他老师讲国内外大事和做人做事之道。南开学校每学期的第一天都要开始业

① 《周恩来与严修》,《党的文献》1990年第4期。
② 《周恩来与严修》,《党的文献》1990年第4期。

式。周恩来的作文中多次记叙始业式及张伯苓校长训词。1915 年 2 月，周恩来在《本校始业式记》中写道："校长乃诰诫诸生曰：'夫春为一岁之首，今日又为一学期之首，正百事实行之首日。生等既秉家训，负笈而来，即当殷勤向学，勿使半途而废，有违初志。'"①张伯苓校长有时也请校外的名流学者来校讲演。1917 年 1 月 31 日、5 月 23 日，梁启超、蔡元培到南开学校讲演。这两次讲演周恩来都"笔之于簿，退而记之"，并在《校风》上发表。

周恩来曾担任南开新剧团布景部副部长，并多次参加演出。那时，社会风气没有大开，男女不能同台演出，周恩来多才多艺，在剧中扮演女主角。特别是由他扮女主角的《一元钱》的演出，深受观众欢迎，在天津市曾轰动一时。南开新剧团在社会上很有名，周恩来则是南开新剧团的出色演员。而这些首先得益于张伯苓校长的倡导与支持。南开新剧团成立于 1909 年，最早上演的新剧《用非所学》是由张伯苓编剧并导演的。

遵循校训，周恩来组织敬业乐群会，积极从事社会公益活动。他的组织能力得到了锻炼和提高。

周恩来品学兼优，德能出色，很快受到张伯苓的赏识。周恩来家庭困难，经老师推荐，张伯苓免去了他的学费、书费、宿费。张伯苓还让周恩来在课余和假期中帮助学校做些抄写、刻字的杂事，取得些补贴，以济生活之需。张伯苓常对家里人说：周恩来是南开最好的学生。周恩来亦十分敬重张伯苓校长，每隔几个星期，总要在休息日到张校长家去长谈，内容涉及社会问题和国家大事。周恩来去了，张校长不仅很高兴地同他交谈，而且总要留他吃饭。吃的常常是周恩来最爱吃的贴饽饽

① 《周恩来早期文集》上卷，中央文献出版社、南开大学出版社 1998 年版，第 45 页。

熬小鱼。将近半个世纪后,周恩来仍没有忘记在张校长家吃的贴饽饽熬小鱼。1963年11月18日,周恩来带钱正英等到天津研究根治海河措施。中午他请钱正英等人吃饭,吃的正是贴饽饽熬小鱼。

1919年五四运动前后,周恩来对张校长办南开大学向北洋政府的官僚政客乞援,拉曹汝霖、杨以德之流充任校董,不以为然。5月上旬他在给南开留日同学会的信中公开批评张校长的上述做法。信中说:"你们诸位离天津远,还不知道内情。我是现在天天到南开去的,我是爱南开的,可是我看现在的南开趋向,是非要自绝于社会不可了。人要为社会所不容,而做的是为社会开路的事情,那还可以;若是反过脸来,去接近十七八世纪,甚而十三四世纪的思想,这个人已一无可取,何况南开是个团体。团体要做的事情,是为'新',倘要接近卖国贼,从着他抢政府里的钱、人民的钱,实在是羞耻极了,那能谈到为社会的事实。"①

张伯苓为什么要这样做? 周恩来也曾想到"校长也许别有肺腑"。但是无论怎样,他不赞成张校长"拿中国式的政治手腕办教育"。张伯苓对周恩来的批评尚能采取宽容的态度。1919年9月南开大学成立,张伯苓准予周恩来免试入文科学习。12月,张伯苓委托周恩来在修身班上向全校师生宣布改革大纲。可见,张校长对周恩来仍是信任的。1920年上半年,周恩来因领导学生请愿反对北洋军阀政府的卖国行为而遭警方拘捕。张伯苓迫于政府压力,不得已开除周恩来的南开学籍。但是,周恩来获释出狱后,严修提出选派周恩来出国深造,张伯苓是同意的。

国民党执政后,张伯苓以社会名流、教育家的身份参加了国民党政

---

① 《周恩来早期文集》上卷,中央文献出版社、南开大学出版社1998年版,第416—417页。

府,晚年曾出任国民党政府考试院院长。张伯苓是有民族气节的知识分子。一二八事变后,他就主张停止内战,一致对外。周恩来到陕北后,于 1936 年 5 月 15 日在瓦窑堡致信张伯苓校长:

> 不亲先生教益,垂念载矣。曾闻师言,中国不患有共产党,而患假共产党。自幸革命十余年,所成就者,尚足为共产党之证,未曾以假共产党之行败师训也。
>
> 去岁末,复闻先生于一二八事变后,曾拟挺身入江西苏区,主停内战,一致对外。惜当时未得见先生,而先生亦未得见苏维埃与红军历次抗日宣言。向使当时果来苏区,红军北上抗日之路,或可早开,又何直至去岁始得迂回曲折,以先锋军转入陕甘! 经二万五千里历十一省之长征,在事为难能,在红军抗日之意更可大白于天下。而战胜声威,为抗日保存活力,或亦先生所乐闻欤?
>
> 今国难日亟,华北垂危。红军不能忍华北五省拱手让人,已于十一月出师东向,力争对日作战,并一再宣言,主张停止内战,一致抗日,红军愿为先驱,集中河北。不图山西阎氏阻挡于前,蒋复出兵于后,反使中国军队,同室操戈,为暴日清扫道路,是实现广田三原则中日"满"共同防共之要旨,而非中国民族之利也。
>
> 目前华北局势,非战无以止日帝之迈进。华北沦亡,全国继之。救华北即所以救全国。兄弟阋于墙,外御其侮。今日如能集合全国之武力与人力财力智力,共谋抗日,则暴日虽强,不难战胜。而民族战争之开展,端赖有一致之政府与军队。居今日中国,应不分党派,不分信仰,联合各地政府、各种军队,组织国防政府与抗日联军,以统一对外,并开抗日人民代表会议,以促其成。先生负华北重望,如蒙赞同,请一言为

天下先。想见从者如云,先生昔日之志,将得现于今日也。

事急矣! 东进匪遥,率直进言,幸赐明教,并颂教祺!①

这封信情真意切,大义凛然,师生之谊溢于言表,抗日救亡之心沁人肺腑。想必张伯苓读后,不能不再次感慨:周恩来确是南开最好的学生。1936 年 12 月,为和平解决震惊中外的西安事变,周恩来飞赴西安,代表共产党与国民党谈判,迫使蒋介石初步接受了"停止内战,联合抗日"的条件。西安事变的和平解决,结束了十年内战,形成和发展了抗日民族统一战线,开始了国共合作的新时期。为此,南开大学召开了庆祝大会,张伯苓校长在会上说:"西安事变这么解决好,咱们的校友周恩来起了很大作用,立了大功。"②

抗日战争全面爆发后,南开学校搬到重庆。1938 年 7 月,张伯苓担任第一届国民参政会副议长,常驻重庆沙坪坝南开中学的津南村。1938 年 12 月中旬,周恩来到重庆,他经常以校友身份去学校,或以师生关系到津南村拜访张伯苓。一次,周恩来通过饶乃如先生向张校长要一本南开学校同学录。可是,过去印的同学录把 1917 年度毕业生中的周恩来的名字删掉了。此时,张伯苓不好意思地在全班名次末尾添印了周恩来的名字。

全国解放前夕,国民党要让张伯苓去台湾。周恩来辗转托香港的南开校友,以"无名氏"署名的信件,向张伯苓传达了挽留之意。张伯苓知道是他的学生周恩来对他的关心和爱护,顿觉豁然,婉言拒绝了蒋氏父子之邀。周恩来得知"张伯苓没有走,希望北归",极为高兴。他请主政西南的邓小平给予帮助。不久,他接到张校长来信,说"正在闭门思过",因为毕竟做了国民党政府考试院院长啊! 对此,后来周恩来

---

① 《周恩来书信选集》,中央文献出版社 1988 年版,第 95—96 页。
② 《周恩来(领袖交往实录系列)》,四川人民出版社 1992 年版,第 392 页。

曾说:"他和我总算是师生关系了,也很接近,但是我丝毫没有勉强他写一个东西。"①

　　1950年5月3日,周恩来派飞机把张伯苓夫妇接到北京,有关部门按照周恩来的指示热情接待、妥善安置。周恩来于当天到张伯苓住地问候校长和师母。张伯苓在北京生活了4个多月,周恩来常去看望他。张伯苓回天津之前,周恩来、邓颖超在中南海西花厅为他饯行。1951年2月23日,张伯苓在天津逝世,周恩来一听到消息马上赶到天津吊唁,并由他领衔组成治丧委员会。周恩来同校友们见面时说:"很遗憾没有早点来,没能见到张校长。"周恩来给张伯苓以很高的评价:"他的一生中是进步的、爱国的,他办教育是有成绩的,有功于人民的。"②

　　①　《周恩来选集》下卷,人民出版社1984年版,第70页。
　　②　《周恩来(领袖交往实录系列)》,四川人民出版社1992年版,第393、394页。

后 记

2005 年 11 月,我为《中国的总管家周恩来》、《中国外交第一人周恩来》、《周恩来经历记述》三本书再版写后记时,写了这样一段话:"自 1988 年至 2003 年,我在周恩来研究的岗位上工作了 15 年。这是我在心灵上与这位伟人进行对话、交流的 15 年,也是我从这位伟人的精神、智慧中大受教益的 15 年。"

从 2003 年至今又是 15 年。这 15 年,我虽不处于周恩来研究的工作岗位上,但周恩来研究仍然深深地吸引着我。在研究毛泽东时,我总要思考周恩来为什么会成为毛泽东最离不开的办事者。在研究邓小平、陈云、郭沫若时,我总要思考周恩来是怎样对待他的副手的。在研究党史、国史若干重大问题时,我总要思考周恩来是怎样说的,又是怎样做的。在这些思考中,我感到周恩来的伟大与他的胸怀密不可分。周恩来的胸怀有"大"、"忠"、"慎"、"献"、"廉"字,还有贵和、尊师、爱亲、孝亲的内容。这些正是周恩来打动人、吸引人之处。正因为如此,我将这本书的书名定为《向周恩来学习》。

这不是一本系统性的研究著作。而是将我的有些讲演稿、参加有些学术会议提交的论文、散见于众多报纸杂志上有关写周恩来的文章汇集起来的。尽管如此,这些文章基本上是围绕着"向周恩来学习"这个主题的。

　　感谢人民出版社出版这本书,感谢陈佳冉同志为编辑这本书花费的大量劳动。感谢中央文献出版社李庆田副社长、中央文献研究室曹前发研究员对这本书的关心。

　　本书的不足和错漏之处,恳请读者批评指正。

曹应旺

责任编辑:陈佳冉

封面设计:肖　辉　王欢欢

图书在版编目(CIP)数据

向周恩来学习/曹应旺 著. —北京:人民出版社,2021.6

ISBN 978 - 7 - 01 - 023114 - 3

Ⅰ.①向…　Ⅱ.①曹…　Ⅲ.①周恩来(1898-1976)-生平事迹-学习参考

资料　Ⅳ.①K827=7

中国版本图书馆 CIP 数据核字(2021)第 018204 号

向周恩来学习

XIANG ZHOU ENLAI XUEXI

曹应旺　著

人 民 大 出 版 社 出版发行

(100706　北京市东城区隆福寺街 99 号)

北京汇林印务有限公司印刷　新华书店经销

2021 年 6 月第 1 版　2021 年 6 月北京第 1 次印刷

开本:710 毫米×1000 毫米 1/16　印张:16.5

字数:225 千字

ISBN 978 - 7 - 01 - 023114 - 3　定价:68.00 元

邮购地址 100706　北京市东城区隆福寺街 99 号

人民东方图书销售中心　电话 (010)65250042　65289539